金融数字化

科技赋能下的金融业转型方案

余丰慧 著

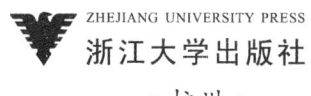

浙江大学出版社

·杭州·

图书在版编目（CIP）数据

金融数字化：科技赋能下的金融业转型方案 / 余丰慧著. -- 杭州：浙江大学出版社，2023.5
　ISBN 978-7-308-23444-3

Ⅰ. ①金… Ⅱ. ①余… Ⅲ. ①金融业－数字化－研究 Ⅳ. ①F830.2

中国版本图书馆CIP数据核字(2022)第251486号

金融数字化：科技赋能下的金融业转型方案
余丰慧　著

策　　划	杭州蓝狮子文化创意股份有限公司
责任编辑	黄兆宁
责任校对	卢　川　王建英
封面印制	范洪法
封面设计	袁　园
出版发行	浙江大学出版社
	（杭州市天目山路148号　邮政编码　310007）
	（网址：http://www.zjupress.com）
排　　版	杭州林智广告有限公司
印　　刷	杭州钱江彩色印务有限公司
开　　本	710mm×1000mm　1/16
印　　张	20.5
字　　数	249千
版 印 次	2023年5月第1版　2023年5月第1次印刷
书　　号	ISBN 978-7-308-23444-3
定　　价	72.00元

版权所有　翻印必究　印装差错　负责调换

浙江大学出版社市场运营中心联系方式：0571-88925591；http://zjdxcbs.tmall.com

从金融大国到金融科技强国

郭田勇：中央财经大学金融学院教授、中国银行业研究中心主任

截至2021年末，中国金融业机构总资产为381.95万亿元，其中，银行业机构总资产为344.76万亿元，证券业机构总资产为12.3万亿元，保险业机构总资产为24.89万亿元。[①]

2021年中国沪深交易所A股累计筹资16743亿元；各类主体通过沪深交易所发行债券（包括公司债、可转债、可交换债、政策性金融债、地方政府债和企业资产支持证券）筹资

---

① 中国人民银行.2021年末我国金融业机构总资产381.95万亿元[EB/OL].(2022-03-15)[2022-11-30].http://www.pbc.gov.cn/diaochatongjisi/116219/116225/4507972/index.html.

86553亿元；北京证券交易所公开发行股票11只，筹资21亿元；中小企业股份转让系统挂牌公司6932家，全年挂牌公司累计股票筹资260亿元；发行公司信用类债券14.7万亿元；保险公司原保险保费收入4.49万亿元……①毫无疑问，中国已是金融大国。

但是，中国金融市场的广度与深度都不够，不敢完全对外开放，货币调控上也受制于他国。这一切都说明，中国还远不是一个金融强国，与我国GDP全球排名第二的经济地位极不相称。

早在2013年，我就认识到，中国要从金融大国变身金融强国，需要进一步深化改革；同时，中国需要培育良好的金融文化。这显然是一个较长的过程。不过，今天我们看到了一条捷径：先成为金融科技大国，再通过科技创新倒逼金融改革，从而弯道超车，变身金融强国。

这一路径并非没有可能。在被誉为全球第四次科技革命的金融科技浪潮中，中国已经拿到了首批入场券，占得先机。在全球各大金融和创新中心争当"世界金融科技枢纽"时，中国不仅迎头赶上，而且成为超越美、英等的科技大国。咨询公司毕马威与投资公司H2 Ventures的年度研究表明，早在2016年，就有4家来自中国的金融科技创新企业进入全球排名前五；《安永2017年金融科技采纳率指数》调查报告指出，全球金融科技采纳率的均值是33%，在20个样本市场中，中国以69%居于首位；2017年7月，全球金融科技领域至少完成47笔融资，其中25笔来自中国，美国有8笔。

英国《金融时报》称，中国已成为世界第二大金融科技最具潜力的国家。随

---

① 国家统计局.中华人民共和国2021年国民经济和社会发展统计公报[EB/OL].(2022-02-28)[2022-11-30].http://www.stats.gov.cn/xxgk/sjfb/zxfb2020/202202/t20220228_1827971.html.

着中国等新兴金融科技市场创新公司数量迅速上升，它们将以"颠覆者"的姿态领先世界，并影响世界金融科技风向，改变传统的金融行业布局。

应该看到，金融科技已经在全球主要经济体中形成了竞争态势，我国金融科技抢占制高点，既依赖于企业主体的竞争力，也取决于政策主体的创新力。我一直坚持认为：科技创新一定会改变中国的金融生态。

第一，金融科技为解决融资难题提供了一把钥匙。中小微企业融资难题已经谈了很多年，监管部门花了很大的力气，但一直收效甚微。在这一问题上，我们不能把责任全部推给传统银行，传统银行从风险防范角度考虑，也有自己的"苦衷"：一是信息不对称，大银行要想充分了解中小微企业的信息是非常困难的，信息不对称对于银行来说就意味着高风险；二是征信成本太高，从而影响金融服务的效率，也在客观上推高了企业融资成本。

这两点实际上均是由我国滞后、低效的征信体系导致的。尽管中国人民银行早在2006年就设立了征信中心，但该征信中心的数据一度在深度、广度、开放性等方面存在明显不足，不少用户甚至没有任何信用记录。在大数据的帮助下，该征信中心的数据采集能力有了大幅度提升，建成了世界上规模最大、收录人数最多、收集信息全面、覆盖范围广、使用广泛的信用信息基础数据库。截至2020年12月底，该征信中心系统共收录超过11亿自然人，企业及其他组织超过6092万户，建立了覆盖全国的信用信息服务网络，基本上为中国范围内每一个有信用活动的企业和个人建立了信用档案。[1]

金融科技企业利用大数据开展征信有得天独厚的优势。阿里巴巴、腾讯等互联网企业积累了大量交易与社交数据，它们通过抓取用户各种各样的生活场

---

[1] 葛孟超. 央行征信系统收录11亿自然人[N]. 人民日报. 2021-01-26(10).

景，再通过分析这些生活场景来准确判断融资者的信用风险，甚至还款意愿，突破了长期以来束缚我国金融机构施展拳脚的信用瓶颈。

第二，金融科技有助于实现普惠金融（inclusive finance）。普惠金融在国际上通常被称作包容性金融，是指能有效、全方位地为社会所有阶层和群体提供服务的金融体系。2013年11月，发展普惠金融被正式写入党的十八届三中全会决议，金融科技企业可谓生而逢时。蚂蚁金服"借呗"在推出后的10个月内用户数即达到1000万，放款规模为3000亿元。在用户结构方面，90%以上的客户是"80后""90后"，有近四成的用户来自三、四线城市。这些人群若想通过银行贷款，几乎是不可能的，且不论其还款能力，光资金需求规模小（甚至只有几百元、一千元）这一点，就会被银行拒之门外。

第三，促进金融服务便利化，优化金融体验。传统的金融服务是后延式的、被动式的，而金融科技服务是实时交互的，可以更好地满足用户体验及用户日益多样化的金融需求。无论是阿里小贷，还是深圳前海微众银行，放款都非常快，有的平台从借款到放款可以在5分钟之内完成，这是传统金融机构不可想象的。当然，这背后离不开金融科技提供的征信支撑。

第四，为用户提供了更高的收益和更便宜的服务。余额宝就是典型的例子。再比如智能投顾，可以大大提高财富管理的效率，降低客户成本。如今，高盛已经尝试将数百万美元的客户资产交给智能投顾去打理。

第五，为金融监管提供便利。如本书中所提到的上海证券交易所应用大数据查基金"老鼠仓"，通过建立多种数据分析模型，锁定基准日，筛查高频户，并结合账户开户、历史交易情况等，寻找案件线索，确定嫌疑账户，将一只只"硕鼠"揪了出来，实现了精准打击。

金融科技是新生事物,其健康成长离不开行业的自律,离不开监管的适度呵护,更离不开国家战略层面的引导和定位。此后,金融科技被纳入国家"十三五"和"十四五"规划,相信在国家战略引导、监管逐步完善、企业不断创新的发展态势下,中国金融科技将继续保持领先优势,并带动整个金融业弯道超车,在可期的未来,使中国成为继英国、美国之后的第三大金融强国!

在这一形势下,余丰慧先生所著的《金融科技:大数据、区块链和人工智能的应用与未来》一书的出版,可谓恰逢其时。说金融科技是革命也罢,颠覆也罢,于国于民,其积极意义大于消极意义,这是无疑的。虽然从当前看,金融科技的某些领域乱象丛生、争议不断,但瑕不掩瑜,一个新的时代正在来临!

余丰慧先生从事金融工作40年有余,是一位老金融人,既从事过银行基层具体业务,又多年从事管理工作,长期投身于传统金融之中,对传统银行金融有着深刻的了解。同时,他也是较早研究互联网新金融的人士和金融评论家,先后撰写互联网金融文章近百篇。因而,余丰慧先生对传统金融与互联网新金融二者的情况有着比常人更深的理解和认识。

希望该书能够对所有关心、热爱金融科技的读者有所帮助。同为金融研究工作者,我也相信,本书能够对传统金融行业迎接互联网新科技有所启迪,能够为金融监管部门以及监管者了解观察互联网新金融提供思路。

推荐序二

"新纪元"的路上，你我都是同行者

田颖：OKCoin 币行副总裁、《图说区块链》作者

技术改变生活，这句话并没有过时。

金融科技正在掀起一场史无前例的革命，它不仅是金融业的革命，更是全社会乃至全人类的革命。在这场革命中，你我都是参与者，也都是同行者。根据毕马威发布的报告数据，2021 年，全球金融科技投资总额达到 2100 亿美元，完成 5684 笔交易，创下新高。①

作为从业人士，我认为，金融科技想要真正在未来 10 年、

---

① 华夏时报网.2021 年全球金融科技投资总额达 2100 亿美元，腾讯发布报告预测未来十大趋势 [EB/OL].(2022-03-31)[2022-11-30].https://www.chinatimes.net.cn/article/116023.html.

20年内迅速成长起来,少不了以下三种推力。

第一,需要法理上给予一些定义。在这一点上,本书作者余丰慧先生也提到,"金融科技需要监管,但不是监管至死"。

在金融科技领域,有"沙盒监管""分类监管""科技监管"等几种监管模式。其中,英国、新加坡等国家已经在实施沙盒监管,主要是通过提供一个"缩小版"的真实市场和"宽松版"的监管环境,即"监管沙盒",也称金融科技创新监管试点应用,在保障消费者权益的前提下,鼓励金融科技初创企业对创新的产品、服务、商业模式和交付机制进行大胆操作。

这种模式是一种相对比较有借鉴性的监管模式,在中国已经得到运用。2019年9月,中国人民银行发布《金融科技(FinTech)发展规划(2019—2021年)》。同年12月,中国人民银行启动金融科技创新监管试点工作,支持在北京市率先开展金融科技创新监管试点。2022年1月,中国人民银行发布了《金融科技发展规划(2022—2025年)》。截至2022年4月底,全国29个省(自治区)及市级地区共推出156项金融科技创新监管试点项目。[1]

其实,在一些新兴领域,我们国家或者说很多国家的法律往往是滞后的,都是事实已经发生,而后大家再研究该如何从法律上定义和管理,在金融科技领域也是一样。金融科技要想得到更广泛的应用,首先需要的就是一个明确而良好的法理界定。

第二,需要资本和政府的支持。我们知道,2016年3月,全球金融治理的牵头机构——金融稳定理事会发布了《金融科技的描述与分析框架报告》,第一

---

[1] 零壹智库.金融科技创新监管试点报告(2022)[EB/OL].(2022-05-26)[2022-11-30].https://baijiahao.baidu.com/s?id=1733851854562651309&wfr=spider&for=pc.

次在国际组织层面对金融科技做出了初步定义，即金融科技是指通过技术手段推动金融创新，形成对金融市场、机构及金融服务产生重大影响的业务模式、技术应用以及流程和产品。而后，2016年7月，在银监会下发的《中国银行业信息科技"十三五"发展规划监管指导意见（征求意见稿）》中也增加了包括"互联网＋"、云计算、大数据、区块链、信息安全和产业协同等方面的内容。到了2017年7月，国务院印发了《新一代人工智能发展规划》，提出了面向2030年我国新一代人工智能发展的指导思想、战略目标、重点任务和保障措施，部署构筑我国人工智能发展的先发优势，加快建设创新型国家和世界科技强国。

可以说，政府在金融科技的发展上已经给了很大力度的支持，而资本的支持也是非常可观的，腾讯、阿里巴巴对人工智能等领域的全力投入已经无须赘言，仅从区块链行业来看，在初级阶段的2015年、2016年，这些公司每年的投资额都达几十亿美元。一旦技术发展到成熟阶段，那么需要的资本注入只会更多。

第三，需要复合型人才的加入。举个例子，我所从事研究的区块链技术领域，需要的就不仅是会写代码的人才。比如说我们想做智能合约。智能合约首先是一种合约，它是一种法律约束，只不过是把法律语言放到了链上，或者说放到代码里，因此需要的是法律和编程的复合型人才。

所以，我们需要更多的人才加入金融科技这个行业。为此，我和业内的很多朋友，都在义务做金融科技的科普工作。实际上，在社会教育和知识普及方面，国家已经先行动了，包括我们之前提到的人工智能规划。只有当越来越多的业内人士开始科普金融科技，也有越来越多的人愿意去了解金融科技进而加入金融科技行业的时候，才是金融科技真正的"天时地利人和"的蓬勃发展期，那时，才是金融科技真正渗透到每个人生活点点滴滴的时候。

区块链技术、人工智能、大数据、云计算都是金融科技领域的知名技术方案，这些技术都在悄悄改变着人们的日常生活。而《金融科技：大数据、区块链和人工智能的应用与未来》一书正是用一种看似章章独立，却又暗自成线的逻辑向您展示金融科技的起源、发展、未来走向，抽丝剥茧般地剖析金融科技与互联网以及人们日常生活的关系。该书主要着眼应用层面，它可能并不能让您直接明白人工智能是怎么"制造"的、区块链是怎么"编程"的，但是，它能够让您最直观地感受到金融科技的颠覆性和魅力。

如果您想全面、透彻地了解金融科技，想要亲自感受这一场"正在发生的未来"，那么该书或许不容错过。

自序

新金融大潮汹涌而来

在完成第一部书——《互联网金融革命》后,争议之声四起,对于"革命"二字持不同意见者很多。不过,无论有多少争议,都始终没有挡住我研究互联网金融与金融科技的步伐,我把它们统称为"新金融"。

对新金融的痴迷,完全是出于我自身的原因。我在体制内的国有金融企业工作40年有余,从基层储蓄员、信贷员到基层行长,又到分行部门负责人,几乎在所有业务部门都干过。这么多年来,我目睹了中国经济金融改革开放的全过程,非常清楚体制内传统金融的一些弊端,并为之感到焦虑。

以"互联网+"为代表的新经济出现后,带动起来的互联网新金融,或者说金融科技,让我眼前一亮,它正好击中了传统金融的软肋，击中了目前中国金融业存在的、传统金融无法解决的问题，吸引我如饥似渴地学习、研究。

我的优势是对传统金融了如指掌，通过新金融与传统金融对比，我对新金融的认识或许比一般人更深刻。我的劣势是对互联网及新技术不太懂，但这并不影响我对金融科技在理论上的研究、趋势上的把握、方向上的预测，并不影响我为新金融摇旗呐喊，促进其发展。

披着互联网金融"马甲"的P2P被整顿、规范后，网络第三方支付、互联网金融理财、数字货币（digital currency）等领域也引起了监管层的关注。继"野蛮生长"之后，互联网金融、金融科技进入大浪淘沙阶段。2020年11月3日，堪称金融科技巨头的蚂蚁集团暂缓在上交所科创板、港交所上市。在蚂蚁集团整改工作的基础上，2021年"一行两会一局"等金融管理部门联合约谈了多家网络平台企业，提出了自查整改工作要求。

此时出版本书似乎有些不合时宜，也需要勇气。

这里要感谢优质内容运营平台"考拉看看"的鼓励与帮助，让我有勇气决定出版这本书，也要感谢蓝狮子文化创意股份有限公司和浙江大学出版社的大力支持，他们对我的书稿提出了许多建设性的修改意见。

顺应新经济发展大势的互联网金融、金融科技是一个大趋势，尽管其在发展过程中会出现这样那样的问题，但如今，现实已经做出了最好的回应。金融科技在助力抗疫、赋能绿色金融、助力碳中和等方面均发挥了巨大作用。

自新冠疫情暴发以来，国民经济运行受到巨大冲击，金融科技成了非接触、不特定服务连接的重要基础，通过建立云计算生产保障机制、升级AI智能客服等数字化、线上化的技术与手段，助力"战疫"。如移动支付使普通民众足不出户就能购买到大米、牛奶、洗手液、湿纸巾等防疫生活物资；金融科技企业通过运用大数据、人工智能等新兴科技手段助力金融风险防范，与公安部门配合清理了防疫期间出现的新型诈骗活动；银行利用线上模式积极响应小微企业需求，全力支持小微企业复产；等等。

中国也越来越重视金融科技的发展，《中华人民共和国国民经济和社会发展第十四个五年规划和2035年远景目标纲要》提出："稳妥发展金融科技，加快金融机构数字化转型。强化监管科技运用和金融创新风险评估，探索建立创新产品纠偏和暂停机制。"由此，2022年1月，国务院发布了《"十四五"数字经济发展规划》，以更好地应对新形势、新挑战，拓展我国经济发展新空间。

由此可以看出，互联网新技术、新科技带来的商业金融模式变化是革命性的，金融服务可以伸展到任何一个死角，这预示着，科技正在使得金融走向真正的普惠，使得长尾金融服务成为潜力最大的市场。

美国消费信贷极度发达，负债性消费群体非常庞大，但金融工具是银行信用卡。花旗银行在银行信用卡崛起时紧紧抓住了机会——就像福特在美国汽车业崛起时抓住机会一样——不仅促进了美国消费的大发展，也使得花旗银行在信用卡业务上赚得盆满钵满。

花旗银行信用卡刷卡消费兴起于第二次工业革命与第三次工业革命之间。如今，新一轮科技革命来临之际，花旗等传统银行的信用卡透支消费模式似乎已经落伍了。在工业4.0核心技术之一的互联网带动下，金融业出现了革命性的发展与变革，消费金融大有取代传统信用卡之势。比如，一般民众急需的小额短期消费贷款需求，在一部手机上就可以轻松搞定。

新金融对传统金融的冲击不仅是革命性的，而且越来越猛烈。我分析这种冲击大概会经过以下三步。

第一步,以互联网,特别是移动互联网为特征的新经济引发的浅层次的互联网金融业态的出现对传统金融的冲击。比如,移动支付手段,互联网理财产品,消费贷、现金贷等网贷模式,互联网平台代理金融产品销售等。

第二步,随着大数据、云计算、人工智能等技术在金融业的渗透与应用,传统金融的一大块地盘将会被侵蚀掉。当然,传统金融也正在积极转型,拥抱新技术,伴随而来的是传统金融裁员、部门调整,未来金融分析师、股票分析师、理财师等一部分岗位将被智能机器人代替。第二步对传统金融的冲击远远超过第一步。这种冲击一部分来自互联网,更多的是来自金融科技的迅猛发展。

第三步的冲击最为猛烈与彻底,即区块链技术的发展。无论是中国最早的贝壳货币,还是英国金匠铺奠定的金融银行雏形,金融从诞生那天起就是中介化、中心化的东西。在中介化、中心化这个主轴上逐步出现了货币、银行、证券、保险、基金、外汇、期货、贵金属市场等中介化、中心化的金融业态,这种中介化、中心化的金融产物几百年、上千年都没有动摇过,包括目前的互联网金融业态也是在这一模式下产生的。

如今,区块链技术的发展正在彻底颠覆传统金融,包括互联网金融。一旦区块链技术在金融领域全面渗透应用,前述银行、证券、保险等传统金融业态,以及支付宝、微信支付等互联网金融业态都将被颠覆。

现代科技的冲击是无情的,而且是势不可挡的,我们的金融机构与金融从业人员准备好迎接这一革命性的冲击了吗?

2014年,中国人民银行成立法定数字货币研究小组,开始对发行框架、关键技术、发行流通环境及相关国际经验等进行专项研究。2016年,中国人民银行成立数字货币研究所，完成法定数字货币第一代原型系统搭建。2017年末，经国务院批准，中国人民银行开始组织商业机构共同开展法定数字货币（以下简称数字人民币，字母缩写按照国际使用惯例暂定为"e-CNY"）研发试验，启动了数字人民币试点。

从2019年开始，全国10个城市和冬奥会场景陆续开展试点测试。2022年3月31日，中国人民银行召开数字人民币研发试点工作座谈会，提出稳妥推进数字人民币研发试点，有序扩大试点范围，在深圳、苏州、雄安新区、成都、上海、海南、长沙、西安、青岛、大连及2022年北京冬奥会场景等试点地区基础上增加天津市、重庆市、广东省广州市、福建省福州市和厦门市、浙江省承办亚运会的6个城市作为试点地区，并在2022年北京冬奥会、冬残奥会场景试点结束后将北京市和河北省张家口市转为试点地区。

截至2021年12月31日，数字人民币试点场景已超过808.51万个，累计开立个人钱包2.61亿个，交易金额达875.65亿元。[①] 数字人民币试点基本涵盖了长三角、珠三角、京津冀、中部、西部、东北、西北等不同地区。

如今，我们已经身处金融科技时代。

金融科技发展日新月异，本书出版时会出现两个问题：一是一些观点、内容可能已经过时；二是本书未关注到的一些金融科技新业态又会涌现出来，人工智能科技、区块链技术等也会出现最新应用成果。这就决定了本书只能是挂一漏万，甚至会有许多过时、错误的观点，还请读者与专业人士包涵与谅解。

最后，感谢中央财经大学金融学院教授、中国银行业研究中心主任郭田勇

---

① 中国政府网.2021年末我国数字人民币试点场景超800万个[EB/OL].(2022-01-19)[2022-11-30]. http://www.gov.cn/xinwen/2022-01/19/content_5669217.htm.

先生，OKCoin 币行副总裁《图说区块链》作者田颖女士为本书作序。感谢为本书做出努力和贡献的所有人员。

余丰慧

2022 年

# 前言

金融科技：正在发生的未来

新一轮科技革命潮流已经滚滚而来，以互联网、大数据、物联网、云计算、智能化、传感技术、机器人、个性化定制、区块链技术、VR（virtual reality，虚拟现实）、AR（augmented reality，增强现实）、MR（mix reality，混合现实）、AI（artificial intelligence，人工智能）等为特征的新科技势不可挡！

不过，如果从经济金融专业的角度看待互联网与金融从"恋爱"到"结婚"，最后"诞下"互联网金融这一国内特有产物的话，这也属于极为正常的现象。经济决定金融，有什么样的经济就会随之诞生什么样的金融，这个顺序不能颠倒，即先有经济或者经济产业运行很长时间后，才会自然而然产生金融需求，这时金融创新就会悄悄走来。如果把2013年称作中国互联

网金融元年的话，那么在中国互联网诞生22年后，互联网金融才刚刚露头。

从中国发起的互联网金融，到欧美发达国家目前发展得如火如荼的金融科技（FinTech, finance + technology 的缩写），可以说互联网金融升级了，开始向更高层次迈进了。从根本上说，无论是中国式的互联网金融，还是欧美科技含量更高的金融科技，都是建立在大数据、云计算、人工智能等科技基础上的。如果说中国式互联网金融是互联网金融1.0版本的话，那么，欧美的金融科技就是互联网金融的2.0版本。

要理解互联网金融及其升级版金融科技，我们必须首先认识金融的本质是什么。

金融的本质是信用，互联网金融、金融科技的本质同样是信用。互联网金融、金融科技的本质在于改变了信用这一金融本质的搜集、撷取、获得的方式，使得信用的获取更加主动、高效、准确，从而使得金融交易的风险大大缩小，防范风险的能力大幅度提升。互联网金融、金融科技必须建立在大数据对金融交易对象信用状况等一系列金融信用行为的挖掘和分析基础上，因此深刻了解大数据概念非常重要。

那么，什么是大数据呢？

大数据或称巨量资料，指的是所涉及的资料量规模巨大到无法通过目前的主流软件工具，在合理时间内被撷取、管理、处理，并整理成为帮助企业经营决策的资讯。大数据不采用随机分析法（抽样调查）这样的捷径，而采用所有数据进行分析处理。大数据有"4V"特征：volume（大量）、velocity（高速）、variety（多样）、value（价值密度低）。

以上分析决定了互联网金融、金融科技必须具有如下特征：

一是以大数据、云计算、社交网络和搜索引擎为基础,挖掘客户信息并管理信用风险。互联网金融主要通过网络生成和传播信息,通过搜索引擎对信息进行组织、排序和检索,通过云计算处理信息,有针对性地满足用户在信息挖掘和信用风险管理上的需求。

二是以点对点直接交易为基础进行金融资源配置。资金和金融产品的供需信息在互联网上发布并匹配,供需双方可以直接联系和达成交易,交易环境更加透明,交易成本显著降低,金融服务的边界进一步拓展。

三是通过互联网实现以第三方支付为基础的资金转移,第三方支付机构的作用日益突出。

互联网金融的各种业态,包括互联网第三方结算支付、基于大数据分析挖掘的网络小贷公司,基于大数据分析挖掘的网络银行、众筹融资、金融机构创新型互联网平台,基于互联网的基金销售、余额宝等"宝宝"类互联网产品,都离不开大数据对信用的挖掘与处理,否则其就不是真正的互联网金融。

目录

01 从互联网金融到金融科技

第一节　被颠覆的金融市场　　// 005
第二节　金融科技与科技金融　　// 018
第三节　金融科技令传统金融消失？　　// 028

02 风起云涌的技术变革

第一节　科技赋能金融创新　　// 053
第二节　区块链技术彻底颠覆金融市场　　// 070
第三节　价值互联网时代来临　　// 089

03 数字货币之美

第一节　数字货币将带来金融业巨变　　// 101
第二节　数字货币的魅力　　// 113
第三节　中国央行数字货币呼之欲出　　// 122

04 金融科技倒逼银行转型

第一节　银行业"死亡笔记"　　// 139
第二节　银行面临的最大冲击是金融科技　　// 164
第三节　"云"上的银行值得期待　　// 178

05 第三方支付"战国时代"

第一节　第三方支付加速跑马圈地　　// 197
第二节　移动支付的潜力有多大？　　// 205
第三节　第三方支付，中国领先世界　　// 211
第四节　国际化的移动支付需要 AI 赋能　　// 217

06 金融科技"智"取财富管理

第一节　资产管理急需金融科技全方位渗透　　// 231
第二节　智能投顾"逼宫"基金经理　　// 244
第三节　人工智能金融未来大有可为　　// 257

07 金融科技不能"监管至死"

第一节　把握好金融科技监管的度　　// 275
第二节　他山之石，美国的金融监管　　// 285
第三节　以互联网思维监管金融科技　　// 294

01

从互联网金融到
金融科技

还记得曾经风靡各行各业的"互联网精神"吗？在那个言必称"互联网＋"的时候，在那个"猪都能飞"的年头，乐视网估值2005亿元，成为创业板市值第一股，小米估值高达450亿美元，引多少人艳羡！如今，互联网风头依旧强劲，但有个词已经取代互联网，成为各类并购重组"讲故事"的开场白，成为各路资本"买买买"的催化剂，它就是FinTech——金融科技。

2016年被称为金融科技元年，2017年则是全球金融科技的暴发之年，从商业模式转型、全球监管改革、中国市场进一步开放，到传统金融积极引入金融科技、前端支付科技与后端风险管理合力发展，金融科技正逐渐成为未来企业竞争的技术壁垒。于是，媒体直呼：金融科技的3.0时代已经来临！

回顾金融科技三大发展阶段

1.0时期，科技初步结合金融业务。在1.0阶段，科技作为金融工具，以技术替代人工，提升了金融业务的数据计算、存储与传输效率。该时期的金融科技仅停留在概念阶段。

2.0时期，科技服务金融创新，如第三方支付、网络借贷、一站式综合金融服务、众筹等。该时期金融科技存在的主要问题是：数据资源难以共享，影响金融科技的基础设施建设，导致技术无法深度应用。

3.0时期，对大数据进行全面挖掘、整理分析，金融科技服务从概念阶段真正落到实际应用，打通数据孤岛，科技应用大幅提升金融效率。

第一节　被颠覆的金融市场

继互联网金融之后，金融科技成为新的风口。随着大数据、云计算、人工智能（AI）、区块链等一系列技术创新全面应用于支付清算、借贷融资、财富管理、零售银行、保险、交易结算等诸多金融领域，科技对于金融的促进不再局限于渠道等浅层次方面，而是开启了真正的"金融＋科技"的深层次融合。一场新的技术革命正在最古老的金融行业全面展开。

以欧美互联网企业、金融企业为例，建立在大数据、智能化、云计算、物联网、互联网、移动互联网、智能互联网、区块链等技术上的金融科技正引起金融业一场前所未有的变革与大颠覆。目前重点在两个方面。

（一）智能金融科技。它包括类似于 Siri 的人工助手 EVA、智能投资顾问（以下简称智能投顾）等人工智能。2016 年，摩根大通、花旗、德银、日本银行等国际著名投行先后斥巨资投资智能投顾。2017 年上半年，国外至少有 7 家人工智能驱动的网络安全公司获得新一轮融资，其采用的技术多为云计算、大数据、区块链、人工智能、互联网技术及监管等。这些新科技深受各大金融、科技型企业青睐，也引来众多资本追捧，融资总额接近 5 亿美元，这一数据已经超过了 2020 年全年。近年来，网络安全领域的投融资、并购等表现得异常活跃，并呈现出暴发增长态势，在 2021 年上半年中，该领域总共出现了 593 笔交易，总额超过了 510 亿美元，这一数据已经超过了 2020 年全年。

试想，象征着金融业高端服务的智能投顾都可以被人工智能替代，那么还有什么是不可替代的呢？现金、支票、银行卡、自动柜员机、物理性银行网点、庞大的金融银行员工队伍，甚至证券投行的分析师都将被淘汰出局，现有银行的金融服务业态将被彻底改变，传统银行金融业务将成为历史。这就是金融科技的革命性所在。

很快，金融科技对传统金融包括银行的冲击就像电商的发展对传统商场的冲击，又恰似优步（2016 年 8 月 1 日优步中国被滴滴出行收购）、滴滴等网络叫车模式对传统出租车行业的冲击，令人始料未及。

（二）数字货币领域。以区块链技术为核心的数字货币，大有替代主权货币的趋势，各国央行都或被冲击。数字货币的出现或将使得包括世界各国央行在内的金融机构都面临巨大挑战。因为央行基于纸币而存在，其作用在于调节流通中的货币供应量，即掌控货币政策。而货币政策的核心在于调节流通中的货币量。而基于区块链技术的数字货币从发行到流通都是可记录、可追溯的，数量是一定的，不需要以人为意志来调节，网络技术会自动完美匹配。因而，"通货膨胀"这个名词或将成为历史。

金融科技已经发展到颠覆传统金融组织体系和机构的地步。从 2019 年左右开始，银行纷纷加强对金融科技组织架构的建设。国内银行比较突出的是工行、交行等。例如工行，在 2019 年就形成了由金融科技部、业务研发中心、数据中心、软件开发中心、工银科技有限公司、金融科技研究院组成的金融科技组织架构。这就是金融科技所具有的根本、彻底、完整的革命性之所在。

值得重视的是，欧美在金融科技技术应用方面比中国互联网金融要广泛得多。在这股金融科技之风迅猛刮来之际，欧美金融机构包括高盛、摩根大通、花旗银行等都与互联网科技"攀亲"，纷纷表示自己是科技公司。中国目前虽然在智能制造领域风起云涌，但是在智能投顾、数字保险等领域仍处于追赶阶段。

下文我们先从几个大家熟悉的案例谈起，由表及里、由点到面地来了解一下金融科技对传统金融业乃至传统工商业的颠覆。

从 AlphaGo 的故事说起

谷歌公司开发的阿尔法围棋（AlphaGo）是第一个击败人类职业围棋选手、第一个战胜围棋世界冠军的人工智能程序。2016 年 3 月，AlphaGo 以 4∶1 的总比分战胜围棋世界冠军、职业九段棋手李世石，从此声名鹊起；2016 年年末至 2017 年年初，该程序在中国棋类网站上与中日韩数十位围棋高手进行快棋对决，连续 60 局无一败绩；2017 年 5 月，在中国乌镇围棋峰会上，它以 3∶0 的总比分大胜世界排名第一的围棋世界冠军柯洁。

围棋与国际象棋相比，棋法棋局变化更多，谋篇布局更加复杂，这也意味着对程序化的人工智能技术要求更高。而东亚又是世界顶尖棋手云集地，中国、日本和韩国是围棋世界冠军的诞生地。在这样的情况下，AlphaGo 能够战胜多位围棋世界冠军，绝对是人工智能的全胜。人工智能挑战人类已经不是梦。

信息技术已经先后彻底改变了娱乐、媒体和零售业的生存发展方式。人工智能已经战胜了象征人类最后智慧堡垒的围棋，信息技术和人工智能是否也会颠覆金融业呢？回答是：Yes！

中国互联网金融以 2013 年余额宝诞生为标志，对传统金融业带来了颠覆性冲击。支付行业基本被互联网金融彻底颠覆，特别是移动支付的大发展，使得传统银行业遭遇空前危机，移动支付革命正在席卷全球。过去，传统银行等金融机构利用金融特殊企业的优势地位，享受着支付领域的超级红利。世界范围内，银行从支付服务中获得的收入达到 1.7 万亿美元，占银行业总收入的 40%。而后，这块巨额蛋糕被支付宝钱包、微信支付、苹果支付、三星支付、谷歌支付等快速瓜分。

从信用借贷中介看，传统银行业遇到了空前的放贷难。浙江网商银行、深圳前海微众银行等互联网银行业务迅猛发展，对传统银行信用借贷业务冲击巨大。同时，以余额宝为代表的各类互联网理财产品业务给传统银行、证券、保险、基金业都带来一定的冲击。

以上变化只是代表了互联网金融初始阶段的发展状况，此后，互联网金融的升级版——金融科技浪潮扑面而来。

首先，以 AlphaGo 所代表的人工智能向金融领域大踏步挺进是第一个标志。一款围棋游戏程序不过是人工智能发展至今的冰山一角，向金融高端服务领域发展才能真正显示出智能化的威力。

而机器人投资顾问及其带来的自动化投资服务，就是典型案例和趋势。过去几年，风投在面向消费者的金融技术领域投入了超过 10 亿美元的资金，而机器人投资顾问吸引了其中大量的份额。花旗集团曾有报告指出，机器人投资顾问所管理的资产从 2012 年的零，激增到 2014 年年底的 140 亿美元。

目前国内也出现了致力于将 AI 技术应用于 FinTech 的科技公司，宽邦科技是行业内领先的人工智能平台技术与服务提供商。宽邦科技旗下的 BigQuant 致力于用 AI 赋能投资，是首个将 AI 应用在量化投资领域的平台级产品。该平台支持可视化策略，只需要拖动数据和模块，连连线，配置参数，无须编程就可以开发 AI 策略，用户可以无门槛使用人工智能技术来提升投资效率和效果。

在美国，理财顾问按小时收费，约 300 美元一小时，一般投资者难以承受。因此，一些金融科技公司抓住行业痛点，通过先进的算法和互联网技术，把各式投资服务以低廉的价格推广给投资者。

由此来看，人工智能不仅挑战李世石，很快也会挑战高端金融服务的分析师们。

其次，金融科技开始挑战货币主权。基于数字货币核心技术基础的区块链技术正在风靡全球，全球多个大投行特别是华尔街的巨头们，正在斥巨资研究区块链技术。具备去中心化、多点链接、信息共享可挖掘分析等特点的数字货币将是大势所趋，预计很快就会与现行货币抗衡，甚至直接挑战现有央行模式。

同时，围绕网络支付特别是移动支付，各网络巨头正在打造消费、理财、投资、生活服务、娱乐、文化等全方位支付圈子。也就是说，只要你使用网络支付，比如微信和支付宝钱包，就可以在这个平台上完成任何有关支付的事情。资金根本不需要提现，仅仅在平台上的账户间转移即可，这就形成了一个支付或者说数字货币的闭环。未来，这种"小王国"般的闭环会产生几个甚至更多。

再次，互联网金融、金融科技或将使得传统银行业"支离破碎"，支付、信用中介、投资理财等业务将来或被彻底分散开来。在互联网科技的冲击下，大而全的传统银行或不复存在，因为金融科技公司完全可以肢解、取代其中各个环节。

虽然互联网金融的概念率先在中国出现，而金融科技却从全球发起，其本质都是基于互联网、大数据、云计算、智能化等。同时，金融科技都是由全球顶级投行、顶级 IT 公司发起，投巨资开发的，这也就预示着金融科技对传统金融业的冲击程度或将远超互联网金融。我一直坚持认为，互联网金融对传统金融的革命性是毋庸置疑的，这将在其升级版金融科技中更加明显地反映出来。

英国《金融时报》首席经济评论员马丁·沃尔夫曾在 FT 中文网发表《信息科技能否颠覆金融业？》一文，文章结尾说：金融业，尤其是银行业，的确需要一场革命。这场革命需要我们小心对待、密切关注。掀起这场革命的就是金融科技！

2016，中国金融科技元年

回顾 2016 年，我国金融科技的发展呈现出巨头涌现、全面开花的景象。

一方面，金融科技公司受到资本市场的大力追捧。根据毕马威发布的季报，仅在 2016 年第三季度，共有超过 10 亿美元的资金投入由风投支持的中国金融科技公司，共有 13 宗交易。

另一方面，中国金融科技公司无论是在资金、技术发展方面，还是在产品端发展方面，都取得了实质性进步。在毕马威国际与投资公司 H2 Ventures 联合发布的"2016 金融科技 100 强"中，有 8 家来自中国的企业入榜，在前 5 名中，有 4 家企业来自中国。而在毕马威发布的"2016 中国金融科技公司 50 强榜单"中，中国的金融科技公司已经覆盖包括支付、信贷、智能投顾等多领域业务，并在人工智能、大数据、区块链等技术方面，呈现出领先优势。

为何2016年被称为中国金融科技元年？我们从政策、产业、企业3个维度回顾一下。

政策："金融科技"进入"十三五"规划。

2016年8月，国务院发布《"十三五"国家科技创新规划》，明确提出促进金融科技产品和服务创新，建设国家金融科技创新中心等。这标志着金融科技产业正式成为国家政策引导方向。

政府的全方位扶持，对金融科技的发展无疑是重大利好。通过规划发展，金融科技产业在应用场景落地上，将获得最有力的支持。

产业：中国金融科技公司筹资总额首超美国，央行公开招聘数字货币人才。

据英国FT中文网报道，根据管理咨询公司埃森哲（Accenture）的数据，截至2016年7月，亚洲金融科技公司筹得96亿美元，比北美同类公司筹集的46亿美元高出一倍以上，而这96亿美元有90%以上是由中国企业筹到的。

2016年11月，中国人民银行官网发布的直属单位印制科学技术研究所2017年度人员招聘计划显示，央行印制科学技术研究所此次拟招聘计算机、信息安全、密码学专业博士、硕士共6名，将主要从事数字货币及相关底层平台的软硬件系统的架构设计和开发，以及数字货币中所使用的关键密码技术，对称、非对称密码算法、认证和加密等工作。

企业：百度金融宣布要做真正意义上的金融科技公司，众安保险成立子公司众安科技，中国公司投资海外金融科技企业，阳光保险首推区块链保险卡单等。

2016年，百度无人车成功完成路演，并在乌镇互联网大会上向用户开放体验，百度将情感合成、远场方案、唤醒二期技术和长语音方案 4 项具有革命性的语音技术免费开放给用户和开发者共享。2016 年 9 月 1 日，百度高级副总裁朱光在百度世界大会上，介绍了百度金融以身份识别认证、大数据风控、智能投顾、量化投资、金融云为代表的五大金融科技发展方向。同时，百度金融宣布正式对业界开放金融云，向金融机构输出包括人工智能、安全防护、智能获客、大数据风控、IT 系统和支付技术的金融解决方案。截至 2016 年，百度金融已在支付、消费信贷、企业贷款、理财、资产管理、征信、银行、保险、资产交易中心等多个板块布局，以百度钱包、百度有钱花、百度理财、百金交等产品和平台为触角，形成覆盖金融服务各个领域的业务矩阵。在消费信贷领域，百度从教育市场入手，很快成为职业教育信贷行业领导者，并在大数据征信方面快速积累；在理财领域，依托百度的大数据画像能力，致力于打造"千人千面"的智能投顾……百度金融已经开启了金融科技的全面布局。

2016 年 11 月，由腾讯、中国平安等发起设立的国内首家互联网保险公司——众安保险宣布成立全资子公司：众安科技。众安科技未来计划输出一个区块链云平台，将立足金融、健康两个命题，以信任、连接和加速为三大使命，坚持在人工智能、区块链、云计算和大数据四个领域进行长期探索。

2016 年 6 月，美国比特币创业公司 Circle Internet Financial 宣布获得由中国财团提供的 6000 万美元 D 轮投资，领投方为美国国际数据集团（IDG），跟投方为布雷耶资本（Breyer Capital）、通用催化剂合伙人（General Catalyst Partners）、百度、中金甲子、中国光大投资管理公司、万向和宜信等。2016 年 7 月，百度宣布投资美国金融科技公司 Zest Finance，而此前，京东也投资了这家公司。资料显示，Zest Finance 具有通过模型开发能力和数据分析能力，分析和处理不同类型的复杂数据，最终做出准确信贷决策的能力。此外，

2016年9月，百度还与美国征信巨头费埃哲（FICO）达成战略合作关系，双方将在风控、智能评分、大数据应用、金融场景建设等领域展开开放合作，共建生态。

2016年7月，阳光保险推出的"区块链＋航空意外险卡单"，是国内首个将区块链技术应用于传统航空意外险保单业务的金融实践。与传统的航空意外险相比，加入区块链技术，使航空意外险以往存在的造假、中介商抬价等问题得到了有效解决。以防止买到"假保单"为例，通过与区块链技术结合，依托其多方数据共享的特点，可以追踪卡单从源头到客户流转的全过程，不仅各方可以查验到卡单的真伪，而且确保了卡单的真实性，还可以方便后续流程，如理赔等。

金融科技有无限想象空间

从中国的互联网金融到如今如火如荼的欧美金融科技，它们都对传统金融具有革命性意义。特别是在欧美受到资本热烈追捧的金融科技，正在迅猛发展，并且一发而不可收。

传统金融眼看着金融科技大潮汹涌而来，不禁手足无措。当然，有远见的商业银行、投资银行也已经斥巨资于金融科技的研发，比如智能分析师领域、区块链技术。高盛、摩根大通等甚至宣称自己是科技公司，由此足以看出金融科技被投资人和市场认可的程度。

欧美的区块链技术已经有了历史性进展和飞跃，被称为金融科技革命的开端。以美国区块链众筹项目The DAO为例，短短两周就创造了疯狂的历史纪录。从2016年4月30日创建到5月16日，区块链众筹项目The DAO募集了1070万个单位的Ether [Ether和此前爆红的比特币（BitCoin）一样，都是基于区块链技术的数字加密货币]，价值约为 1.19 亿美元。据说，当时一个单位的 Ether 价值超过 10 美元，该数字加密货币的市场价值总计超过 8 亿美元。

在这一案例中，两大革命性特征让人匪夷所思、不可想象。首先，The DAO 是 distributed autonomous organization（分布式自治组织）的首字母缩写，它被追捧为一种全新的分散的金融组织形式，通过计算机代码创建和自动运行，而不是利用传统的企业组织结构运行。它没有管理层或董事会，本质上是一种最纯粹的股东治理形式。也就是说，金融科技已经发展到颠覆传统金融组织体系和机构的阶段，这或预示着未来将有新的金融体系组织架构出现，而传统金融机构组织架构将被彻底颠覆。

前文已经讲过，数字货币的出现或将大大削弱各国央行的控制力。因为央行是伴随纸币的出现而诞生的，其主要功能是调节流通中的货币供应量，即掌控货币政策。而基于区块链技术的数字货币从发行到流通都是可记录、可追溯的，数量是一定的，不需要人为意志来调节，网络技术会自动完美匹配。

我的上述论断并非夸张，谁都没想到，在金融机构组织架构上，金融科技颠覆传统的脚步会走得如此之快。

在 The DAO 的案例中，另一个令人意想不到的事情是，金融科技下的投资者使命与作用、投资方向和对项目的决策也发生了天翻地覆的变化。The DAO 的众多投资者们要在筹资项目结束之后，再投票决定拿这些钱去具体投资什么。"没有人控制它，它只是个代码。"德国码农、The DAO 的构想者之一西蒙·延奇（Simon Jentzsch）说："没有人能单独决定拿这么多钱投资一个或几个产品，都是众人来决定。"至于具体怎么决策运作尚不得而知，只有继续观察。

欧美金融和科技公司正在探寻如何利用区块链技术来确保财款转移，一个叫作"智能合约"（smart contracts）的东西应运而生——基于计算机云技术的金融代码来执行金融合约。从根本上说，The DAO 就是一个大型的、复杂的"智能合约"，它可与风险投资基金相媲美。它提供独有的被称为 DAO tokens 的投票份额，以此换取加密数字货币 Ether。Ether 是 Ethereum 区块链技术中的一个金融组成部分。区块链就像是数字货币的一个庞大、分散的总账，它记录每一笔交易，并将该信息储存于全球网络上，因此该交易数据不能被篡改，安全性相对较高。

实际上，业内还在加速研究区块链技术更为广阔的应用，未来区块链技术在金融服务、共享经济、物联网甚至房地产方面都存在无限的想象空间。区块链技术能够大幅提升资本市场和金融机构的效率，甚至可能引发部分市场功能的脱媒。比如，股票、外汇和杠杆贷款等的交易结算，可能因为区块链技术的引入而被彻底改变。就连美国财政部前部长萨默斯（Lawrence Summers）都感叹，区块链技术极有可能永久改变金融市场。

由此足以看出，欧美在金融科技发展上比中国互联网金融要领先很多。但是，近年来，中国也开始在金融科技、智能金融领域崭露头角。比如国内的基础量化交易平台就是利用各种计算机技术对庞大的市场数据进行分析，使用一些复杂度不高的语言，其框架主要为用户在平台上编译策略，平台则提供一系列回测图表反馈，并用网络连接到股票经纪公司的交易接口，通过普通交易席位进行交易。这比人工分析更具效率和准确性，能更好地把握住盈利机会。

中国金融科技的科技含量有待提高

毕马威与 H2 Ventures 联合发布的 2019 年报告显示，在金融科技企业 50

强榜单中，中国共有10家金融科技公司或科技企业上榜，包括京东数科、上市公司众安在线等。

全球排名前10的金融科技创新企业中有7家来自中国，反映了中国金融科技"无可争议"的增长。名列榜首的是总部位于杭州的互联网支付服务提供商——蚂蚁金服。

上述研究机构是根据金融科技公司的融资机制以及融资规模，金融科技公司的发展状况包括金融工具科技含量，互联网、大数据化进展，还有市场占比等指标，在全球进行排名的。在这样的模式排名中，中国金融科技乃至中国金融科技公司在全球一定会排在前列。

就拿阿里巴巴来说，其很早就推出了支付工具。在支付宝推出时仅仅是为网购过程中的买卖双方做个担保而已，根本没有想到后来的金融属性，更没有想到成为今天互联网金融或者金融科技的开创者。包括2010年阿里巴巴成立的小贷公司，当初也仅仅是为解决阿里巴巴网购平台上买卖双方的融资问题，也没有想到会演变成今天的互联网银行。而就在阿里巴巴萌生无意识的金融属性工具时，欧美却在华尔街、伦敦玩弄被美国前总统布什批评为"创造一些连自己都说不清楚的莫名其妙的"金融产品。

真正让中国乃至全球瞩目的金融科技，是以2013年6月余额宝的诞生，以及后来P2P的非理性发展为标志的。从这个意义上说，中国金融科技确实比欧美诞生得早，引领全球是名副其实的。

但是，我们也必须清醒地看到，中国金融科技在发展过程中所处领域的科技含量有待提高，在依靠更高科学技术支撑的金融科技领域，中国已经显出滞后之态。同时，中国金融科技继续向深度、广度迈进的制度性环境并不乐观。

中国的金融科技，其实叫作互联网金融更为贴切。因为中国金融科技在全球虽然诞生最早，但基本都是依靠互联网平台，包括网络支付、P2P、互联网银行、网络理财、网络金融资产业务等，基本是以金融产品运作渠道上的变化，以及处在金融消费领域，服务于第三产业上的变化为主。

而真正意义上的金融科技在欧美已经有所实践，欧美已经走在了中国前面。"FinTech"一词本身是由金融"Finance"与科技"Technology"两个词合成而来，也就是用技术来提高金融服务的效率。以金融科技的一个重要应用领域智能投顾为例，在美国，类似富达（Fidelity）这样重视科技的公司很早以前就已经将资产配置服务和人工智能业务深入结合，很多客户的理财师已经不再是具体的某个人，而是智能投顾。智能投顾会根据客户的风险偏好、资产规模等因素为客户制订理财方案。而在中国，智能投顾业务才刚刚起步，虽然目前很多财富管理机构已开始部署智能投顾业务，但是鉴于中美财富管理市场的巨大差异，例如中国投资者更期待与理财师面对面交流，投资理念普及程度相对更低，财富管理机构想要在智能投顾蓝海中分一杯羹还需时日。同时，面对中国互联网金融大潮，一些传统利益集团限制、打压的态势已经开始显现。总之，中国金融科技的制度性环境并不乐观，需要引起格外重视与关注。

我们一定要清醒地认识到，继续给金融科技创造宽松环境已经刻不容缓，中国金融科技行业向更高层次的智能金融科技迈进已经是当务之急。否则，中国金融科技的全球领先地位将不保。

第二节　金融科技与科技金融

"金融科技"与"科技金融"这两个词长得很像，经常被混用。那么，它们是一个概念吗？并不是！

金融科技，就是业内所说的 FinTech。维基百科对此给出的定义是，由一群通过科技让金融服务更高效的企业构成的一个经济产业。金融科技公司通常是那些尝试绕过现存金融体系，而直接触及用户的初创企业，它们挑战着那些较少依赖于软件的传统机构。

金融科技的核心是金融业信息数据处理方式的全面重构。在此过程中，过去泾渭分明的金融部门边界变得模糊，无论是传统金融组织的平台化和开放式发展，还是电商企业、数据企业和科技企业的"准金融活动"，都面临新的机遇与挑战。

金融科技并不是简单的虚拟经济。金融科技使金融与实体在更多层面上有效融合，而虚拟与实体的划分并不那么容易。科技提升整个金融产业链的效率，在某种意义上不仅有助于完善金融，而且间接有利于金融更好地服务于实体经济。金融科技与创新，正如喝啤酒时，泡沫是衡量啤酒好坏的标准之一，好啤酒一定有漂亮的泡沫，但有漂亮泡沫的不一定是好啤酒。

我们可将金融科技理解为：利用包括人工智能、区块链、云计算、大数据、移动互联等前沿科技手段，服务于金融效率提升的产业。金融科技的具体产品，包括第三方支付、大数据、金融云、区块链、征信、人工智能、生物钱包等。

科技金融的定义目前并未统一，四川大学原副校长赵昌文在《科技金融》一书中这样定义："科技金融是促进科技开发、成果转化和高新技术产业发展的一系列金融工具、金融制度、金融政策与金融服务的系统性、创新性安排，是由向科学与技术创新活动提供融资资源的政府、企业、市场、社会中介机构等各种主体及其在科技创新融资过程中的行为活动共同组成的一个体系，是国家科技创新体系和金融体系的重要组成部分。"

如果撇开这些复杂的金融语言，科技金融可以简化为一切服务于科技企业以及科技成果发展、创新的多方资源体系。

科技金融属于产业金融的范畴，主要是指科技产业与金融产业的融合。经济的发展依靠科技推动，而科技产业的发展需要金融的强力助推。由于高科技企业通常是高风险的产业，同时融资需求比较大，因此，科技产业与金融产业的融合更多的是科技企业寻求融资的过程。

国务院印发的《"十三五"国家科技创新规划》，明确了科技金融的性质和作用，在第十七章"健全支持科技创新创业的金融体系"第三节"促进科技金融产品和服务创新"中提到："建立从实验研究、中试到生产的全过程、多元化和差异性的科技创新融资模式，鼓励和引导金融机构参与产学研合作创新。在依法合规、风险可控的前提下，支持符合创新特点的结构性、复合性金融产品开发，加大对企业创新活动的金融支持力度。"这是对国内科技金融最权威的表述，即科技金融落脚于金融，是利用金融创新，高效、可控地服务于科技创新创业的金融业态和金融产品。

由上海浦东发展银行与美国硅谷银行合资设立的浦发硅谷银行就是科技金融的一个代表性案例。浦发硅谷银行定位于服务创新型企业，通过创新型资产价值的评估模式，为科技创新企业提供资金支持；度身定制金融服务方案，满足企业在各个发展阶段的需求；提供全球化合作平台，为国内企业向海外市场发展搭建桥梁。

科技金融的具体产品，包括投贷联动、科技保险、科技信贷、知识产权证券化、股权众筹等。

过去谈科技金融，我们希望谈的是科技产业与金融产业融合，但在考虑这对关系时，更多考虑的还是金融对科技的单向支持。相关部门出台的政策，在提到科技金融时，潜意识都指向金融如何更有效服务于科技创新、科技产业和科技事业。反观金融科技，思路并不是完全单向的，而是在更高层面上实现了科技与金融的融合——一面强调将以信息技术为代表的新技术应用到金融产业链中，实现金融功能的优化；一面基于科技的发展，还会带来一些过去技术不发达下难以想象的金融模式。

传统金融数字化转型要选对路径

关于金融的本质一直都存在争论。作为一个老金融工作者，我一直坚持金融的本质是信用。正是多年来信用的缺失，才导致社会财富的巨大损失。信用缺失导致的损失大于资源、能源等浪费带来的损失。

我曾经屡次说过，把脏水与孩子一起倒掉的信用体系，降低了金融资源配置效率，失去了金融资源配置公平，扼杀了一大批履约守信的经济体，把信用财富白白地浪费了。这个损失无法估计。

归根结底是没有甄别个人信用程度的技术手段，只能把所有经济体都假想为不讲信用。这就麻烦了，就需要担保、质押、抵押等第二保证，又需要对第二保证进行评估论证。整个效率就降低了。

还有一个很重要的原因在于传统金融手段根本无法获取信用。然而，在IT、线上化、数字化、云端化、智能化以及未来区块链化的今天，金融信用获取难问题迎刃而解。其依靠的就是线上积累的大数据和云计算技术，利用大数据挖掘分析出了完整准确的信用状况。对于金融企业来说，得信用者得天下，得数据者得信用。然而，传统金融企业从哪里获取数据，又是否有云计算分析能力？问题摆在面前。

之前银行、证券、保险、信托、基金等都号称自己建立了金融云，但也只能是虚张声势地瞎喊口号罢了。首先是没有积累足够数据的平台基础，没有数据怎么向数据化转型？没有大数据，更谈不上对数据进行挖掘、分析、提炼的云计算能力，那么数字化转型、线上通过大数据挖掘信用就是一句空话。

传统金融数字化转型怎么办？出路在哪里？2020年6月1日，中华保险集团与阿里巴巴集团在北京签署全面合作协议，双方将在全新保险核心系统建设等领域展开深度合作。根据合作协议，阿里云将为中华财险构建新一代全分布式保险核心系统。我很佩服中华保险的眼光，转型数字化金融的捷径就是与有数据、有云计算能力的大型互联网公司合作。

可以说与阿里云合作，中华保险抓到了本质，抓到了关键点，彻底解决了数据积累和云计算技术的痛点。阿里云，中国云计算第一"人"。Gartner发布的2021年全球云计算IaaS市场份额数据显示：阿里云全球市场份额仅仅在亚马逊、微软之后，排名第三位，已经超越谷歌；在亚洲排名第一位。权威市场研究机构IDC报告也显示，阿里云位居中国金融云市场第一，成为支撑金融行业创新的数字新基建，累计服务上万家金融客户，覆盖60%保险企业、

50% 证券公司，以及数百家银行客户。2020 年 4 月，阿里云宣布未来 3 年再投 2000 亿元，重点投资新技术和新基建。

而传统金融机构之所以与阿里云等云业务企业合作，是因为数据、云计算、人工智能等核心技术和新基建基础资源都在这些公司，双方合作想不转型都难。

中华保险与阿里云全球顶尖云业务巨头合作，除获取金融交易客户信用、营销数据、计算挖掘分析能力等不在话下外，未来智能化金融需要的三要素：大数据、算法和算力也万事俱备。

中华保险与阿里云合作，必将产生化学反应，取得 1＋1＞2 的效果。

传统金融与新金融合作共生是大势所趋

一场突然袭来的新冠疫情，让宅在家里的各种金融行业从业者看清了许多事情，特别是对数字金融等业态有了全新的认识。数字金融任何时候都没有现在重要。

在新冠疫情防控期间，几家银行理财产品和定期存款在支付宝小程序上也有入口。为了给宅家的人们提供更多便利，为了给逆行的小店更多支持，银行和支付宝一起合作又有很多新动作：工行、农行等大行把定期存款产品搬上了支付宝，方便不能出门的用户线上存钱。邮储、浦发、中信、招行、广发、广州等 25 家银行，短短 2 天时间就集结起来，与网商银行一起为小店减负，不抽贷不断贷，还加码向 850 万线上线下的小店提供"无接触贷款"，为它们下调 20% 贷款利息，缓解小店的资金压力。

不只是现在，银行与支付宝"结对子"由来已久，而且每每都探索行业之先。早在 2005 年，工行就与支付宝达成网银支付业务合作，那在中国是

"第一次"。2007年，建行等银行与支付宝开始探索为淘宝卖家提供小额信贷。2011年，银行与支付宝达成快捷支付的合作，2013年共同推广移动支付，改变了老百姓的生活消费方式。

2013年余额宝诞生，用时不久就收获了不少忠实粉丝，动了银行的"蛋糕"，让支付宝与银行两者之间的关系一度紧张，比如工行就一度降低快捷支付限额甚至关闭快捷支付接口。但随着全民理财意识提升，银行也逐渐看明白了，支付宝是把蛋糕做大的人。

如今，各家银行已经入驻支付宝小程序，为用户提供丰富多样的在线服务，银行通过与支付宝的合作，能够为更多普通人提供信贷服务，而且放贷更加快捷和准确，每年的购物狂欢节都成了银行与支付宝合作的大日子……

从过去十几年的历程来看，银行这样的金融机构与支付宝这样的金融科技公司强强联手，就是大势所趋。银行拥有强大的资金实力和专业的产品，支付宝有强大的技术能力和触达普通用户、小微企业的通道。双方优势互补、互相成就，推动了行业的进步。

由过去竞争到现在走向合作，这是一个可喜局面。银行是传统金融巨头，财大气粗；支付宝是新金融龙头企业，有流量、有技术、有金融科技模式。两大强势巨头走到一起，开始合作，发生的不是物理反应而是质变的化学反应，必将取得1＋1＞2的效果。这是中国经济金融之大幸，最终将实现银行、支付宝、企业和国家的多赢。

实践已经证明，传统金融与新金融合作才能共赢，相互拥抱才能做大蛋糕。那些曾经有过的龃龉，都是成长中的故事和经历，而且会让银行和支付宝站在更高处认识到未来合作的重要性。二者早就认识到其最大的公约数都是服务客户，目的都是支持中国经济发展。这也就决定了双方今后进一步密切合作、共同成长、共同收获的空间将会越来越大。

中国金融业发展的路径与方向

2021年金融街论坛年会备受瞩目。在中国改革开放与升级转型的关键时期，中国金融决策层、监管部门、实业金融家、银行家和专家学者济济一堂、各抒己见，释放出的信号是高层次、权威性、高度深度兼备的，从中能够把握剖析出未来一个时期中国金融走势的脉络路径和方向。无论你是金融从业者，还是投资者和理论工作者，都必须把眼睛瞪大看过来。

我初步分析，2021年金融街论坛年会至少释放出了五大信号：一是金融服务实体经济的核心要义只会加强，不会有任何松懈。金融资源往实体经济上配置的倾斜度会更大，中小微企业和新科技创新企业的春天来了。从根本上说，防范金融风险仅仅是前奏与手段而已，目的落在让金融支持实体经济，金融资源畅通无阻地配置在实体经济上。事实已经被无数次证明，所有金融风险的原罪都是过高的杠杆率，都是金融与经济脱节，金融严重脱实向虚，在金融自身体内倒腾，最终倒腾出风险来。金融只要脱离实体经济就会成为无源之水、无本之木，最终酿造出风险是必然的。

二是通过金融制度创新，金融支持低碳环保经济将是未来一个时期的重点。中国已经向世界承诺了两个重要时间点：2030年实现碳达峰，2060年实现碳中和。时间紧，任务重，而这离不开金融的全力支持。借助碳权交易便成为市场经济框架下解决污染问题最有效率的方式。这样，碳交易把气候变化这一科学问题、减少碳排放这一技术问题与可持续发展这一经济问题紧密地结合起来，以市场机制来解决这个科学、技术、经济的综合性问题。需要指出，碳交易本质上是一种金融活动：一方面，金融资本直接或间接投资于创造碳资产的项目与企业；另一方面，来自不同项目和企业产生的碳减排量进入碳金融市场进行交易，被开发成标准的金融工具。绿色信贷、资本市场支持低碳环保产业等都会有优惠政策出台。

三是新时期中国金融更高水平的对外开放已经开始加速。中国将坚持创造公平的市场环境，支持银行、证券、保险等外资机构参与境内金融发展，坚定保护在华外资机构的合法权益，稳妥有序推进中国金融市场双向开放。北京市对外资开放步伐迈出重要一步就是重大信号。2021年10月18日，国务院发布的《国务院关于同意在北京市暂时调整实施有关行政法规和经国务院批准的部门规章规定的批复》，明确将在北京向外资开放国内互联网虚拟专用网业务（VPN，Virtual Private Network）（外资股比不超过50%），吸引海外电信运营商通过设立合资公司，为在京外商投资企业提供国内互联网虚拟专用网业务。

四是金融科技在规范基础上更高层次的有序发展将迎来新的重大机遇。全球资本已经磨刀霍霍，用巨资打造金融科技。中国金融科技只有继续前行，提高科技含量，提高竞争力，才能更加高效、方便地服务客户和实体经济。金融科技是通过新技术手段来获得竞争优势的，因此，大到国家，小到企业都应该极力鼓励、倡导与支持金融科技的发展，科技金融、智能化金融进步带来的包括劳动力转型是未来社会发展的必然趋势，每一个从业人员面对迅猛发展的科技金融革命都应该尽快思考自己的出路与转型方向。

五是做好金融风险防范是金融业永恒的主题。中国要注重防范系统性金融风险，进一步加强金融法律的域外适用问题研究，切实维护国家金融安全。

京东数科是互联网平台金融转型的优秀案例

2020年9月11日，上交所科创板披露了京东数科招股说明书。

京东数科是由原先京东金融全班转移过来的。在2018年12月，京东金融正式更名为京东数科，旗下业务除包括原有的京东金融，以及京东集团旗下一级事业部"京东城市"外，还开发了诸多新业务，这也被认为是京东数科的去金融举措。截至2020年6月底，京东数科完成了在AI技术、机器人、数字营销、智能城市、金融科技等领域的布局。

为何要转型？京东数科是不是完全克隆京东金融的模式，还是说仅仅是换个名字而已？

京东集团主要是出于这样的目的而决定转型的。一是京东集团拥有海量数据的互联网平台，其最大优势是大数据、云计算和AI技术方面的能力。平台不在于用这些能力去做C端客户金融，而在于把这些能力提供给金融B端企业，为金融B端企业提供数据处理能力的全方位服务。这样的话，京东数科不仅把自己的数据资源和计算能力优势充分发挥出来，而且给B端金融企业提供最专业化的服务。同时传统金融机构虽有金融的专业度，却没有数据积累，计算等技术能力也弱于互联网平台企业，急需寻找数据和计算能力。京东数科就是在这种背景下诞生的。

二是随着金融监管越来越严，互联网平台企业直接面向金融C端客户的监管政策风险越来越大。京东数科乐意利用自己的优势给B端企业提供服务，使其成为一个非金融的科技企业。况且，京东数科不仅给金融企业提供服务，而且可以给所有需要数据和数据处理需求者提供服务，业务面广阔。

那么，京东数科3年来业务发展如何呢？从近3年主要财务指标来看：

2017 年至 2019 年年末，京东数科整体营业收入分别为 90.70 亿元、136.16 亿元、182.03 亿元；归属于母公司股东的净利润从 2018 年实现盈利，在 2018 年、2019 年分别达到 1.30 亿元和 7.90 亿元，连续两年盈利。

从 2017 年到 2020 年 6 月，各报告期内的公司毛利率分别为 54.69%、64.38%、65.77% 和 67.08%，呈稳步上升趋势。作为 A 股科创板"数字科技第一股"，其数字科技商业模式已经得到了时间和市场的验证。

京东数科是引领者，后来大多数大型互联网平台都是克隆京东数科的转型路径。

2020 年 9 月 11 日，上交所科创板披露了京东数科招股说明书，京东数科募集 5.38 亿股，三大数字化解决方案成为核心收入增长引擎。经过 7 年发展，京东数科（包括京东金融阶段）逐步发展成了一家全球领先的数字科技公司。这也标志着科创板将迎来"数字科技第一股"。

股权结构方面，京东于 2020 年 6 月 26 日通过公告宣布，根据订立的协议，将利润分成权转换为京东数科 35.9% 的股权，同时向京东数科增资 17.8 亿元用于收购额外股权。

交易完成后，京东将持有京东数科合共 36.8% 的股权。以此计算，京东数科估值近 1977.78 亿元。而刘强东及宿迁领航方圆合共持有的投票权将占京东数科全部投票权的 54.7%。

无论哪种投资方式，包括 VC（venture capital，风险投资）、PE（private equity，私募股权基金）以及在一、二级股票市场投资，我一直传递这样一个理念，就是一定要瞄准行业带头者和引领者，瞄准"第一"而去，这样的投资一般犯错概率很低。

由于对互联网金融、金融科技监管越来越严，这类新金融企业基本很难存活下去了。这正应了我在 2014 年撰文指出的观点：防止穿着互联网金融马甲的 P2P，毁了互联网金融的一锅好汤。

除了京东数科，包括支付宝平台也在去金融化，开始向百姓生活数据平台转型。

一场突如其来的新冠疫情把移动互联网、大数据、云计算、人工智能等新科技企业的作用发挥得淋漓尽致，起到了中流砥柱的效果。这个作用还在延伸，另一个思考已经出现：下一个数字化领域的风口在哪里？

第三节　金融科技令传统金融消失？

科技博客 TechCrunch 曾撰文称，随着科技进步，包括现金支票、U 盘、口令密钥、遥控器、纸媒体在内的 5 类日常用品相关活动将会逐步被淘汰，甚至销声匿迹。文中提到的包括现金支票在内的传统金融业务和工具消失的可能性最大。

这篇文章对金融行业的冲击来自中国最不陌生的金融技术进步。以互联网发展带动的互联网金融，特别是金融科技的快速发展，正在对传统金融形成全方位、多层面的冲击，这个冲击或比人们预料的要大许多。正如这篇科技博客所言："无疑，随着时代进步，科技行业将会出现更多的产品和服务。随着这些创新、技术和方法的推出，一些领域将被颠覆，而一些常见的行为活动，在未来将完全消失或仅存最后一丝气息。"这也就是我一直坚持互联网金融、金融科技对传统金融具有颠覆性影响的原因。

实际上，金融科技的发展使得传统金融工具和业务在未来逐渐消失仅仅是冰山一角，整个传统金融产业被颠覆和改写的程度要大得多。

现金支票、纸币的使用已进一步弱化。几乎所有业务都可以通过借记卡或信用卡结算。麻烦在于，一个持卡人可能持有多张借记卡或信用卡。不过，很快用户将可以通过移动设备来处理自己的所有银行业务，甚至汽车也将具有这种功能。据美联储提供的数据显示，从 2000 年到 2012 年，支票的使用率下降了 57%。在中国，互联网市场大数据分析公司易观分析发布的《移动支付行业数字化进程分析——易观分析：2021 年第四季度中国第三方支付移动支付市场交易规模 83.41 万亿元人民币》的分析报告指出，作为我国移动支付业务重要补充力量的第三方移动支付，2021 年第四季度市场交易规模 83.41 万亿元人民币，环比增长 7.69%。[1]

从对移动在线支付群体认知上看，2016 年，市场研究机构美国第一资讯集团（First Data）的一份报告显示，在 35 岁以下的消费者当中，49% 为在线

---

[1] 易观分析.移动支付行业数字化进程分析——易观分析：2021 年第四季度中国第三方支付移动支付市场交易规模 83.41 万亿元人民币 [EB/OL].(2022-03-31)[2022-11-30].https://www.analysys.cn/article/detail/20020416.

银行客户；在他们当中，超过五分之一的用户从未使用过现金支票进行支付。在移动支付盛行的中国，这个比例可能会更高。2016—2021年，我国移动支付业务量由257.1亿笔增长至1512.28亿笔，移动支付业务量占电子支付业务总量的比例由18.4%增长至55%。①

从习惯和氛围来看，在欧洲，如果你打算使用现金支票去支付，周围的人会用异样的眼光看着你，好像你有点不正常。而支付租金可能是支票最后的用武之地，但即使在这一领域，支票的使用率也在不断下降，因为房地产经理也开始转向电子支付和移动支付，毕竟后者操作起来更加简便。

早在2015年，丹麦政府就宣布，从2016年1月开始，除医院、药房和邮局等关键服务机构外，多数商业店铺都可以取消收银机，只接受电子货币。瑞典等国紧随其后。可以预见，在不远的将来，现金或将消失。在中国，监管部门已经允许利用生物识别技术比如指纹、面部识别、声音识别等手段在线远程开户。

可以预见，线下大部分金融业务都将在不久的未来成为历史。试想：如果没有现金了，就意味着ATM提款机也将消失；如果可以利用移动设备购物、消费、支付，甚至透支消费了，那么，物理性的借记卡、信用卡都将消失；如果可以远程开户，在线特别是移动在线办理所有银行业务了，那么所有物理性的营业网点都将没有存在的必要，随之带来的是银行庞大的员工队伍的整合。如此一来，商业银行的人工、设备、管理成本将大幅缩减，要知道，仅在中国就有超过22万家银行网点。

今后可能是这样一个场景：劳务费、小额现金等收入可能通过支付宝、

---

① 观研天下.中国移动支付行业发展深度调研与投资前景研究报告[EB/OL].(2022-06-15)[2022-11-30].https://www.163.com/dy/article/H9T3DHOQ0518H9Q1.html.

微信支付、苹果支付（Apple Pay）等打到你的移动支付账户里，你的一切消费支出都将通过移动支付设备完成。你与银行网点、柜员几乎不接触了，与银行自动柜员机也将告别，只对你的移动手机发号施令就可以快速完成一切银行金融业务。

同时，金融科技革命正在向金融高端领域挺进。如美国高盛、摩根大通以及德国德意志银行都在研制机器人分析师，据说初步测试效果出乎预料地好。

不仅如此，金融科技也在向央行的货币政策发起"总攻"。区块链技术正被投入巨资进行研发，一旦正式推出，全球货币发行和货币政策可能都将被彻底颠覆。2017年1月25日，媒体报道，由中国央行推动的基于区块链技术的数字票据交易平台已经测试成功，该平台搭载运行由央行发行的法定数字货币。2020年8月14日，商务部印发《全面深化服务贸易创新发展试点总体方案》，提出"全面深化服务贸易创新发展试点任务、具体举措及责任分工"，并在京津冀、长三角、粤港澳大湾区及中西部具备条件的试点地区开展数字人民币试点。

现金支票、纸币、银行卡、自动柜员机、物理性银行网点、庞大的金融银行员工队伍，甚至证券投行的分析师都将被淘汰出局，现有银行金融服务业态将被彻底改变，传统银行金融业务将会成为历史。这就是金融科技的革命性所在。

在金融科技革命迅猛来临之时，需要发问的是：传统金融机构你们准备好了吗？

一夜之间，金融科技公司遍地开花

"FinTech"这个词最早在美国地区使用较多，直到2015年，国内包括蚂蚁集团、京东金融、众安保险、宜信等几家巨头开始重新定义自己为"金融科技公司"，这个词才渐渐被国人所了解。2016年以来，FinTech几乎成了国内所有高端峰会、论坛的标配，成为最新的热门标签。企业高管、监管领导、学者专家，人人都开始提金融科技。这一景象与前两年的互联网金融、众筹是不是有点相似呢？为什么一夜之间"互联网金融公司"不见了，企业纷纷标榜自己为"金融科技公司"？财经媒体人洪偌馨总结了以下三点原因。

第一，为了缓解监管压力。金融科技的说法大约是2015年下半年开始被一些企业所引用。当时，中国互联网金融行业面临一个最大的变动就是监管环境的变化。2015年7月，十部委联合发布《关于促进互联网金融健康发展的指导意见》，互联网金融行业开始步入规范化发展的轨道。2016年4月，国务院又开启了互联网金融风险专项整治，监管进入常态化。

在中国，金融机构是牌照式监管，尽管并未明确是否需要对众筹等创新业态发放牌照，但从监管的思路和趋势来看，越来越向传统的金融监管靠拢已是大势所趋。

2016年7月，在互联网金融协会从业机构高管系列培训班（第二期）上，央行人士在发言中首次提到"FinTech"这个词，并表示，应划清金融和FinTech的界限。FinTech不直接从事金融业务，主要与持牌机构合作。后来，央行原行长周小川与国际货币基金组织（IMF）总裁克里斯蒂娜·拉加德（Christine Lagarde）对话时也提到："我们鼓励互联网公司发展，但当它们开展金融业务时，在当前的情况下，它们需要遵守现有规则。"只要涉及金融业务就需要牌照或遵照既有规则，这一点已经非常明确了。

由此不难看出，虽然同是金融＋科技，但金融科技的落脚点在科技，偏重技术属性，强调以及利用大数据、云计算、区块链等在金融服务和产品上的应用。而互联网金融的落脚点在金融，金融属性更强，是传统金融业务与互联网技术结合后的升级版、更新版。所以，从符合监管的角度考虑，做一家"科技"公司显然比"金融"公司更安全。

第二，增加估值空间。尽管过去几年间，互联网金融行业涌入了大量的资本，但对于该领域的企业的估值一直都没有一个公允的标准。互联网的属性是做流量和用户，不承担信用风险，业务规模与流量和用户成正比；金融的属性是指要承担一定的信用风险，风控是核心，规模越大通常风险也越大，要用银行体系的估值方法。不过，在资本市场，显然是前者更讨喜。

第三，技术驱动创新。当然，更重要的是，从行业的演进来看，过去通过简单复制，缺少核心技术的商业模式已经难以为继。不管是市场还是资本，都越来越看重企业的差异化竞争力和以技术驱动创新的能力。

尤其，随着大数据、云计算、区块链、人工智能、移动互联等新一代信息技术的发展和应用，科技在提升金融效率、改善金融服务方面的影响越发显著。

对于企业而言，在技术上的投入和创新的能力也将越发重要。这也是当初不少人反对"互联网金融"这种提法，甚至把"宝"类产品、"一站式理财"平台的发展等，都称为一种金融创新的重要原因。他们认为，过往不少互联网金融模式、互联网金融产品，都只是既有金融产品的互联网化，创新不足。

不管"标签"为何，我们确实看到了新金融领域发生的一些变化。以大数据风控、机器人理财、区块链应用等为代表的金融科技业态在中国起步发展,而那些单纯复制商业模式、缺少技术创新能力的企业将加速被淘汰。

一言以蔽之,互联网金融企业要转型金融科技,不只是改改名字那么简单,否则就是沽名钓誉的假金融科技公司,而那些没有科技内核支撑的金融科技"壳公司",终将被新一轮互联网科技革命浪潮拍死在沙滩上,喧嚣过后留下一地鸡毛。

中国金融科技加速布局欧洲

从欧洲市场来看,目前支付宝支付仅仅作为购物退税时的工具之一,并没有在商店、商场等消费市场被广泛应用。

虽然中国在互联网金融领域领先于世界,但客观地说在金融业务智能化、云端化,以区块链技术为基础的数字货币发展上,在全球并没有领先,当然由于有互联网金融的基础,也没有落后太多。

中国金融科技进入欧洲市场则基本谈不上。现阶段,金融科技领域基本被美国、欧洲与日本的大金融公司与科技公司占领。特别是在智能投顾与区块链技术的数字货币方面,中国已经明显落后。美国金融科技已经从研究阶段进入实际运用环节,日本企业紧随美国企业特别是金融企业之后,正加速将人工智能机器人应用于股市、保险、理财、资管等市场分析领域。美国一些企业正在将区块链技术应用于全球结算网络与平台之中。

在这种情况下,中国企业百度正在依托人工智能的强大技术基础,宣布进入金融科技领域。中国工商银行等宣布进入金融科技领域,开始研发区块链技术。特别是2020年4月,中国工商银行金融科技研究院与可信区块链推进计划联合编制了《区块链金融应用发展白皮书》,这是中国银行业发布的首个区块链白皮书,可以说对中国银行业及相关领域的从业者发展有着重要意义。但要真正看到明显效果、进入实战阶段，还需一定的时间。

根据中国新闻网 2017 年 4 月 19 日报道，国际商业结算控股有限公司（IBS）公告称，其在欧洲获得了电子货币机构（EMI）许可证，可面向全欧洲国家提供电子货币发行、兑换以及支付服务，完成其在欧洲布局重要的一环。这是中国金融科技公司首次在欧洲境内获得此许可证，意味着中国金融科技逐步实现体系化布局，引领全球步伐进一步加快。

2017 年 3 月 29 日，IBS 全资子公司 UAB "IBS Lithuania" 获得欧盟颁发的 EMI 许可证（电子货币机构许可证）。该许可证在欧盟范围内通行，无限期有效。

据了解，IBS 可依据 EMI 许可证从事以下活动：向所有欧盟国家提供支付和电子货币发行相关的服务，如外汇兑换、基金保管活动、数据积累和存储等；有权管理支付系统以及从事其他电子货币相关活动；向企业和个人直接提供包括支付、汇兑、存款、发行支付卡等金融支付服务，并以此形成金融服务体系。

其特点在于，基于 IBS 依托区块链技术建立的全球清算网络，采用最适合跨境贸易体系的扁平化架构，只有清算银行、商业银行（以及第三方机构）两层，可以极大地缩短清算路径、提升清算效率和信息处理的安全性。IBS 依托区块链技术建立全球清算网络，这是金融科技真正的核心技术，一般的支付宝、微信支付只能归结于互联网金融领域。国内金融领域可能对 IBS 这个机构不是十分了解，网络上相关信息也不多。这家公司为了真正研发区块链技术，大力度开发数字货币，获得了欧洲 EMI 许可证，这一做法无疑是很有远见的，也堪称走在了全球企业开发金融科技的前列，是中国金融领域一件大事情，着实可贺！

整个欧洲在电子商务、物流快递、互联网金融等方面相对中国来说确实是落后了，但同时也说明其市场潜力非常大。中国企业包括科技企业、金融企业占领欧洲市场绝对可以赚得盆满钵满。衷心希望中国企业迅速觉醒并行动起来，大踏步进入欧洲乃至东南亚、非洲、南美洲市场。

IBS此前曾联合泰国第三大银行泰华农民银行开发区块链平台系统，进行泰铢和人民币转账结算，促进了国与国之间的经济交流与良性发展。

随着人民币国际化和中国游客全球购买力的提升，中国金融科技企业纷纷前往欧美"开疆拓土"，并在不同场景和路径下形成"百花齐放"的格局，大有逆袭之势。

2016年8月，电商巨头阿里巴巴旗下支付宝同全球支付领军企业银捷尼科公司达成合作，正式登陆欧洲。英国媒体2017年4月报道，微信支付不久将正式进入英国，英国将成为继意大利之后第二个开展微信支付业务的欧洲国家。不过，这些金融科技公司的业务仅限于支付，更多的金融业务尤其是借贷等核心业务，只能看见几大国有控股商业银行的身影。

IBS依靠具有庞大国际贸易大数据基础的亿赞普集团，在布局欧洲金融核心业务同时，加速建设下一代分布式全球清算网络，并且探索区块链技术在清算支付行业中的应用。作为中国金融科技公司首次在欧洲获得EMI许可证，或可成为中国金融科技从磕磕绊绊到发展成熟的一个里程碑事件。其最大的意义在于，中国的金融科技企业在规范程度和风险控制方面获得了欧美的认可，这有利于今后产品和服务的体系化。

中研普华研究院在《2021—2025年中国金融科技行业市场竞争分析与发展前景预测报告》中指出，相比国外金融科技平台，中国的金融科技平台发展规模更大、聚合度更广、对传统金融业的颠覆性更强，在科技水平、创新活跃度、发展潜力等方面均位居世界前列。2018 年，支付宝已与北欧最大的两家电子钱包进行了合作。支付宝正在建立一个促进中国消费者在世界各地无缝旅行的平台，从预订航班到交通、购物以及旅途中的饮食和娱乐。再比如，TourPass 是支付宝 2019 年 11 月新开通的功能，是开放给海外游客的，让游客可以使用海外银行卡来充值，且打开支付宝搜索 TourPass 即可开始使用。TourPass 实现了这样一个功能：可以把 TourPass 视作一个 Prepaid Card，用户可以使用国外的信用卡给 TourPass 充值，充进去钱了之后就可以在所有开通支付宝的地方使用。并且，支付宝也推出了国际版 Alipay Global，这是支付宝在全球推出的一款国际化的支付工具。此外，支付宝在英国、德国、法国、日本、韩国、澳大利亚、新西兰、俄罗斯、巴西等多个国家已与当地领先的支付企业加快合作步伐，以期快速进军全球市场。

金融科技比拼的不是速度

在经历了 2016 年的锤炼之后，以金融科技为主导的互联网金融升级版进入了至关重要的发展时期。2016 年底，国内首个由企业发起的"金融科技"学院——百度金融学院成立。以史为鉴，可以知兴替。我们先对互联网企业和金融企业的发展做一个回顾，看看金融科技在未来将有怎样的作为。

1998 年马化腾创办了腾讯，1999 年腾讯开发出 OICQ（即腾讯 QQ）后，注册人数疯长，2000 年腾讯即开始盈利；2000 年，百度于北京中关村创立，仅仅 5 年时间，就在美国纳斯达克上市……近年来，互联网企业更是遍地开花。比如 2010 年小米公司成立，短短 3 年时间，估值就达到 100 亿美元。2022 年，英国品牌评估机构"品牌金融"（Brand Finance）发布"2022 全球科技品牌价值 100 强"榜单，中国第一大科技品牌华为跻身全球品牌价值排名第七，其品牌价值为 4500 亿元，相当于约 640.6 亿美元。互联网企业发展速度之快已经超出了人们的想象。

与互联网企业不同的是，中国金融企业的发展却经历了一个相当长的过程：1927—1952 年，中国新金融体制开始建立；1987—2000 年，中国经济转轨，金融业经历改革开放之后，随着中国加入世界贸易组织，才开始腾飞。中国最大的银行——中国工商银行成立 1984 年，经过近 40 年的发展，到 2022 年第三季度，总资产达 39.55 万亿元，成为国内商业银行"四大天王"之首。

许多专家没有预测到的是，在若干年之后，互联网竟然与金融扯上了关系，一夜之间成为未来金融业发展的方向。不过，从经济金融专业的角度看待互联网与金融的结合，这也属于极为正常的情况。经济决定金融，有什么样的经济就会随之诞生什么样的金融，经济与金融如影随形，所以互联网金融的发展更多带有金融企业的属性，而非简单的互联网思维。金融企业的发展需要厚积薄发，前期不断积累之后才会爆发出应有的实力和潜力，互联网金融企业同样如此。

从阿里系互联网金融业态看，支付宝成立之初是担保性质的，是为了给买卖双方提供第三方担保以促进电商平台的壮大，谁也没想到衍生出后来的金融属性。2013 年余额宝的诞生，是因为支付宝上沉淀的资金过多，客户有了理财需求才顺势而为的。后来成立的浙江网商银行、深圳前海微众银行等都是在互联网经济有了一定发展，大数据逐步完善，用户基础逐步形成之后才产生的。

百度金融覆盖理财、信贷、支付等业务，并逐步实现团队人才的升级，搭建起"互金最强天团"，同时一步一步明确要做真正意义的金融科技公司的路线。这些举措也都是基于百度人工智能大战略的推进和技术基因的注入，百度金融正在用发展金融企业的思维做前期的积累和准备，先搭班子后唱戏。从历史来看，这是真正的互联网金融企业必不可少的气质和思维。

放眼世界，欧美银行大多有100多年甚至几百年的发展历史。当然，传统银行包括欧美银行的发展史是互联网金融不可比的，但是从发展规律来看，金融业的发展特别是互联网金融的发展比拼的并不是时间。

在全球最大的几家银行里，成立于1784年的美国银行（Bank of America）一直发展很好，曾是世界第三大银行。不过，还是被后来居上的摩根大通（JP Morgan Chase&Co）超越。摩根大通比美国银行晚成立了整整15年，到1799年才成立。按照2022年排名，摩根大通排名世界第六，拥有2.48万亿美元的资产，几乎相当于巴西的国内生产总值。当然，摩根大通银行主要是通过收购、并购、重组其他金融机构超越美国银行的，但是在创新和机制上，摩根大通是有过人之处的。这或许就是中国人常说的"弯道超车"吧。

中国银行、中国农业银行、中国建设银行和中国工商银行在成立之时被称为中国的四大专业银行。到20世纪90年代转变为商业银行后，体制机制带来的问题使其虽然资产规模庞大，但是利润增长率、回报率都远远不及后来成立的股份制商业银行，如交通银行、招商银行、兴业银行、广发银行等。原因就在于股份制商业银行包袱小，机制灵活，创新能力强，特别是在接受互联网金融这一新兴事物上反应非常迅速。

成立早，不一定就能发展快，发展好；成立晚也不一定会发展慢，发展不好。要想发展得既快又好，关键在于抓住时代的风口，具备市场化高效配置资源的机制体制。

传统金融是如此，互联网金融、金融科技就更加具有跳跃性。成立早的互联网金融企业，也许很快会成为传统。因为比互联网金融晚出现的金融科技，在最发达的欧美国家已经异军突起，使得只在消费、理财、支付领域发展的互联网金融业态呈落伍之势。在这个时代，是不能用成立时间早晚来衡量金融行业的发展趋势与状况的。

中国的这些互联网巨头们，谁能在金融科技阶段勇敢地站出来，做时代的领路人呢？

百度金融是国内的典型互联网金融代表之一。当百度金融成立一周年后，人们才认识到，金融科技是未来的方向。百度公司高级副总裁朱光则谈道，百度在搜索、人工智能、云计算、大数据等技术领域均处于全球领先水平。

金融科技的核心是人工智能要发展到一定程度，科技含量高，技术创新能力要异常强大。在中国互联网巨头中百度是最早研发人工智能的，并将人工智能应用到金融领域。也就是说，百度直接进入了互联网金融2.0时代，即金融科技时代，已经在与欧美金融科技一争高下。百度在人工智能上投入巨资，为发展金融科技奠定了坚实基础。2015年以来，百度研发投入过百亿元。百度大脑语音识别准确率达97%；在国际权威的FDDB、LFW等人脸识别检测评测中，百度人脸识别技术均排名第一，人脸识别准确率99.7%。2021年，百度营收达1245亿元。在百度业务版图中，移动生态、智能驾驶与其他增长计划、智能云构筑起百度发展的三大引擎。除智能云和智能驾驶两大新兴业务外，百度基本盘的移动生态也引起了人们的广泛注意。

可以看到，百度在人工智能、大数据、云计算等领域已经取得了不错的成绩，这些优势将能够帮助百度构筑在金融科技领域的护城河，并在金融过程管理、风险管理、客户个性化服务等领域形成竞争优势。

目前虽然许多公司都开始打了金融科技的旗号，打算弃互联网金融而去，但是，概念化炒作的多，拉大旗作虎皮的多，真抓实干的少。我们应该清醒地认识到，以智能互联网、大数据、云计算、人工智能、区块链技术等为特征的新经济时代的新金融、金融科技，与企业的科技实力联系紧密，这是智能互联网思维下的金融科技区别于传统金融的标志，也是未来很长时间的发展趋势。

金融科技不是什么企业都能做

经济学家向松祚先生就中国金融的一席话曾经引起较大反响。他认为，今天的中国，每个人都想搞金融，这是非常荒谬且不可持续的，尤其是互联网企业，几乎没有不想搞金融的，这是非常奇特的现象。

互联网金融、金融科技是一个伟大的创新，给中国旧有落后的金融体制带来了较大冲击，一定程度上缓解了弱势经济体的融资难、融资贵的问题。同时，金融科技绝对是未来金融业发展的方向，因此对中国互联网金融、金融科技的发展必须给予充分肯定。但是，这不等于目前的互联网金融、金融科技不存在问题。最大的问题就是向松祚所言的，出现一个全民、全社会办金融的现象，这种一哄而上的乱象最终必将导致局部的行业性金融风险。不仅如此，整个经济如果过度金融化，对实体经济发展乃至对整个宏观经济发展都是十分不利的。

我认为，首先要弄清楚什么是真正的金融科技。真正的金融科技以大数据、云计算为基础，利用互联网平台收集的海量数据，在金融的本质——信用的获取上更加高效、全面，从而提高金融交易的效率，降低交易风险。当然，互联网金融还包括在支付手段上依赖互联网特别是移动互联网平台，使得金融结算支付方式出现大变革。

这就离不开互联网电子商务等基础平台，电子商务、社交互联网、搜索引擎等金融科技平台上的数据有一个长期积累的过程，积累到一定时候，自然而然就对金融产生了需求，这个时候互联网金融的诞生就顺理成章了。阿里巴巴系的互联网金融就是这样逐步顺应电子商务的发展而诞生的，支付宝、支付宝钱包、原先的阿里小贷（后更名为蚂蚁小贷）、网商银行以及一系列理财公司和产品等都是如此。

我认为，大多数网贷企业不是真正的互联网金融，那只是把民间借贷搬到网上而已，其背后基本没有大数据，更谈不上云计算。一些企业一窝蜂开展网贷业务，甚至有些人简单弄个网络就开始做网贷业务，这其实就是披了个互联网金融的马甲而已。

所有互联网企业都涉猎金融绝对不是一个好现象。一方面，互联网企业一定要明白金融绝对不是那么好做的，要慎重涉猎金融业务；另一方面，对于互联网金融、金融科技等新事物，监管部门在包容、宽容、鼓励创新的基础上，应该及时给予风险警示。2019年，中国人民银行印发的《金融科技（FinTech）发展规划（2019—2021年）》明确指出，要健全金融科技监管基本规则体系，着力打造包容审慎的金融科技创新监管工具。既要通过市场的优胜劣汰、大浪淘沙式机制使其自动退出，又要通过强化监管勒令其退出市场。目前，中国金融监管仍遵循机构监管模式，通过约束持牌金融机构及其与科技公司的合作，可部分达到金融科技监管的目的。在普华永道2021年3月18日发布的《2020年中国金融科技调研报告》中，调研受访者普遍认为，政府应该对金融科技进行适当监管，从而避免野蛮生长和套利创新。[1]

重新审视科技创新对金融的重要意义

2019年5月25日，证监会原主席肖钢在2019清华五道口全球金融论坛上，谈及科技创新对资本市场的意义所在，给人很大启发。目前大赞科技创新对资本市场包括金融业的极端重要性，似乎不合时宜。因为从以前到现在，监管部门以及官员都对金融科技如临大敌，并出现一个观点：金融创新不能跑在制度前面。

1984年，著名金融学家甘培根教授，在讲解《国外银行制度与业务》一书谈到金融创新时就说，美国的金融创新就是对现有金融制度的突破，或者说钻了现有金融制度的空子。这个时期谈金融创新是要冒点"风险"的。对此，感谢肖钢先生敢于给金融创新正名，敢于冒这个风险。

肖钢虽然谈到的是资本市场的创新情况，但实际却是整个中国金融的现状。

金融业由于受到监管环境影响，不怎么鼓励创新，因此这几年金融科技创新严重不足。从国际对比来看，2020年国内证券公司信息技术投入共262.87亿元，远远低于美国主流证券公司的投入。而且与华为每年1300亿元的研发投入简直不成比例。

我国证券公司从业人员虽有所增长，但人员分布不合理现象严重，根据中证协发布的《中国证券业发展报告（2022）》，我国证券从业人员增长呈现结构差异、头部集中的特征，即人员增长集中在大型公司及总部。

---

[1] 王淑娟. 普华永道2020金融科技调研：数字化转型加速，期待高质量科技创新[EB/OL].(2021-03-19)[2022-11-30].https://baijiahao.baidu.com/s?id=1694619680537774976&wfr=spider&for=pc.

根据中国互联网络信息中心对网民使用各类应用情况的调查数据，目前互联网理财人数和使用率也远低于网上支付、网上银行的使用比例。由于监管的非理性，投资者对互联网理财基本是如临大敌、望而生畏，这已经影响到使用科技创新产品理财的意识。而后面美国正在奋起直追呢！

同时，网上的理财产品本身新科技含量普遍不高，真正使用这些新科技手段防范风险的能有几只？

肖钢说了大多数人不敢说的一句话：监管让市场创新望而生畏。这里我不敢随意解释与发挥，就用肖钢先生的原句："证券市场各方总体上对于科技创新应用持积极态度，但经历了HOMS场外配资、ICO叫停等事件后，出于对大数据隐私保护、人工智能的责任划分等方面的考虑，制约了创新的发展。采用'回应式'监管的模式应对科技创新，可以指明科技创新的应用方向和方式，打消市场各方的顾虑。而采取'运动式'监管的模式，其特点为监管碎片化，往往出现由视而不见到猛踩刹车的急转弯，缺乏对金融科技创新的包容度，相关交易制度也一定程度制约了技术创新。"[1]

一个时期金融创新的"颠覆"一词被批得体无完肤，而肖钢让"颠覆"一词再次出现了：未来5G、虚拟现实、物联网、工业互联网技术将进一步突破，科技手段将进一步提高资本市场运行效率，更有可能重塑金融业新格局和新形态，带来资本市场新变革，甚至有可能颠覆资本市场的运行逻辑。

银联金融科技助力经济腾飞

后疫情时代经济面临的最大问题是如何尽快恢复元气，这就要寻求经济

---

[1] 财联社.证监会原主席肖钢：应采用"回应式"监管的模式应对科技创新[EB/OL].（2019-05-25）[2022-11-30].https://baijiahao.baidu.com/s?id=1634501080091062291&wfr=spider&for=pc

发展新动机、新动力和新引擎。过去虽然一直不断地重复强调，但在现在提出来显得倍加重要。

寻找新动力，重振新引擎，归根结底要依靠创新，特别是新科技。在这场疫情中，新经济、新科技、新金融于危难之中显身手，作用发挥得淋漓尽致，它们利用在线、远程、智能、云端、移动等科技模式助力社会运转，助力抗击疫情，成效有目共睹，真实地改变了我们的生活。

员工返岗、企业复工、商业复市、力促消费、启动经济，更加离不开新经济、新金融、新科技。在助力经济全面重启情况下，大力激活经济内生动力，最现实、眼前最迫切的两大引擎必须率先重振旗鼓：一是消费这驾马车，是经济的最重要动力，是马力最大的引擎；二是中小微企业体，是容纳就业最多、对经济贡献度最大、市场化最活跃的经济引擎。

首先，把启动消费作为经济恢复元气的首要抓手。

国际与国内、发达体与新兴市场概莫能外，重启经济的第一动力就是刺激消费。美国、日本、加拿大、欧洲直接给民众发现金来促进消费，中国各城市采取发放消费券促进民众消费。

从已经发放消费券的城市看，效果非常好。从第二次、第三次发放消费券来看，效果递减效应并不明显。疫情对经济的影响和2020年全面脱贫攻坚战收官，都决定了应把消费券作为长期刺激消费的手段。

中国发放消费券，有数字化、移动化基础设施的支撑。无论是发达地区，还是欠发达地区，过去的数字鸿沟已经抹平。在数字化工具助力消费券发放方面，各个国家都比不过中国。云闪付等移动支付工具给发放消费券提供了极大方便。

作为助商惠民活动的重要组成部分，2020年5月29日—6月3日，中国银联联合地方政府及商业银行，通过云闪付 APP 在武汉、南通、宁波、青岛、呼和浩特、沈阳、上海等 85 个城市（区）发放消费券，带动各地餐饮、超市、百货等消费近 7 亿元，消费乘数达 4.7 倍，其中九成以上受益商家为中小微商户。

其次，惠农促销，金融科技助力不遗余力。

在启动消费、促进内需、拉动经济的同时，促销促产惠农更加重要。目前，各地政府都在采取措施解决农副产品以及中小微企业产品销售难问题。对此，新科技手段派上了大用场。县长、乡长、厂长竟然都纷纷开设了带货直播室，帮助农民和中小微企业带货销售。直播带货，目前正在风口，非常火，那么，新金融、金融科技平台企业怎么会缺席呢？

2020 年 6 月 2 日晚举行的"银联 62 节"闪购专场中，一共开了 5 场直播，不仅有罗永浩直播带货，还邀请了李晨等知名人士来直播。而这 5 场直播的主题都和助商惠农密切相关，银联诚心希望一端连起农产品产区和众多商户，另一端连起消费者，用云闪付拓宽商品销路，为用户带来实惠，助推消费引擎运转。可以说，银联利用自己的金融科技平台惠农助农率先垂范。

银联把小微个体商户、路边店等极小微企业作为重点扶持企业，帮助其渡过难关。除了已经出台的财税费、过路费等减免政策外，政府应该协调业主减免部分租金或者直接给这类极小微企业一部分房租补贴；同时，较大幅度降低基础资源成本费用。包括水电气费用，银行账户、转账、银行卡、网银等所有费用，行政性收费等与政府交易的一切费用，一律免除，从而倾全力救活极小微企业店铺。可以这样说，目前政府在宏观层面的上述方面已经做得非常到位，大型企业特别是大型金融企业在给小微企业的让利中也不能缺席。

疫情发生后，中国银联通过对重点疫情地区实行取现减免消费服务手续费优惠，对小微商户银联二维码收单交易进行手续费返还等措施，增强企业活力。以跨行取现为例，截至2020年5月中旬，已累计覆盖逾600万笔。

除商户费用减免优惠之外，银联于2020年3月启动了"银联援鄂企业复苏计划"，向湖北省受疫情影响较大的重点商贸流通企业、重点市场保供企业、生活必需品生产和交通物流运输行业保供企业，以及亟待扶持的中小微企业提供商流技术支撑计划、商业消费提振计划和商家信贷扶持计划等4项专属支持服务。

截至2022年5月底，中国银联已联合商业银行投入惠民补贴近8亿元，拉动消费超2.3万亿元；"重振引擎"助商惠农计划覆盖的商户规模持续扩大，参与商户数从4月底的40万户激增到88万户，其中小微商户达58万户，覆盖2000多个热门消费品牌。

此外，中国银联还携手各商业银行、大型商户和手机厂商等合作伙伴，升级打造"银联62节"惠民消费活动。消费者可用云闪付APP、银联手机闪付、银联二维码等产品，在逾40万家线上线下商户以超值优惠价格（部分低至原价3折以下）购买惠民好货。

最后，新科技数字化助力经济重新腾飞。

这次疫情最欣慰的是互联网线上数字经济企业发挥了重要作用。关键时刻显身手，凸显数字中国建设的重要性。活生生的事实告诉我们，必须进一步发展电子商务，发展数字网上教学、网上社会治理，发展大数据、云计算、人工智能、区块链、自动驾驶汽车、机器人、物联网、远程在线办公、共享经济、互联网金融、金融科技等。

疫情期间，中国银联通过打造综合性金融服务、推出商家小程序产品、提供在线财税服务，着力推动中小微企业向数字化转型。积极推进云闪付APP与各地政府"一网通办"、财税平台等对接，提供公共事业缴费、非税缴纳、电子发票等多种在线服务。

截至2020年6月底，银联已接入近2000项公共事业缴费内容，覆盖全国逾400个大中城市。银联为中小微企业提供线下POS刷卡非接、在线支付、税务APP和扫码缴税等多种缴税方式，业务覆盖超过3700个区县级税务局的办税网点。云闪付APP交通罚款缴纳业务已覆盖上海、重庆、湖北等全国19个省市。同时，银联还联合各地政府机构上线覆盖全国2000余城的25项健康码相关应用，打造政务服务新窗口，扩充数字政务服务渠道。

中国银联已联合全国35家商业银行推出逾1000万张小微企业卡，该卡集支付结算、融资信贷、企业经营管理增值服务于一体，为小微企业提供综合支付解决方案；同时，推出商家小程序产品，为小微企业开放海量用户触达入口，并依托云闪付APP赋能广大线下小微企业，助力商家数字化转型。

为纾解小微民营企业普惠金融"最后一公里"等痛点、难点，银联推出手机POS等创新产品，实现银行卡闪付、手机闪付和二维码主被扫等支付方式的聚合，商户只需一部手机就可以支持多种支付方式，而且手机POS易携带、适应性强，同时还简化了商户入网流程，为小微商户、农户提供了便利，并进一步降低了运营成本。截至2020年6月，手机POS商户已完成近4万笔交易。

总之，在后疫情时代，重启经济必须赋能新科技、新金融手段，中国银联作为金融科技企业，与其他新金融企业并肩携手，为重振经济引擎，发挥自己数字化、电子化、移动化的金融科技优势，贡献了自己的一份力量。

02
风起云涌的技术变革

从互联网金融到金融科技

> 未来已经发生，只是尚未流行。
>
> ——威廉·吉布森

科技的改进使金融的覆盖面发生变化，也带来金融模式的创新；同时，技术的革新会改变用户习惯，进而会改变金融的形态。

从根本上说，无论是互联网金融，还是科技含量更高的金融科技，都是建立在大数据、云计算、人工智能等基础上的。

第一节　科技赋能金融创新

> 市场中真正占据主导地位的并非价格竞争，而是新技术、新产品的竞争，它冲击的不是现存企业的盈利空间和产出能力，而是它们的基础和生命。
>
> ——约瑟夫·熊彼特

1998年，柯达有17万名员工，销售的相纸占全球总量的85%，但在短短几年里，它们的商业模式消失了，公司破产了。未来，很多行业将会重复柯达的命运。在1998年，没几个人会想到3年后再也不用相纸，因为1975年才发明的数码相机当时像素很低，但是大家可能忽视了产品的摩尔定律：大多数新技术在早期的很长一段时间内都令人失望，却会在中后期短短几年内成为主流。

柯达的故事每天都在重演：在人工智能领域、3D打印领域、无人驾驶领域……软件和操作平台会使大多数传统行业陷入混乱。正如，优步（Uber）只是一家打车软件公司，它没有一辆属于自己的汽车，却是世界上最大的出租车公司。又如，爱彼迎（Airbnb）是一家联系旅行人士和家有空房出租的房主的服务型网站，尽管它也不拥有任何一间旅馆。

以下是媒体预言的未来世界：

智能科技将为公众提供第一辆自动驾驶汽车，届时整个汽车行业将被打乱，你不再想拥有自己的汽车了，也不需要再为考驾照而烦恼。当你需要用车时，你只要掏出手机按几个指令，它就会出现在你指定的位置，并送你到达目的地。你不需要停放车辆，只需要支付路程费。

2022年麦肯锡全球研究院发布的一份报告称，随着科技进步，到2030年，保守估计全球15%的人会因人工智能发生工作上的变动，乐观估计会影响30%的全球人口。同时会有很多新的就业机会出现，但不知道新的就业岗位能否填补消失的就业缺口。

金融创新与科技创新共荣发展

包括互联网金融、金融科技在内的金融创新本来就诞生于科技进步。金融创新的目的之一就是支持实体经济的科技创新。这种金融创新反过来对科技创新的支持是自然产生的，两者有着天然的联系和交融。因此，以互联网金融、金融科技为主的金融创新必将对科技创新带来强有力的支持和支撑。

今后，要更加充分发挥金融的资源配置功能，发挥金融的风险管理功能，发挥金融的价值，优化对科技创新的应用推广，特别是发挥互联网金融贴近中小微企业，对其转型升级、提升科技创新能力进行支持的作用。

这就需要增强金融创新促进科技创新的使命感，互联网金融企业包括传统银行业要充分考虑科技创新领域金融需求的特殊性、专业性，加快金融理念的创新、组织结构的创新、服务产品的创新，提高金融服务的针对性、有效性和可获得性。同时，金融企业要转变思路，跟踪科技日新月异发展的趋势，将先进的科学技术、创新成果运用到管理中，降低服务成本、提高服务效率、延长服务时间，对科技创新提供全天候优质服务。

这就需要增强协作能力。做好科技创新的金融服务，仅依靠金融机构是不够的，需要金融机构与金融市场协调联动，需要多种融资渠道有机对接，特别需要风险投资、天使投资等符合科技创新特征的新金融模式，实现对科技创新企业整个生命周期的服务。此外，金融机构还需要与科技部门、地方政府密切协作，建立财政、税收支持等长效机制，提高金融对科技创新服务持续的支持能力。

这就需要增强科技管理的能力。要深入研究科技创新领域的风险，开发完善信用评价体系，健全完善风险分担体系，做到对风险早监测、早发现、早处置，充分发挥金融机构风险管理机制，激发社会科技创新的活力。

金融创新离不开大数据

全球经济行为、生活方式、生存方式发生了深刻而快速的变化，这种变化派生出了可以挖掘、分析，并从中整合出一系列行为轨迹包括商业机会的大数据。

这个"深刻而快速的变化"是作为社会主体的人类的所有行为，包括商业、生活、生存方式等都在快速往网络上转移，特别是转移到移动互联网。

过去以线下为主的人类一切活动是分散的、无轨迹可循的、难以把握的，通过耗费人力、物力跟踪调查了解，又是被动的，往往时效性、准确性等非常差。而现在互联网上的一切活动几乎都有迹可循、可主动抓取获得，而且是可以瞬间准确捕捉、及时分析挖掘的。

对这些法人、自然人在二进制世界留下的或主动提交或被动抓取的行为轨迹进行深刻分析，可以从中获得非常大的利用价值。俗话说，思想支配行动，行动是思想的反映。通过大数据分析当事人的行为轨迹，即可了解其思想、偏好等抽象的信息，这显然是传统分散的、低效的调查手段难以做到的。

因此，有人把大数据称为21世纪的一座大金矿。随着社会主体的行为与行动快速向网络，特别是向移动互联网上转移，大数据越来越丰富、越来越完善，这座金矿也将越来越大，并不断升值。

以新浪财经大数据战略为例，其以新浪财经累积的资讯、用户、行为数据为驱动，通过重点产品不断沉淀新数据，再将数据应用于金融产品创新、业务创新，以及合作创新，形成数据生态，目标是建成开放、共享的财经领域首选互联网数据平台。新浪财经大数据眼前的实际应用偏重资本市场、A股市场的交易和操作，偏重交易产生的数据。利用这些数据，金融机构可以挖掘高手、发现策略，开发创新性金融产品。

金融的本质在于信用，金融管理的关键在于风险，而防范金融风险的重点在于识别信用。改革开放以来，金融改革整体滞后于经济体制改革，而其中存在的最大问题是对信用的巨大浪费。正是因为金融机构假想交易对手可能不讲信用，所以，所有金融资产业务特别是贷款发放就必须担保、抵押、质押，这就直接导致交易成本高昂、交易效率低下、金融资源配置严重不公，中小微企业出现了长达20年的贷款难、融资难现象，对整个国民经济造成了巨大伤害。当然，这也是有客观原因的：一是信息不对称，大银行要想充分了解中小微企业的信息是非常难的，信息不对称对银行来说意味着高风险；二是征信成本太高，金融机构要获得中小微企业的真实信息，需要付出很高的成本，征信成本过高就会影响金融机构的收益。

互联网大数据诞生后，这一情况大大改观。大数据在金融应用上一个巨大的价值就是能够通过对金融交易对手在网络上的行为留下的数据轨迹进行深度快速挖掘，从而识别其信用记录状况。有了"信用"记录，何惧金融风险？

新浪财经拥有海量大数据，可将其大数据背后客户积累的信用财富充分挖掘出来，给每一个线上客户进行有说服力的大数据信用背书。如果把新浪财经打造成客户信用大数据提供商，这将是一个非常有潜力和前途的领域。

传统金融机构包括银行苦于没有网络大数据，眼睁睁看着就要落伍。个别银行比如建行开始打造自己的网络平台——善融商务，但是，由于起步太晚，效果并不好。我认为，传统金融机构与其自建网络平台"刀耕火种"地生产大数据，不如与互联网企业合作，让互联网企业成为其大数据信用的提供商，二者合作必将起到 1＋1＞2 的双赢结果。例如，平安银行与京东数科签署战略合作协议，双方联合推出"平安银行京东白条联名信用卡"，该联名卡将允许消费者"打白条"的场景从线上的京东商城延伸至线下。交通银行也联手京东数科打造了"交通银行京东 PLUS 会员联名信用卡"。此类联名卡的合作，皆在进一步扩大银行信用卡产品在年轻群体中的品牌影响力，同时，也有助于各商业银行在移动支付市场、加速布局线上消费场景中的探索。

"云"市场硝烟弥漫

全球科技发展日新月异，令人目不暇接。在以互联网、移动互联网、云计算、大数据、智能化特别是人工智能、物联网、互联网金融、金融科技、传感技术等为主的新科技、新经济风起云涌的过程中，电子商务、互联网金融、社交网络等商业模式已经日臻成熟，并且给全球经济带来巨变与冲击。云计算、大数据、智能化、金融科技等虽然是未来新科技、新经济发展的制高点，但是一段时间以来其经营的商业模式并不是太明了，变现与回报利润也不是太清晰。

不过，高科技、新科技一个共性特点是商业模式与变现回报说来就来，很快就能出现清晰的回报点与变现途径。最明显的例子是，已经如雷贯耳的云产品——云计算、云服务、云储存，其商业模式可谓是一夜之间出现，一夜之间开始变现的。而在一段时间里，人们对于云计算的认识还是云里雾里。

特别是普通百姓一听云端、云计算、云储存，就认为是遥不可及的事情。

此后，民众对"云"特别是对云储存有了初步认识，并开始购买云服务和产品。移动互联网使数字技术、数码产品的普及率大幅度提高，民众使用智能手机拍照、录像已是寻常之事。但每一个人都会面临的一个烦恼是，手机里照片、录像占据空间非常大，手机时常提醒内存不足。

怎么办？把这些东西全部转移到另外的物理性硬盘中是一个途径，但想随时回顾调取非常不方便。因此，苹果手机、华为手机、三星手机等都提供了云储存空间。存储到云端后随时随地都可以提取观看，又不占用手机空间。不过，世界上没有免费的午餐，移动设备供应商们一般只提供比如5G的免费云储存空间，超过就需要付费了。

试想，今后数字化应用将会呈几何级增加，包括普通百姓在内的云储存空间需求将会越来越大，市场潜力必将会爆发出来。而普通百姓的云储存仅仅是云市场的极小一部分。

从大的趋势看，云计算在促进政务、制造、金融、交通、医疗健康、广电等传统行业渗透和融合发展，促进整个传统行业转型升级上的潜力巨大。同时，这些重量级行业又是云计算市场的增长点，是云计算市场最庞大的市场需求。从更广义上说，线下的几乎所有行业都有云计算的需求，都是云计算市场的潜在客户。

更加专业一点的网站云服务器、软件开发商等对云计算的市场需求也非常大。

在以上各种需求的刺激下，云计算市场呈现出爆发式增长之势。在技术进步及利好政策的驱动下，越来越多企业实体在云端部署数字系统及增值技术服务。中国的云计算服务科技解决方案的支出总额由2016年的893亿元增至 2020 年的 3220 亿元，复合年增长率为 37.8%。最早进入云计算市场的阿里巴巴、华为等中国企业，以及亚马逊、微软等企业都在云市场赚钱赚到手软。这一说法也许有夸张成分，但其增速确实令人不可小视。

根据阿里巴巴 2021 年财报，截至 2021 年 9 月 30 日，阿里巴巴来自云计算分部的收入为 360.58 亿元（折合 55.96 亿美元），相较 2020 年同期的 274.66 亿元（折合 38.33 亿美元）增长 31%，而这主要是由互联网、金融服务和零售行业客户收入的强劲增长所推动。根据 2022 年财报，云计算业务为 13 年以来首次年度盈利。云业务经调整税息折旧及摊销前利润（EBITA），由 2021 财年亏损约 22.51 亿元，扭亏至 2022 财年盈利约 11.46 亿元，业绩表现持续提升。

2022 财年，阿里巴巴的投入超过 1200 亿元，由此可以看出阿里巴巴致力于为长远增长做部署，将在技术、创新及人才等方面继续投入，并进一步优化云业务的发展。截至 2022 年 3 月 31 日，阿里云为全球 27 个地区提供云计算服务，并于 2022 财年在印度尼西亚、菲律宾、韩国、泰国及德国新增了互联网数据中心。

未来的云市场空间和潜力都非常大。据报道，华为云 2021 年营收 201 亿元，同比增长 34%，在全球 IaaS 市场中排名第五。

目前，具有前瞻性眼光的大型互联网公司都已经参与到云计算市场的搏杀中。2021 年，阿里云在中国市场占据 40% 以上份额，并以 7.4% 的份额在全球云计算市场中位居第三，其与亚马逊、微软形成的"3A"（Alibaba、Amazon-Web-Services、Windows-Azure）竞赛才刚刚开始。如果加上后起直追的中国企业如腾讯、百度与华为等，再加上其他诸多的云计算供应商，那么市场竞争将非常激烈。

为了跑马圈地、放水养鱼，企业都采取频繁降低价格的方式抢占市场。这是一个好现象。充分竞争的市场，客户永远是最大的获益者；同时，在充分竞争压力下，企业就开始通过提高服务质量、推出技术进步手段来吸引客户。

虽然云市场竞争已经很激烈，但必须认识到云市场才刚刚起步，连冰山一角都谈不上，其市场潜力巨大，现在着手进入都不晚。就看谁有眼界，谁能抓住这个难得的机会。

社交平台让金融科技如虎添翼

在高速发展的互联网时代，人们已经充分感受到了像微博和微信这样的社交软件所带来的高效与便利。社交软件在拉近人与人之间距离的同时，也逐渐成为人们获取资讯的最主要途径。在其启发下，传统金融行业也在寻求与互联网的有效结合，从而使金融行业在经营理念、产品服务、商业模式等方面产生创新变革。于是，基于互联网环境下的专注于投资功能的社交平台应运而生，社交投资成为炙手可热的互联网金融模式之一。

更重要的是，网络社交平台给金融科技提供了难得的施展机会。从本质上说，社交网络平台已经超出了其成立时的网络社交的属性，衍生出社会经济金融文化以及政治元素的属性。社交网络平台其实已成为各项活动的入口，这是创立时谁也没有想到的。

仅从金融来说，社交网络平台是互联网金融、金融科技的最佳入口之一，特别是在智能投顾上，大有前景。这种前景应该区别于目前在微信、微博平台上进行的浅层次分析师的投资指导。后者充其量只停留在互联网金融阶段。

互联网特别是移动互联网包括社交网络平台的最大特点是，使金融市场变得更加透明，投资者与被投资者之间的理财信息也更加对称。金融科技借助社交网络平台，无论是智能理财，还是智能化金融客服方面，都大有作为。

在社交交易中，交易者除了可以自动跟随和复制其他交易者的交易外，还可以在交易的过程中与其他交易者进行实时的沟通。基于强关系的社交属性，一个社交投资账户可以同时与多人进行交流，并可在平台上清晰地获取其他交易者的交易策略及历史记录，从而根据自身的偏好选择"复制"相关交易。

无论是对专业交易者还是对非专业交易者来说，社交投资平台都能满足他们的使用需求。一方面，专业交易者可专注于钻研交易，通过自主交易产生的优秀交易记录来吸引其他用户复制跟单，从而获得专业性发展和更多的个人收益。另一方面，对于对交易感兴趣的非专业交易者，即使他们缺乏交易知识和交易时间，也能通过社交平台进行复制跟单，轻松达到和优秀交易者一样的交易水平。

为什么说社交投资平台会是未来金融科技发展的趋势呢？我非常赞成一篇佚名文章的分析。

信息高度透明，社交功能强大。社交交易的模式改变了传统券商的格局，交易不再是一个人的孤单，而慢慢地变成一群人的狂欢，这也将民主式的集体智慧发挥到了极致。

投资简洁便利，用户可自由组合。社交投资平台为用户提供了多种产品，相比于购买传统券商的产品，投资者可以自由进行资产配置，实时调整交易策略，使风险和收益水平更切合自身需求。

基于人工智能与大数据，交易变得更人性化且风险可控。社交投资平台运用科技力量将过往的交易数据集成强大的信息库，并组合成风险低且能带来收益的投资组合，交易者可以选择风险系数小的产品进行投资。

随着人工智能、大数据、区块链等技术发展，涌现出了一批运用科技创新改变金融业的数字资产社交交易平台，其中最典型的是 Fbit。

Fbit 是专注数字资产领域的社交交易平台，它把线上社群服务功能与交易平台有机结合起来，构建起投资人网，通过庞大的社区群体系，帮助投资者获取及时的市场信息、全面的策略分析，以便投资者捕获更多的投资机会，做出更英明的投资决策。

这种新型的投资方式吸引了大量用户和交易员，截至 2021 年底，Fbit 的交易额就突破了 150 亿美元，跟单资金超过 1 亿美元。更令人震撼的是，入驻 Fbit 的交易员，其中 80% 左右都是行业内的顶尖交易员。

Fbit 之所以取得如此成功，是因为其数据完全公开透明，跟单者可以自主选择跟单金额、跟随比例，设置止盈止损策略。同时，平台坚持强运营、重安全的初心，设置了较高的进入门槛，因此入驻该平台的交易员都是精英，这就给了社区用户极大的安全感。对于未来，Fbit 运营负责人表示，坚持以用户为中心，把"躺赚"理念进行到底，让用户跟单更安全、赚钱更简单。

新一轮科技革命，中国会笑到最后吗？

如前文所述，新一轮科技革命简单可以概括为以互联网、大数据、物联网、云计算、智能化、传感技术、机器人、VR 等为基础性特征的第四次工业革命，德国称之为工业 4.0。这次工业革命比前三次工业革命有着更加深刻的影响与意义。

新一轮科技革命的特征非常明显。机器人技术在各领域的广泛应用，让人类感受到空前危机，"机器吃人"的场景越来越近；电子商务使得线下实体店备受煎熬；互联网金融把传统金融吓出一身身冷汗；金融领域竟然连被誉为最高端金融服务的证券投资顾问分析师都将被机器人代替，试问还有什么是不能被机器人代替的？

新一轮科技革命与前三次工业革命最大的不同是：这一次人人（包括草根）都有创业的机会，人人都可以平等地参与到这场革命之中，成为革命的种子并从中受益；而不像前三次工业革命那样，是被经济、科技精英垄断的舞台。

新一轮科技革命的一个重要特征就是共享经济，它可以让人人参与、人人受益。正如李克强总理所言，共享经济有利于形成合理的收入分配格局，为每个人提供平等竞争的机会，壮大中等收入群体，也让每个人都有发挥自己潜能的机会，去追求人生的价值，促进社会公平正义。[①] 这个意义更加深远。

一部智能手机或其他移动设备让人们的生活、生产、娱乐、学习、创业都变得简单和高效，一切碎片化时间包括排队等候的时间都能被用上。这是与前三次工业革命完全不同的。

以互联网、大数据、物联网、云计算、智能化、传感技术、机器人、VR等为基础性特征的第四次工业革命，说到底还是归结于伟大的创新。而这正是全球经济急需的，因为全球经济都在进行结构性改革、转型升级、新旧动能转换。动能转到何处呢？就是转到创新驱动上。

正如奥巴马的经济学观点所言：任何经济扩张的一个重要方面是，创新起着经济增长发动机的作用。在这方面，21世纪最重要的经济学理论可能不再是亚当·斯密（Adam Smith）的自由市场或凯恩斯主义，而是约瑟夫·熊彼

---

① 李克强在第十届夏季达沃斯论坛开幕式上的致辞全文 [EB/OL].(2016-06-27)[2022-11-30].http://cpc.people.com.cn/n1/2016/0627/c64094-28481811.html?ivk_sa=1024320u

特（Joseph Alois Schumpeter）强调的"创新和企业家精神通过'创造性破坏'过程驱动增长"。

中国在新一轮科技革命中开局不错，但却危机四伏，后劲不足。中国在以互联网为核心的初次科技革命中，比如电子商务、搜索技术、社交网络、互联网金融等方面走在前列，这种良好开局主要是BAT（百度、阿里巴巴、腾讯）等民营企业做出了巨大贡献，但在物联网、高端机器人、虚拟现实、金融科技等方面已经远远落后于美国、德国。我认为，要追赶的关键还在于政府对新一轮科技革命的认识、监管政策以及准入等软环境建设上。除了彻底放开市场外，一个重要方面就是必须彻底摒弃面对新一轮科技革命的冲击，一些部门表现出的不信任，甚至"拉偏架"的态度。

谈到这里，我想起美国第十三任联邦储备委员会主席艾伦·格林斯潘（Alan Greens Pan）的一句名言："自主创新在于提出别人没有想过的东西，问题是，如果一个社会对你能想些什么、讨论什么都有限制的话，要在传统框架之外思考问题以达到创新，是非常难做到的。"在自由市场的框架内，政府可以通过鼓励新思想和确保技术的有效利用，来扶持技术快速进步，而不是扼杀。

为何说新经济、新科技业态不可抗拒

新经济、新技术、新金融这"三新"在当前阶段发挥了重要作用，成为中国经济在全球金融危机后活力四射的动力。假如中国没有新经济、新技术接力传统经济动力，渡过全球金融危机或需付出更大代价。2020年初的一场全球罕见的新冠疫情，再次证明了新经济、新科技、新金融所发挥的重要作用。实践证明，全球金融危机发生以后，中国经济最幸运的是以互联网为平台入口的电商、大数据、云计算、人工智能、金融科技、区块链技术等应运而生。不然，中国经济越过这一道道坎需要更长的时间。

中国的"三新"业态让全球羡慕，尤其是美国。美国羡慕中国新经济、新科技成就是从普通百姓到政府全社会性质的。美国正确的做法应该是与中国合作发展新经济、新科技，比如 5G 等，而不是打压、遏制中国的发展。中国的新科技、新经济已经建立起了广泛的基础，打压、遏制仅仅是个小插曲，主旋律是大浪滚滚地向前发展，这是谁也打压、遏制不了的。大势所趋，无人能阻挡。

目前针对中国经济的国内治理形势，是完全有必要的，是对新经济未来在自然垄断等方面进行的适度引导。如果任由垄断产生，将会出现角色的重大转换，原先新经济的引领者和促进者，就会转而成为新经济、新技术的阻碍者。垄断是市场经济的大敌，任何国家包括发达国家都不会听之任之。

经过修整和规范之后的中国新经济、新科技将会更加健康地发展。中国的新经济基础是世界最强的，中国新科技的创新力也是最足的，而且对于中国的新经济、新科技，从上到下具有广泛共识。更为重要的是，从世界经济科技金融发展趋势来看，中国新经济、新科技的发展或会走弯路，但绝对无法阻挡。中国新经济、新科技的发展给世界提供了教科书般的经验，中国新经济新一轮蓬勃爆发式发展的势头已经凸显出来了。

2021 年 5 月 17 日，国务院新闻办公室举行新闻发布会介绍了 2021 年第一季度国民经济运行情况，其中引起我关注的是第一季度中国网上零售额持续增加。1—4 月份，全国网上零售额 37638 亿元，同比增长 27.6%，两年平均增长 13.9%。其中，实物商品网上零售额 30774 亿元，同比增长 23.1%，两年平均增长 15.6%；占社会消费品零售总额的比重为 22.2%。经历了新冠疫情后的中国新经济正在恢复性增长，电商就是一个缩影。当然，包括电商在内的企业等都是恢复性增长。因为中国电商销售额最高占到社会消费品零售总额的 25% 左右，1—4 月的数据距离历史最高仅一步之遥。

中国电商发展的潜力在农村，而这几年电商带动农业发展成效卓著。我曾到中国最后一个通公路的西藏自治区林芝市墨脱县考察过，还去过林芝的察隅县、波密县，所到之处惊奇地发现几乎每个乡镇乃至村都有电商平台以及操作人员。林芝地区的松茸、灵芝、天麻、天然蜂蜜等都通过电商走向全国乃至世界。

2020 年是农产品线上销售爆发的一年，直接原因是疫情导致传统销售渠道阻滞，更深层次原因则是乡村数字化基础设施日趋完善，这背后离不开电商平台的助力。2014 年，阿里启动"千县万村"计划，开始构建县乡村电商服务体系。近年来，阿里巴巴、拼多多等平台持续助力建设开放的"乡村新基建"，积极推动互联网与乡村实际相融合，在县域市场上发挥着巨大作用。

数字科技赋能，让小微大有作为

中国新经济、新科技、新金融已经走在世界前列。党的十八大以来乘着新一轮改革开放大潮，中国在互联网特别是移动互联网、大数据、云计算、人工智能、物联网、传感技术、区块链技术、数字货币、金融科技等新科技方面突飞猛进，让全球刮目相看。

我作为在银行耕耘 43 年的老金融人，对新金融迅速涌来倍感压力，从而对移动金融、口袋金融、智能金融、大数据云计算金融、区块链金融等新金融业态倾注了很大精力进行持续研究。民营资本的网络移动金融等业态在全球处在领头羊地位毋庸置疑。这个新金融业态不仅在世界金融中产生了不小的影响，而且也给我所在的银行业等传统金融包括支付行业带来一些冲击。

银行包括支付领域的数字化转型如何？新科技赋能如何？对消费的促进如何？对弱势的小微企业支持怎么样？

首先，新科技赋能传统金融，给其插上腾飞的翅膀。

在新科技给金融注入活力的同时，传统金融不甘示弱，快马加鞭，紧追猛赶。通过联合合作等引入大数据，通过提升计算能力发挥云计算功能，用人工智能等赋能各类金融产品、投资业务、支付业务，很快取得成效，包括移动手机银行等已经不输给其他任何业态。

仅以支付业务为例，作为金融业务的综合入口和基础支撑，支付是数字时代开拓创新、转型升级的先锋产业。支付进，则体验进；支付变，则时代变。数字化模式下的银行卡被赋予了新的概念和内涵。随着数字经济的作用和地位持续提升，数字金融时代的加速到来，数字化迭代升级已成为银行卡产业的普遍共识。2020年8月，首款数字银行卡"银联无界卡"正式发布。截至2020年11月底，工商银行、建设银行等8家银行已在全国累计发行银联数字无界卡近70万张。

其次，新金融的普惠性决定了其在消费加速中有大作用。

消费这驾马车是一国经济最主要的动力。无论是美欧发达经济体还是新兴市场主体，无不在推进消费扩大和升级。美欧曾经也面临消费不振、内需不足的问题，开始也是发展所谓的消费金融，但效果没有达到预期。后来是由于花旗银行信用卡的诞生，才彻底调动了最普通民众超前消费的热情，使消费真正启动。

中国这几年的消费水平明显提高，消费在GDP中所占的比重大大提高，这离不开移动金融便利性的影响，离不开数字银行卡的有力助推。特别是传统银行卡数字化转型成功后，手机银行对消费的促进作用非常大。"银联无界

"数字银行卡"不仅为传统银行卡赋予了数字形态，通过数字化服务，满足用户消费、存取现金、转账、手机闪付、条码支付等多元化支付需求，而且实现了发卡、用卡高效便捷——境内外用户可以通过"云闪付"APP、商业银行APP或手机钱包等多种渠道快速申卡、绑卡和用卡；用户用卡体验优化，卡码合一，可手机一键调取银联无界数字银行卡二维码，任选手机闪付或二维码支付。

2019年，适合海淘购物、出境旅游等跨境消费人群使用的高端数字信用卡"跨境返现数字卡"隆重问世，截至2020年底已发行超过1700万张。在澳门，内地游客带上跨境返现卡，在笔笔消费返现1%的基础上，可额外享受工商银行、建设银行等提供的境外消费返现等奖励。在莎莎、六福珠宝、誉一钟表等当地最受欢迎的购物商城与商户，游客可凭银联数字卡及"优计划"指定门店专属电子优惠券，享受满额立减或折扣等消费优惠。

面对数字支付时代浪潮，银行必须继续挖掘消费动能，精准定位消费者的使用习惯和需求，提高自身的能力。

最后，抓住小微企业融资难的痛点，小卡已经有了大作为。

中小微企业融资难、融资贵是个世界性难题。克林顿任总统期间来华访问，到清华大学演讲时，一再表功自己在解决美国小微企业金融资源短缺上下了很大功夫。而在新冠疫情下，美国使用财政货币手段救助时，中小微企业都是重点对象。

中国小微企业融资难、融资贵问题真正有所缓解是由于移动支付的蓬勃发展。新经济、新科技、新金融时代下，移动支付已经与传统支付体系有了本质区别。在大数据、云计算、人工智能赋能下的移动支付已经不仅仅是现金结算收付的狭义概念，而是金融数据资源、信用资源等的大平台入口。这个平台上有沉淀的海量数据支撑，可以囊括新金融的所有业务。中国银联云闪付等众多平台就非常值得期待，特别是在支持小微企业发展方面发挥了重要作用。

作为首款服务小微企业的专属银行数字卡产品——银联小微企业卡，为小型企业、微型企业、家庭式作坊和个体工商户4类客群量身定做。根据不同类型小微企业管理模式的差异，商业银行可根据小微企业实际情况选择合适的卡产品发行。银联实现了小微企业支付结算服务与移动支付业务相结合，除支持银联二维码支付、银联手机闪付等移动支付功能外，小微企业卡的持卡人可通过"云闪付"APP享受消费、转账、存取现、代收付、公共事业缴费、线上线下一站式办税、商户申请等综合性金融服务。截至2022年3月，银联小微企业数字卡发卡量突破2200万张，为助力中小微企业数字化转型，帮扶中小微企业渡过难关和转型发展出了大力。其措施包括推出商家小程序、提供在线财税服务、推动小微企业"一站式"普惠金融服务、助发消费券等。小微企业数字卡服务体系"网"还与政府的"一网通办"相连接，"互联网＋银联卡＋政务"可以让小微企业主一站式办理信贷金融、税款缴纳、社保费缴纳、财政非税缴纳、出入境、交罚等各类业务，着力推动中小微企业向数字化转型。加快数字化转型升级发展进程，不仅是构建"双循环"新发展格局的必然选择，也是银行数字卡产业支持小微企业发展、实现数字普惠金融的必经之路。

科技赋能、数字化转型，支持消费升级启动，用数字普惠金融解决小微企业痛点；支付为民，给百姓提供最高效最便利、场景化、良好体验的支付平台数字化服务：这些都弥足珍贵。给一张小小银联卡赋予新科技功能，实现了"小的伟大"，成就了小微的大作用。

第二节　区块链技术彻底颠覆金融市场

比特币自 2008 年被一名不明身份而自称为"中本聪"的加密爱好者创建以来，在全球拥有成千上万的拥趸，其中有很多是 IT 技术人员和金融从业人员。他们认为金融将进入加密货币时代，加密货币技术将彻底颠覆金融市场。

提到比特币或加密货币，就一定绕不开它的底层技术——区块链（blockchain）。区块链技术起源于"中本聪"的比特币，是比特币的底层技术，是一个非集中的、分散式的电子分类账。每一个区块网络的参与者都是一个节点（node），所有的节点都保存了一套完整的账簿（ledger），账簿中记录了所有的历史账户信息，任何一个节点每发起一个交易行为都需要将交易行为信息传递到区块网络中的每一个节点中，保证保存于所有节点上的账簿都能准确地更新并验证这一笔交易。

关于区块链的原理，知乎上一位名为"MuTian"的网友举了一个通俗的例子。

想象在一个封闭岛国的房地产市场里，只允许岛民购买和出售岛上房屋，所有交易记录都由岛国唯一的地产中介进行打印和保存（因为其他人没有打印机）。由此，每座房子的产权交易记录都是一条信息链，房子过往的每一次交易信息按照时间顺序都形成了一个链条。假如每份记录都被锁在一个独立的信箱里，只有房屋所有人拥有钥匙；新的交易记录可以被塞进信箱，成为信息链的最新一环，但是一旦塞进信箱，记录就不可以再被取出丢弃，或者被修改。此时，所有这些信箱合起来就是一个非数字化的区块链——信息加密，每个密钥持有人仅可以看到或者授权他人看到自己房屋的交易信息。而每次给房屋添加交易信息都是永久不可逆的过程，这些信息不会丢失，也不能被修改。

再想象一下，岛上没有中介，而是每家都各有一个打印机和一面对应岛上所有房产的信箱墙，各家依然只能打开自家墙上跟自己房产有关的信箱。如果每次有一座房子被交易，交易人都要跑遍岛上所有人家，给对应的信箱里添一页记录，那这时候，即使有几家发生了火灾，丢掉了交易记录，或者有人偷偷把自己家信箱里的记录撤换掉，整体交易记录也不会出现偏差——居民只要在每次交易之前拿出在其他岛上居民那里保存的交易记录副本，根据多数原则确定统一的交易历史，并纠正错误的副本，就可以在无监督的情况下运行区块链。这也就是常常被与区块链混为一谈的另一项技术：分布式账本（distributed ledger）。

区块链是比特币的核心技术，具有去中心化存储、信息高度透明、不易被篡改等特点。区块链通过去中心化的形式实现了整个网络内的自证明功能，而不是传统形式下由中心化的第三方机构进行统一的账簿更新和验证。因此，区块链技术是通过去中心化和去信任的方式集体维护一个可靠数据库的技术，比特币是利用了区块链的底层技术的第一个应用。

据"中本聪"2008年发表的论文，区块链"完全是P2P的新电子现金系统，不涉及被信任的第三方"。为了实现"中本聪"去中心化的梦想，比特币必须避免任何对第三方的依赖，如传统支付系统背后的银行。高盛分析师罗伯特·D. 布鲁杰迪（Robert D. Boroujerdi）认为，这种去中心化基于密码学的解决方案去除了中间人，具有重新定义交易和多行业后勤办公的潜力。

关于比特币和区块链的关系，我们可以简单地理解为：区块链是一个非集中的、分散式的电子分类账，追踪记录谁拥有多少比特币，由世界各地所有的比特币用户共同维护。这里我们可以做一个形象的类比，假如区块链是一个实物账本，一个区块就相当于账本中的一页，区块中承载的信息，就是这一页上记载的交易内容，而比特币就是在这个账本上使用的记账单位。

区块链是如何运作的呢？华尔街见闻[①]专栏作家张美在撰文中阐释：区块链是一群分散的客户端节点，这些节点通过解决一个计算难题，来获得记账的权利；任何区块链网络上的节点，都可以观察到整个总账；区块链数据由每个节点共同维护，每个参与维护节点都能复制获得一份完整数据库的拷贝。参与处理区块的客户端可赚取一定量新增发的比特币，以及用户支付的用于加速交易处理的交易手续费。但为了得到新产生的比特币，参与处理区块的客户端需要付出大量的时间和计算力，这一过程被称为"挖矿"。任何人都可以在专门的硬件上运行软件而成为比特币"矿工"，他们在世界各国进行操作，没有人可以对网络具有控制权。

与比特币的饱受争议相比，区块链技术显然在更大程度上被接受和青睐。高盛集团表示，区块链技术可以彻底改变传统的支付体系，它可用于包括发行证券、智能处理合同等大量事务中，比传统交易体系更迅速，成本也更低。专注于科技创业公司融资服务的美国纳斯达克认为，区块链技术对于管理传统证券而言将是一种数字革命，希望能将区块链技术运用到股票市场

---

① 一个为用户提供金融资讯，数据、行情等服务的网站。

之中。瑞士联合银行集团（UBSAG）的首席投资官奥利弗·布斯曼（Oliver Bussmann）曾表示，区块链将是金融领域里最大的颠覆性力量，这意味着它的成功可能会对银行和贸易公司等产生深远的影响。

区块链要将人类带回"高级原始社会"

我们可能正面临一场革命，这场革命始于一种新的、边缘的互联网经济。

世界经济论坛（即达沃斯论坛）创始人克劳斯·施瓦布（Klaus Schwab）说，自蒸汽机、电和计算机发明以来，人们又迎来了第四次工业革命——数字革命，而区块链技术就是第四次工业革命的成果。区块链作为下一代的可信互联网，未来将让整个基于互联网的企业、生态、产业链彻底做一次变革创新。马云曾经说过："在很多人还没搞清楚什么是PC互联网时，移动互联网就来了，在我们还没搞清楚移动互联的时候，大数据时代又来了。"现在，我们是否可以在后面加上一句："在人们还没搞清楚大数据是什么的时候，区块链又来了。"

区块链本质上是一个去中心化的分布式账本数据库，是比特币的底层技术，和比特币是相伴相生的关系。区块链自动化可以降低支付成本并缩短处理时间，去中心化、开放的特点则有助于平台内创新，提高安全性。金融机构例如高盛、花旗、纳斯达克等都在积极探索区块链在金融领域的应用，同时大力布局从事金融交易清算业务的区块链技术公司。

《华尔街日报》将区块链技术誉为"500年以来金融领域最重要的创新"。威廉·吉布森曾说过："未来已经发生，只是尚未流行。"相信区块链技术能够引领未来5～10年的计算机和互联网领域的发展，我们已隐约听见不远的未来区块链技术革命发出的呐喊声。

我们经常说，以区块链技术为核心的比特币等电子货币是金融科技的主要产物。如果说人工智能机器人将要颠覆传统银行几乎所有业务的话，那么以区块链技术为核心的数字货币将对传统央行货币体系带来巨大冲击，这将是世界金融发展史上的革命性颠覆大事件。

这不，就在我们谈论区块链技术时，区块链技术已经在石油交易上开始使用了。2017年3月下旬，托克（Trafigura）商贸公司和法国外贸（Natixis）银行正在寻找更廉价的方式简化贸易流程，它们共同测试区块链在美国石油市场贸易上的应用，这表明数字技术可能改变原油交易。从2016年11月以来，Trafigura公司和Natixis银行一直在利用得克萨斯州的原油贸易渠道模拟区块链运行，该技术可以省去石油贸易中诸如通过电子邮件或传真发合同、信用证，以及检查等烦琐的文书工作。

法国Natixis银行纽约市全球能源与商品主管阿诺·史蒂文斯（Arnaud Stevens）表示："使用区块链的目的就是整合工作流程。而且，区块链还可以削减石油贸易中的时间成本。"

此次尝试是区块链在美国石油市场的首次尝试。2017年1月，瑞士Mercuria能源集团首席执行官马可·杜南（Marco Dunand）在接受路透社采访时透露，该集团此前已经使用区块链技术将非洲的原油出售给中国。

区块链本质上是一个去中心化的分布式账本数据库，区块链自动化可以降低支付成本并缩短处理时间，去中心化、开放的特点则有助于平台内创新，提高安全性。这是将区块链技术在石油交易上使用的直接目的。Trafigura公司首席财务官克里斯托弗·萨尔蒙（Christophe Salmon）表示："主要石油贸易商和炼油厂应该广泛应用区块链技术，我们期待更多的人能够看到区块链潜在的商业利益。"

另一家主要商品贸易商的负责人表示:"银行以分布式账本数据库的形式(如区块链)提供的贸易融资既能大幅降低成本,又能提高安全性。"

Trafigura 公司和 Natixis 银行关于区块链在石油交易上的测试由 IBM 公司主导。区块链技术公司副总裁詹姆斯·沃利斯(James Wallis)坦言:"该测试其实并不需要花费大量的人力物力。"史蒂文斯(Stevens)先生还表示:"必须建立起一个庞大的贸易网络,以便区块链能够更好地融入原油市场。目前,Natixis 银行已经与石油贸易商及其他商业银行就如何使用区块链的问题展开讨论。"

国内也有大量关于区块链技术运用的成功案例。2019 年,国家卫健委开始了区块链试点项目,将区块链技术用于医疗废弃物的数据采集、交接记录、医院内流转路线监控、医疗废弃物仓库库存监控等一系列管理措施中。通过部署一系列节点,比如医院护工把医疗废弃物收集、扫码、封袋,运输过程中医疗废弃物的称重、运输、交接,以及最后的销毁,通过 APP 将数据存下来,实现对医疗废弃物从源头到末端的全过程监管。

这些去中心化、透明、公开、可监督、可追踪等特点,已经使得传统主权货币被边缘化了。这背后的巨大意义正如互联网领域最知名的"预言家"凯文·凯利在《失控》一书中指出的:未来世界的趋势是去中心化的。亚当·斯密的"看不见的手"就是对市场去中心化本质的一个很好的概括。点与点之间直线距离最短,人与人之间沟通的最佳模式也应该是直接沟通,无论从哪个方面切入,去中心化的市场本质都是无可辩驳的。

人类经过几千年复杂纷繁的演绎进化后确实已经"太累"了。以互联网、大数据、云计算、区块链技术、人工智能等为代表的工业 4.0 技术、数字革命，或将把人类拉回到交易关系简单的"高级原始社会"，这或是数字革命带给我们最大的变化。

未来世界的发展重点是去中心化的区块链，或实现去中心化的创新性技术，因此去中心化率先从金融科技起航了。

区块链是供给侧革命性、颠覆性技术

关于区块链技术的争论还在进行中。各个国家、各位专家、各类机构以及各个自然人对此看法各异。在对待区块链技术的态度上，各国政府的态度至关重要。有什么样的体制与思维，特别是有什么样的官员队伍就会有什么样的态度来对待区块链技术与数字货币。

有人说，区块链是区块链，数字货币是数字货币，二者没有必然联系。大错特错了。区块链技术的问世就是从比特币开始的。比特币的底层基础技术就是区块链技术。试想，一个将区块链技术带到这个世界上的东西，怎能把其与区块链完全分隔呢？

社会上对区块链技术的去中心化、分布式账簿和全员信用背书已经达成共识，正在进行技术突破。不过，对于数字货币特别是比特币，由于个别国家守旧落伍观念的误导，人们对其偏见非常大。但可以肯定的是，只要区块链技术前景广阔，数字货币必然前途无限。关键在于各个国家对待区块链技术与数字货币的态度与政策环境。

2018年2月14日上午10时，美国众议院召开第二次区块链听证会，主题为"超越比特币：区块链技术新兴应用"。相比数天前，即2月6日召开的首场听证会，内容已经由虚拟货币、证券领域，扩大到无限广阔的应用场景。

全球媒体对于首场听证会的关注，过于放在其对比特币市场的影响和可能的对 ICO 的监管举措上，其实，那场听证会传递出的"不封杀（不伤害）"，亦即谨慎监管甚至乐观其成的基本态度才是要义。而第二次听证会"超越比特币"的主题，更是将区块链上升到"变革性技术"，探讨的应用场景涵盖了金融、商业和政府效率提升。

美国国会达成了两点重大共识。一是"拥抱技术"和"不要封杀"成为共识。美国证券交易委员会（SEC）主席杰·克莱顿（Jay Clayton）和美国商品期货交易委员会（CFTC）主席 J. 克里斯托弗·詹卡洛（J.Christopher Giancarlo）等认为，区块链技术有着极大的潜力。杰·克莱顿非常乐观地认为，"金融技术的发展将帮助促进资本形成，为机构和企业提供有前途的投资机会"。在他看来，尽管存在挑战，但新技术的应用能够促进监管，利于保护投资者，因此他提出要"拥抱技术"。克里斯托弗·詹卡洛亦认为，"我们正在进入世界金融市场的一个新的数字时代"，"新技术将使美国市场以负责任的方式发展，并继续发展经济，增加繁荣"。由于虚拟货币有潜在益处，在政策上，他提出了"不要封杀"的基调。

二是美国国会把"区块链信念"上升为美国国家战略。美国国会第二次听证会的视野更为广阔，除了广泛的商业场景，还涉及新技术在政府业务中的应用，并把相关的应用上升为共同的信念。这些信念包括：共担信任是基石，区块链是一项变革性技术，区块链必须开放，当前已做好准备运用于商业和政府业务。美国国会考虑委任一个"全国区块链委员会"，该委员会旨在通过探索投资基于区块链相关研究的方式（如通过奖励或其他）来巩固美国的技术地位。美国国会如此开明与具有前瞻性的创新意识是美国之幸，也是全人类的福祉。

美国在区块链技术上率先发力了，加上人工智能技术，将遥遥领先于其他国家。美国人已经意识到在互联网商用即第三次技术革命中被中国比肩，而在第四次技术革命中美国发誓要彻底占领世界技术的制高点。

需要重点强调两点：一是美国金融监管方对虚拟货币乐观其成，即数字货币是市场化程度很高的小众产品，买卖各方完全是由市场化机制驱使的，赚或赔的责任主体非常明确，政府没有必要搅和。等到有了研究成果与利益，政府可以乐享其成。二是媒体在数字货币与区块链技术发展上扮演了非常不光彩的角色，选择性报道打压封杀消息，而不报道各国支持鼓励情况，比如全球媒体对于美国国会首场听证会的关注，过于放在其对比特币市场的影响和可能的对 ICO 的监管举措上，其实，那场听证会传递出的是"不封杀（不伤害）"的共识。

中国的有识之士对区块链技术表达支持的不少。阿里巴巴集团学术委员会主席、湖畔大学教育长曾鸣认为：区块链是生产关系的变革，真正的供给侧革命。其观点非常正确，是高层次高技术支撑的供给侧革命。谁打压区块链技术的研发，谁就是在阻碍供给侧的深层次革命。

从"去中心化"趋势看金融科技

2017 年 4 月 10 日，银监会官网发布消息称，已发布《关于银行业风险防控工作的指导意见》，其中，银监会首次点名现金贷，强调要做好清理整顿工作——"网络借贷信息中介机构应依法合规开展业务，确保出借人资金来源合法，禁止欺诈、虚假宣传。严格执行最高人民法院关于民间借贷利率的有关规定，不得违法从事高利贷及暴力催收活动。"这意味着消费金融这个短期迅速膨胀的市场所埋藏的种种隐患，已引起监管部门的注意。

现金贷引起监管部门的关注并不奇怪，进行监管也是非常必要的。其引发的一些深层次思考，包括监管部门在内的相关主体都应该引起高度重视。

从 2013 年互联网金融元年以来，以互联网、移动互联网、大数据、云计算、智能化等为核心的新金融发展形势一发不可收。尽管中国监管部门对互联网金融风险进行了专项整治，但是，随后金融市场又衍生出许多新的互联网金融业态，又冒出许多新的互联网金融平台：学生贷、现金贷、微利贷，以及数不清的网络投资贷款融资平台等。同时，互联网金融方兴未艾，金融科技又迅速发展，而且覆盖领域更广，影响更深远。

深入观察可以发现，我们必须从更高层次、更深层面、更开阔视野来看待新金融。一个基本结论是互联网金融、金融科技不仅会颠覆传统金融，而且会颠覆传统监管手段。原因在于，全球去中心化是大势所趋，而传统金融都是中心化的。

谈到全球去中心化趋势，不能不说一个点对点技术的概念。点对点技术又称对等互联网络技术，是一种网络新技术。它依赖的是网络参与者的计算能力和带宽，而不是聚集依赖于较少的几台服务器。该技术常被使用在类似 VoIP 等实时媒体业务的数据通信中。纯点对点网络没有客户端或服务器的概念，只有平等的同级节点，同时充当网络上的其他节点的客户端和服务器。这种网络设计模型不同于客户端—服务器模型，点对点网络技术可以直接共享下载，而客户端—服务器模型则要通过一个中央服务器才能下载，相当于有一个转换。

点对点技术是大势所趋，这种不依靠中央服务器的技术模式将是一种颠覆性的创新。从金融上观察，比特币底层技术的区块链就是去中心化的，也是对依赖中心化货币金融的大颠覆。

以淘宝购物为例，整个交易的过程除了买家和卖家，还包括第三方支付宝。这个第三方，就是每天大量交易和支付的中心。实际上，所谓"去中心化"就是"去中介化"，在交易中省去支付宝这一中介。问题是，现实中庞大的代理中心通常又是信息的权威节点，比如支付宝的设计很大程度上避免了买卖双方的欺诈行为。那么，"去中心化"如何确保信息的可信度和准确性呢？这正是区块链技术所要解决的核心问题。

继"中本聪"发表了第一个比特币规范及其概念证明后，在众多开发人员的共同推动下，比特币的影响力迅速上升。比特币是第一个去中心化的对等支付手段，它所实现的就是点对点的直接交互，无须中央管理机构或中间人，这一特点使得高效率、大规模、无中心化代理的信息交互方式成为现实，它所利用的就是区块链技术。

区块链本质上是一个去中心化的分布式账本数据库：它按时间顺序将数据块连接起来，每个数据块包含了多次交易有效确认的信息；密码学的设计又确保了账本不可篡改和不可伪造———一旦记录下来，在一个区块中的信息将不可逆。由于区块链的信息为整个系统所共有，由多方共同维护，有一个"统一共识"机制保障，因此，互相不了解的陌生人之间，可以借助这个公开透明的数据库背书信任关系，完成端到端的记录、数据传输、认证以及合同执行，这种自主管理也就不需要一个中心化的代理机构。

去中心化的区块链技术所支撑的比特币首先威胁的是全球央行中心化的主权货币发行。目前模式下，央行本身是最大的结算机构。整个金融体系的结算，包括货币发行都掌握在央行手中，所以区块链未来可能颠覆央行的地位。

原来整个金融结算体系就像一个大的服务器，所有下载的东西都存在大的服务器里面，且每笔交易都要去跑一遍大服务器，所以大服务器的负载特别高。因此，央行结算体系是 T＋1，即每天晚上 12 点做结算，全国最起码有几千亿的货币量都需要在晚上一个小时之内结算完，第二天才能告诉你账上多了多少钱、少了多少钱，这就是非常中心化的结构。

区块链出现后，就没有必要去一个中心机构完成结算，反正你的电脑上也会保留这个结算信息，把结算信息保留在这几个电脑里就可以了。比如只要几百个、几千个电脑能验证这笔交易就可以了，再也没有中心化的机构了。

区块链技术的去中心化可能会彻底颠覆美元的国际货币地位。目前，跨境贸易结算大多使用的是美元，随着基于区块链技术的贸易结算不断普及，美元的国际结算地位将受到冲击。

我们进一步分析，从传统上来讲，金融就是一个媒介服务。历史上都是一些大的中心化机构在提供金融服务，满足大家的金融需求。比如，你有钱的时候需要理财来获得收益，没钱的时候需要借钱，这是大的金融需求。此外，还有买股票获得收益的需求和获得保障的需求——保险。以前，这些金融需求都是大机构来满足你，包括大银行和大保险公司。

但随着互联网和大数据技术的发展，可以不需要这么一个庞大的中心机构来提供这种服务了，这和整个互联网发展趋势非常一致。金融机构最基础的作用就是作为资金融入方与融出方之间的媒介，为双方搭建一个平台，因此它最看重两件事：一是效率；二是安全，即降低坏账风险。

把视野放得更开阔一些，撇开网络技术层面来看，全球去中心化趋势无处不在。互联网把世界变成了地球村，移动互联网把世界变成了手掌心。这为全球去中心化、点对点直接交易奠定了基础。在网络上，随便搞一个社区、搞一个朋友圈、拉一个群、创建一个空间等就可以将全球人弄到一起直接一对一、点对点地交流，省去了多少中间环节或者中心中介！在这些平台上可以从事文化、经济、金融、教育等绝大部分的人类日常活动。虽然这不是网络技术意义上的真正去中心化，但是在表现形式上却是异曲同工、殊途同归的。这确实是一场革命性、颠覆性的变革，不仅限于金融领域。

从监管角度来看，面对点对点的去中心化趋势，传统的监管思路、制度安排等都将彻底失效。这或许是互联网金融模式层出不穷，监管部门四处救火也无法完全有效扑灭的原因。面对点对点去中心化趋势，金融监管要根据这个趋势进行新制度的安排建设。

传统金融业对区块链必须有足够认识

2021年3月18日，普华永道发布的《中国金融科技调研2020》则显示，应用区块链技术的智能合约改善了跨境贸易、供应链金融等的金融服务流程，保障了资产价值流转的价值和效率。当前，区块链技术尚未成熟，应用仍处于探索阶段，其潜在价值只显露出冰山一角。对于以信用为核心要素的行业而言，该技术会成为创新性、社会性金融信用和协作体系的基石。通过区块链进一步加快物流、信息流、资金流融合，将切实发挥出推进实体经济转型升级和创新发展的巨大作用。①

以余额宝诞生为标志，中国互联网金融风起云涌，勇立潮头，让世界各国刮目相看。但是，随着互联网金融的"野蛮生长"，一些披着互联网金融外衣的非法集资、投资诈骗活动时有发生，监管部门重拳出击，对其进行整治。

与此同时，欧美发达国家趁机加大投入力度，大力发展金融科技。人脸识别、指纹加密、智能语音等新技术都开始运用到金融领域。

---

① 金融界网. 普华永道2020金融科技调研：数字化转型加速，期待高质量科技创新[EB/OL].(2021-03-19)[2022-11-30].https://baijiahao.baidu.com/s?id=1694619680537774976&wfr=spider&for=pc.

金融科技的发展可以用日新月异来形容。世界大型资产管理公司、保险公司等在智能投顾上从研发到生产，现在已经开始投入运用；区块链数字货币在日本、加拿大等地也开始进入了结算领域；美国已经将区块链技术运用到了石油市场交易之中。

中国传统金融机构在金融科技的发展上显然慢了一拍，比如，中国商业银行开展的区块链研究与使用都是浅层次、概念化的。

2017年1月初，邮政储蓄银行推出了基于区块链的资产托管系统，资产托管系统以区块链的共享账本、智能合约、隐私保护、共识机制四大机制为技术基础，选取了资产委托方、资产管理方、资产托管方、投资顾问、审计方五种角色共同参与的资产托管业务场景，实现了托管业务的信息共享和资产使用情况的监督。值得注意的是，区块链解决方案实现了信息的多方实时共享，免去了重复信用校验的过程，将原有业务环节的时间缩短了60%~80%。

2018年，工商银行推出了金融行业首个具有自主知识产权的企业级区块链平台——"工银玺链"。这让工行成为了首批完成网信办区块链服务信息备案、首家通过工信部指导的可信区块链全项技术测评的金融机构。目前，工商银行区块链已涵盖贸易金融、供应链金融、专项资金管理、金融资产服务、民生服务、智慧政务、数字资产等多个领域，并且在"一带一路"、乡村振兴、数据市场、双碳等国家战略方向上均有创新场景落地。工商银行凭借行业领先的区块链技术平台和丰富的创新应用场景，入选福布斯2021"全球区块链50强"榜单。[1]

---

[1] 中关村互联网金融研究院.吕仲涛：工商银行区块链平台的建设及创新实践[EB/OL].(2021-11-26)[2022-11-30].https://view.inews.qq.com/a/20211126A08MIV00.

光大银行已经将区块链技术运用到实际业务中，其科技创新实验室已经成功孵化出用于该行"母亲水窖"公益慈善项目的区块链公益捐款系统。光大银行信息科技部李璠总经理表示，金融科技时代，新信息技术的发展为科技创新带来新的变革力量，对慈善基金来源和使用进行更加有效的监管，提升了公益捐款透明度，有助于推动慈善公益事业的健康发展。从银行的角度来说，将公众的爱心安全可靠地传递给慈善机构，提升了银行的社会形象和公信力。

招商银行董事长李建红也在2016年业绩报告上透露，该行每年在IT上投入50亿元，已经领先同业，但仍要从2017年开始，将每年利润的1%投入金融创新和金融科技之中。2021年，招商银行区块链产品"招商银行一链通"顺利通过中国金融认证中心区块链检测。

数字货币是金融科技的一个重要应用领域，而数字货币的核心技术就是区块链。区块链技术有可能重构金融行业底层架构，有降低信用风险、架构灵活、降低运作成本、实现共享金融等优势，可以广泛运用到点对点交易、登记、确权、智能管理等业务当中。

因此，我们必须站在更高的层面来认识区块链技术。全球未来趋势是去中心化，而区块链是金融去中心化的核心技术，谁掌握谁就能拥有主动权。

为何说全球未来趋势是去中心化的呢？我们需要从全球互联网领域最受欢迎的"预言家"——凯文·凯利（Kevin Kelly）的伟大预言谈起。凯文·凯利在1994年出版的《失控》一书中提到的很多未来技术，如Web2.0、比特币、P2P、社交媒体等，现在均一一实现。目前我们熟悉的大众智慧、云计算、物联网、虚拟现实、敏捷开发、协作、双赢、共生、共同进化、网络社区、网络经济、共享经济等概念，都能从《失控》一书中找到原型。

凯文·凯利认为，未来网络最好还是均匀分布，也就是说，网络的连接是个体与个体之间的自由连接。这样当网络受到攻击时，基本不会遭受大的影响，甚至可以说，这样的网络无法被击垮。但是以上是基于理想状态的，就目前而言，互联网并不是那么发达，还不能让一个个体（小集体中心亦是）产生如此多的连接。其次，均匀分布的网络使得个体访问一个节点的路径增长，如果网络不够发达（比如现在），网络的响应就会很慢。

反向来看，网络如果集中在某些大节点上，只要保护好这些大节点，网络的稳定性就不会受太大影响。在个体看来，就是只要我上得去谷歌、百度，网络对我而言就没有瘫痪。

不过，去中心化的趋势会一直进行下去。网络会从目前的几百个大节点变成几百万个大节点，把每个小网络看作一个节点，节点之间的连接将四通八达。比如中国与美国这两个大网络之间的连接将不再是可以数得清的海底光缆，而是无数的链路，是计算不出来的拓扑，届时，网络监控将变得更加困难。

而区块链技术的一个特征就是点对点地去中心化。这个世界在不断地从科层制之中去中心化，我们已经见证了很多技术和商业领域去中心化的过程。我认为，这一趋势将会在未来继续发生。

只要还有一些中心化的东西存在，我们就可以讨论如何将其去中心化。比如说银行业，银行一直是一个非常"中心化"的行业，于是我们可以来谈论一下，如何将金融服务逐渐去中心化。这样就可以发展为分享经济模式，同时也分享影响力。

对去中心化进程的一个回应是分享。分享是去中心化进程的动词表达，这是我们有很多分享社区的原因。我们可以分享数据、进程、影响力、信息，去中心化的结果即分享行为的增加。过去的专家并不会分享金融信息，如果要研究人们现在开始分享的原因，我们就必须强调"分享"的特质和能力。

回到区块链技术支撑的数字货币上，去中心化的交易是一种技术的变革，用户可以凭借授权码在此平台上交易，这样就会发生个体与个体进行的交易等行为，银行将不再存在。数字货币是一种很有潜力的电子货币，但它有很多不被认可的地方，比如发行主体问题、安全问题。即便如此，还是应该对它进行关注，因为货币的去中心化也是未来的趋势。

我们应该重视凯文·凯利这类预言家的预言，中国金融科技不能起个大早，赶个晚集。

未来世界上所有的金融资产都存在于分布式账本上

区块链技术与数字货币在飞速发展中，虽然落地应用和研究方向还存在不确定性，但是率先在金融领域寻求突破这一点已基本达成共识。因为它们都急切需要最低廉、最便捷、最高速地获取信用。这不仅对金融，而且对几乎所有领域都很重要。

截至2020年8月，全球真正在区块链技术以及加密货币上取得进展的不多。比特币是真正的加密货币，也是加密货币的奠基者。至今，比特币在该领域的地位无人能及。

各国央行都在磨刀霍霍开发加密货币，基本上都是弄成四不像，或者说就是一个纸币发行环节电子化而已。这不能叫作数字货币，更不能叫作加密货币，叫作电子货币还勉强可以。其作用只有一个：替代纸币的印刷，而直接在电子账簿上记录数字就是发行新货币了。这么简单就变成了货币财富，盲目肆意发行货币的可能性是存在的。

区块链技术无论是在开发环节还是在应用环节都还没有成功案例。美国企业除了Facebook（脸书）在快马加鞭研发Libra外，一些金融企业正在聘请全球管理和技术人才研究区块链金融和加密货币应用。一向对数字技术情有独钟的高盛就是一家非常具有前瞻性的企业。

高盛是美国金融企业中最早介入AI金融的，目前在AI数据分析等方面成效卓著。高盛早期曾经称自己是一家科技公司，这就足以看出其对新科技的重视程度。后来，随着加密货币兴起，高盛也是较早介入数字货币的美国金融企业之一。高盛目前正在探索创造自己的法定数字代币的商业可行性，但现在还处于早期阶段，高盛称将继续研究潜在的使用案例。

对于区块链技术在金融领域的应用，高盛也有了布局。高盛任命了新的数字资产主管，押注区块链技术是金融市场的未来。该公司在2020年7月任命负责该投行内部融资业务的常务董事马修·麦克德莫特（Mathew McDermott）为数字资产全球主管，他是一位46岁的金融市场老手。

比如，麦克德莫特正在研究如何将分布式账本技术应用于大规模信贷和抵押贷款市场，甚至是交易市场最终迁移到这种模式的可能性。但是，对于所有这些努力而言，至关重要的是与其他银行、机构投资者和监管机构建立共识。麦克德莫特说，这项技术只有在全世界的金融领域获得关键数量的用户时才会腾飞。他还说，行业联盟是最好的发展方式。

"关键数量的用户"，道出了区块链技术的一个本质。区块链技术一个最大的功能是全员对信用进行共识做证。一笔交易的双方，通过海量用户在系统上分布式记账，把其信用记录在账簿里，而海量用户在全球不知道的角落里记录，达到了一个人、几个人和很多人都很难改变的效果。一次失信就会被永远无法改变地钉死在耻辱柱上。这里面的一个关键是用户需要积累到海量。一些企业搞了几个、几十个、几百个、几千个用户就说区块链技术应用成功了，简直可笑。而高盛的麦克德莫特道出了这个关键。

麦克德莫特的观念和远见卓识更值得称道，他对市场有一个激进的设想：在未来，世界上所有的金融资产都存在于分布式账本上，像首次公开发行和债券发行这样现在需要大量银行家和律师的活动可能在很大程度上将实现自动化。

麦克德莫特说道："在未来的5～10年里，你会看到一个金融体系，所有的资产和负债都是区块链的原生资产，所有的交易都发生在区块链上。所以你今天在物质世界里所做的，比如债务、证券发行及贷款发放，都将会数字化。从本质上说，你将拥有一个数字金融市场的生态系统，可供选择的范围非常广泛。"他所说的这个数字化金融是建立在区块链技术基础之上的，而不是把简单的电子网络化说成是数字货币一样的数字化。

互联网金融、金融科技、AI金融、区块链金融对传统金融业而言，是一种颠覆性革命。虽然许多人不认同，不过如果麦克德莫特最终取得成功，由传统的银行家、律师和后勤人员组成的整个利润丰厚的生态系统将永远被颠覆。他说："任何技术进步都会对现有的状况造成破坏。"

第三节 价值互联网时代来临

什么是价值互联网？英国学者克里斯·斯金纳（Chris Skinner）在其著作《FinTech，金融科技时代的来临》中给出的定义是：价值互联网是互联网价值（数字货币或商品）基于区块链协议，形成价值互联链，实现互联网价值的真实体现与透明转移。通俗来讲，所谓"价值互联网"，就是通过互联网特别是移动互联网技术，实现价值（商品、服务、货币等）在买卖双方之间点对点转移，从而省去了中间环节，提升了效率，降低了价值交换成本。

在旧有体制下，在商品及服务的转移过程中，我们所追求的价值交换体系不是点对点的。比如，我们有银行、交易对手方银行，以及银联等基础设施。随后，随着互联网技术发展，有了网银、支付宝、微信支付等，以满足人们对效率的需求。虽然相比以往效率提升了不少，但仍然绕不开银行、第三方支付机构等中间环节。

在这种机制下，完成一笔交易需要一长串链条的支持，包括付款银行、收款银行、POS机、手机、支付宝或微信软件等。如此一来成本就会很高，不仅是费用成本，还包括时间成本。这显然不能满足互联网时代"任何时间、任何地点"的价值交换需求，而且也无助于全球化的价值交换。于是，开源网创造出了比特币。加密货币（比特币便是其中之一）为价值互联网提供了基本条件。

当然，价值互联网并不仅限于买卖有形和数字商品及服务，它更关乎创造并共享理念、思想和乐趣等。价值互联网可用"点赞""分享""收藏"和"浏览量"等关键词来表示。举个例子，每天我的博客浏览量可达 1000 人次左右，而我在新浪微博上拥有超过 241 万粉丝。这意味着我拥有一种价值、一种存在感，能发挥某种影响力。因此，一些公司希望在我的博客上打广告。

在价值互联网上，一夜走红的网红们成为吸金无数的"大明星"，就是因为当今社会的每个人都有发言权，都可能成为一个平台，成为一个草根明星。在价值互联网中，所有人都可以创造价值，不仅通过数字商品及服务，也可通过数字思想及理念。当然，价值互联网并不仅限于买卖商品和共享理念，它的外延已经延伸到了我们生活的方方面面。

总之，价值互联网是互联网的新生代。它会促使我们在将货币等实物数字化的同时，反思如何通过网络处理买卖业务的结构。凭借价值互联网及廉价的移动技术，地球上的每个人都可以成为价值生态系统中的一分子。这是一个革命性的转变，因为它意味着：只需通过分享与关注，人们便可以轻易地成为商人；人们表达想法和观点的途径更为便捷与多样，个人有更多的机会成为传媒明星或广告平台；人们也可以更方便地将自己制造甚至思考的东西变成金钱。

价值互联网的两大技术土壤

价值互联网，顾名思义，首先，它离不开互联网技术，特别是可以打破一切时间和地域限制的移动互联网。其次，要绕开传统中间环节，实现点对点的价值交换，基于区块链技术的数字加密货币完全可以做到这一点，数字货币为价值互联网提供了最理想的价值存储手段。

我们生活在一个移动互联网化的时代。2021年，全球互联网用户数量达到48亿人，截至2022年1月，全球互联网用户数量达到49.5亿人，同比增长4%，互联网用户占总人口的62.5%，每个互联网用户平均每天使用互联网的时间是6小时58分钟，通过手机访问互联网的用户占了92.1%。

另一项统计数据显示，美国人2021年使用智能手机的时长达到平均每天5小时40分钟。中国手机上网人数有约10.29亿人，平均每天使用各种手机应用的时间达到1.5小时，16～64岁的用户每天使用时间在5小时以上。最值得关注的是，使用手机玩游戏的时间大大下降，利用手机进行工作、服务、生活等活动的比例大幅度增加。不久的将来，手掌上、口袋里的一部小小手机将会完成更多的经济、商业、金融等服务与交易。

随着几乎所有国家的绝大部分人都开始使用手机，移动互联网迎来了飞速发展，移动互联网打破了网络通信的时间束缚和地域限制，让"anytime, anywhere（任何时间、任何地点）"成为可能。

在用户人数不断增多的同时，网络效应也会推动商品及服务价值上涨，它使我们走向了网络经济。网络经济利用网络效应开创了贸易和商业，而这也是如今我们将移动社交视作一个重要的市场的原因。

同时，我们生活在一个从有形代币向数字货币过渡的时代。

以前，我们生活在一个通过有形代币进行有形价值交换的世界。有形价值代币就是银行卡和钞票，而有形价值交易场所就是商场、超市和零售店等，价值储藏手段则是银行。

后来，互联网的出现完全改变了游戏规则，我们的价值代币从有形化走向了无形化和数字化：就虚拟数字货币而言，有"魔兽世界"的金币和腾讯的Q币；就积分代币而言，有航空里程积分、零售店积分卡等；就预付费价值代币而言，有诸如移动通信商的通话时间等；就加密货币而言，有比特币等。

有了移动互联网和数字货币，人们就能够在全球范围内，在任何时间、任何地点进行全天候的价值交换。

价值互联网，由金融科技实现

金融科技成为一个热词，这背后离不开价值互联网的推动。如前文所述，价值互联网是以两项技术为基础的：手机——让每个人能够实时交换价值；数字货币——提供了一种用作交换的价值存储手段。正是由于这些技术的兴起，金融科技公司才会成为资本市场的香饽饽。

金融科技是一个整合了金融和技术的新市场。这一市场是传统金融过程（流动资金、供应链、支付过程、储蓄账户、保险账户）的合成，但它用新的技术手段代替了那些传统的机制。

换句话说，"金融科技"这一术语描述了一个新的行业。比如，当提到零售商时，我们可能会想到亚马逊。那么，亚马逊到底是一家零售商还是电商公司，还是两者兼备？我认为，它是一家数字服务供应商；也就是说，它是全新市场里的一个"新物种"。

金融科技是数字金融中新出现的一个新事物，假以时日，它将替代传统金融的很多领域。这是因为价值互联网正在建立，而价值互联网会逐渐占据金融领域的主导地位。以往，银行通过属地化的支行网络来处理文件的实体分送，而价值互联网则通过全球化的网络来处理数据的数字分送。数字网络代替了实体网络，互联网科技代替了旧世界的金融秩序，或使之脱媒化，互联网科技和金融的融合正在创建一个以技术为基础的新金融时代，即金融科技时代。金融科技用一个可以使用网络协议的数字核心建立起新的金融世界，它和数字银行牵手，一起成为金融和银行业的新定义。

所以，价值互联网是一个新概念，金融科技是 21 世纪的新金融，是银行业的新形式，未来将接管现行的金融市场。

03
数字货币之美

以区块链技术为核心的数字货币，大有替代主权货币的趋势，各国央行可能都会被冲击。

截至 2022 年 6 月，全球已有 5 个国家或区域组织推出央行数字货币，至少有 14 个国家处于试点状态，近百个国家处于研发状态。中国也已开始推行数字人民币试点。

谈到这里，有两个概念我们需要区分清楚。

一、数字货币≠货币数字化

数字货币绝不仅仅是纸币的数字化那么简单，支付宝之类只是钱包和银行卡的一个延伸，背后对应的还是具体的银行账号和花花绿绿的纸钞，但数字货币则不同。举个例子，我们去喝咖啡，用数字货币的结算方式属于"支付"，而用支付宝、微信就属于"支付系统"了，它背后需要记账、结账、对账，也就是说，支付宝、微信本质上是支付系统，而数字货币则是支付工具，也就是货币。

二、数字货币≠比特币

很多人拿比特币与数字货币作比较，但前者基本上找不到现实流通场景的虚拟商品，和作为流通手段的法定货币没法儿比。

其实，中国测试的这个数字货币，倒可以看作比特币去掉两个特性之后剩下的"产物"：去掉"完全去中心化"和"匿名性",而第二点也正是法定数字货币能领先于传统纸币、电子支付方式等的显著优势所在。数字货币在发行、流通、储存等各个环节都必须完全透明、完全可查。在大数据下,央行也没有必要再通过那么多级商业银行来完成对个人和企业的授信了。

中国央行的数字货币对人民币国际化来说,未尝不是一种弯道超车的手段。

实际上,这么"高大上"的一种产品,英格兰银行、澳大利亚储备银行等都是先行者。大家的出发点很简单:首先,纸币流通成本太高;其次就是为了更强地影响市场。

那么,有了法定数字货币,比特币这种早期非官方数字货币的位置在哪里?货币的淘汰很常见,从宋元交子到大通胀中被市场抛弃的津巴布韦币,阳光下没有新鲜事儿。的确,比特币本身存在各种问题,所以现在很多国家(包括中国)央行都在研发自己的数字货币。

中国国内仍对比特币等虚拟货币交易秉持着严格的打击态度。2013年,中国人民银行、工业和信息化部、中国银行业监督管理委员会、中国证券监督管理委员会、中国保险监督管理委员会联合印发了《中国人民银行 工业和信息化部 中国银行业监督管理委员会 中国证券监督管理委员会 中国保险监督管理委员会关于防范比特币风险的通知》(银发〔2013〕289号),将比特币定义为"一种特定的虚拟商品",认为比特币并不是真正意义的货币,不具有与货币等同的法律地位,不能且不应作为货币在市场上流通使用。中国非常注意防范比特币引起的潜在金融风险,仅允许将比特币交易作为一种互联网上的商品买卖行为,多次提醒消费者防范虚拟货币交易炒作风险。[1]

2021年起，内蒙古、青海、四川等地纷纷叫停虚拟货币挖矿，甚至釜底抽薪，采取断电措施。2021年6月21日，中国人民银行就银行和支付机构为虚拟货币交易炒作提供服务问题，约谈工商银行、农业银行、建设银行、邮储银行、兴业银行和支付宝（中国）网络技术有限公司等部分银行和支付机构。[2]

2021年9月，中国人民银行等十部门联名发布《关于进一步防范和处置虚拟货币交易炒作风险的通知》，明确境外虚拟货币交易所通过互联网向我国境内居民提供服务属于非法金融活动，金融机构和非银行支付机构不得为虚拟货币相关业务活动提供服务。[3]

这种情况下，官方加持的数字货币对比特币来说，大概也算是一丝可以期待的曙光了。

---

[1] 中国人民银行. 中国人民银行等五部委发布《关于防范比特币风险的通知》[EB/OL].(2013-12-05)[2022-11-30].http://www.pbc.gov.cn/goutongjiaoliu/113456/113469/2804576/index.html.

[2] 中国人民银行. 人民银行就虚拟货币交易炒作问题约谈部分银行和支付机构[EB/OL].(2021-06-21)[2022-11-30].http://www.pbc.gov.cn/goutongjiaoliu/113456/113469/4273265/index.html.

[3] 中国政府网. 关于进一步防范和处置虚拟货币交易炒作风险的通知[EB/OL].(2021-09-15)[2022-11-30].http://www.gov.cn/zhengce/zhengceku/2021-10/08/content_5641404.htm.

第一节　数字货币将带来金融业巨变

2016年1月20日，中国人民银行数字货币研讨会宣布对数字货币研究取得阶段性成果。会议肯定了数字货币在降低传统货币发行等方面的价值，并表示央行在探索发行数字货币。一年后，央行宣布基于区块链技术的数字票据交易平台已经测试成功，该平台搭载运行由央行发行的法定数字货币。2018年9月，中国人民银行数字货币研究所搭建起贸易金融区块链平台。2019年，中国数字货币发展有了重大进展，尤其在数字金融开放研究计划启动仪式暨首届学术研讨会上，中国人民银行研究局局长王信透露，国务院已正式批准央行数字货币研发。2020年，中国人民银行数字货币研究所正式公布在深圳、苏州、雄安、成都等地进行数字货币试点。2021年，第二批面向公众的数字人民币试点地被公布出来。

2021年7月16日，中国人民银行发布的《中国数字人民币的研发进展》白皮书指出，数字人民币定位为M0，采取中心化管理和双层运营，具有综合集中式和分布式架构特点，属于零售型央行数字货币，且不计付利息。中国香港金融管理局、泰国中央银行和阿拉伯联合酋长国中央银行与中国人民银行数字货币研究所联合发起多边央行数字货币桥研究项目（m-CBDC Bride），探索央行数字货币在跨境支付中的应用。[1]

作为当前备受关注的金融科技重要组成部分，数字货币已经不知不觉呈现在社会、经济、金融等各个领域面前，并开始渗透到金融业的根本和起源——货币领域。这是一件极其令人震惊的大事件，说明借助互联网技术和平台的金融科技无论如何都是难以被压制的，即使能够被压制一时一处，它也可能会从其他地方以其他形式冒出。

作为一种全新的通货手段，数字货币概念的内涵和外延目前尚没有定论，仍在探讨之中。不过，从广义的数字货币看，应该包括网络支付的电子货币、比特币等。纯粹的、狭义的数字货币，主要是指区块链技术支撑下的数字货币，其特点是去中心化，通过技术而非中心机构解决了在虚拟经济体系中的信任问题。以比特币为例，它没有一个集中的发行方，而是由网络节点的计算生成，谁都有可能参与制造比特币，且可以全世界流通，可以在任意一台接入互联网的电脑上买卖，不管身处何方，任何人都可以挖掘、购买、出售或收取比特币，并且在交易过程中外人无法辨认用户身份信息。任何人挖掘的任何数字货币投入流通后，都是单一、留痕、可追踪并且可能是有限的。

去中心化，彻底解决了央行集中控制货币发行权导致的货币超发问题，进而解决了发生通货膨胀的根本性问题。国家机器和央行再也不可能控制货币以及货币发行，货币政策将可能会成为历史。

同时，由于数字货币一诞生就是面向全球的，国家之间利用货币竞争性贬值、打货币战等现象也将不复存在，甚至美元的国际储备货币地位等也将

---

[1] 刘谆谆，贡圣林. 数字货币理论与实践研究[J]. 西南金融, 2022(3):33-45.

成为过去式，甚至各个国家央行是否有存在的必要，都需要研究探讨。接下来，玩货币信贷的银行等金融机构所有的游戏规则都要重新设计和安排，纸币将很快退出流通领域。

这才是数字货币可能引发的巨变和颠覆，技术进步倒逼体制变革将会迅速发生。

实际上，不仅在传统纸币发行领域，在众筹、证券等传统金融领域，数字货币背后的区块链技术也将带来颠覆性变革。

不止如此，由于数字货币提升了经济交易活动的便利性和透明度，其在打击洗钱、逃漏税等违法犯罪方面也将大有作为。随着区块链技术的应用，全国甚至全世界都将建立统一账本，让每一笔钱、每一次交易行为都可追溯，逃漏税、洗钱行为将无法隐藏在阴暗的角落里。

此外，数字货币将使得所有人的信用积累和档案可追溯、可获取，这对于促进信用体系建设意义重大。数字货币推广后，从社会信用积累的角度，企业和消费者都会倾向于使用数字货币、刷卡消费，因为电子交易有数据痕迹，可以据此积累企业和个人的信用，这会成为获得银行等金融服务的依据。这也是全球有眼光的投资企业纷纷开始研究数字货币背后的核心技术——区块链的原因。2015 年，包括美国纳斯达克集团在内的很多欧美主流金融机构纷纷试水区块链技术，中国互联网巨头阿里巴巴旗下的阿里金融也宣布可能会提供基于区块链技术的云服务平台。

从主权国家的央行看，中国央行率先研究数字货币，已经走在世界主权国家政府的前列，值得点赞。2017 年 10 月，在华盛顿举行的国际货币基金组织（IMF）年度会议上，国际货币基金组织总裁拉加德表示，银行和监管机构是时候认真对待数字货币了。她说："我们应该意识到，我们不能轻易把与数字货币相关的所有事情归类为投机或庞氏骗局。数字货币还有很多其他的东西。"

拉加德并不排除国际货币基金组织在某种程度上可以发展自己的加密货币。她指出，国际货币基金组织的特别提款权（SDR）是国际货币基金组织为作为国际储备资产而设的货币，可以融合与加密货币相似的技术。

"我们将要研究的是，SDR 这种特殊的货币如何实际使用该技术来提高效率和降低成本。"拉加德表示，金融科技已经在金融服务行业引起了变革，因为新技术降低了金融交易的成本。她指出，分布式分类账技术，如区块链，可以让银行体系变得更具包容性。

互联网金融、金融科技、AI 金融、区块链金融对传统金融业是一种颠覆。建立在区块链技术基础上的数字货币是其中的典型代表。如果数字货币被作为一种货币受到公众的广泛使用，则会对货币政策有效性、金融基础设施、金融市场、金融稳定等产生巨大影响。

国际四大银行联手开发区块链数字货币

数字货币不只被民众和投资者追捧，有远见的国际投资机构也早早盯上了这块"大肥肉"。早在 2016 年 8 月，瑞士联合银行集团、德意志银行、西班牙国际银行（又名桑坦德银行）和美国纽约银行梅隆公司已经联手开发新的电子货币，希望未来能够通过区块链技术来清算交易，并成为全球银行业通用的标准。

2017 年 8 月，巴克莱、瑞士信贷、加拿大皇家商业银行、汇丰、三菱日联和美国道富银行（State Street）联手推进由瑞士联合银行创办的"多用途结算货币"（utility settlement coin）项目，与各国央行和监管机构商谈，承诺

2018年底让这种货币以某种有限的方式"启动"。这意味着加密货币开始进军金融行业主流。

这被称作区块链与电子货币的里程碑,该方案是迄今为止银行在这方面达成的最具体、最具有现实意义的一次合作。此前我们多次强调过,如果区块链技术支撑的数字货币能够迅速发展,那么,对全球金融格局与主权货币政策将是革命性与颠覆性的,要说数字货币革了全球各国央行的命,也一点都不夸张。

作为数字货币技术核心的区块链技术,一个重要特性就是"去中心化"。区块链是一系列算法的集合,通过算法可以"绕过"目前银行采用的中央账簿(central ledger)的记账方式,直接通过计算机网络对交易进行电子化认证,被认证的对象是加密货币(cryptocurrencies)。

去中心化主要表现在,区块链中每个节点和"矿工"都必须遵循同一记账交易规则,而这个规则是基于密码算法而不是信用,同时每笔交易需要网络内其他用户的批准,所以不需要第三方中介机构或信任机构背书。

一旦基于区块链技术的数字货币替代主权货币,那么,通货膨胀将会消失,超发货币造成的严重投机炒作将不复存在,流通中货币量多与少也不需要央行调节,主权国家央行的货币政策可能将退出历史舞台。因此,掌管货币政策的央行主要职能将消失,央行存在的意义也就不大了。

数字货币挑战的不仅是全球央行的权威,还有美元独霸国际货币的地位。同时,国际货币基金组织的权威性或将被削弱。

当然,主权国家的央行也不是无动于衷,而是开始观察这一新货币的发展趋势。美国、英国、加拿大和中国央行都已在着手研究电子货币的潜在利弊。中国央行早在2016年初就专门召开了数字货币研讨会,央行原行长周小川亲临会议并讲话。

全球央行都在斥巨资研究数字货币，这背后包括短期目的和长远利益两方面。从眼前看，是为了提高交易结算效率，节约货币结算时间成本，更快捷方便地服务客户，支持全球贸易发展。据奥纬咨询公司在2015年的一份报告中估计，全球金融行业每年为交易清算付出的成本在650亿～800亿美元。[1] 数字货币试图利用新技术改造其后台的清算系统，以此释放银行为支持全球贸易在清算过程中被占用的数百亿美元的资本。

数字货币市场投资竞争这么激烈，各国央行的长远目的在于控制数字货币市场的话语权。比如，前述四大行联合开发数字货币，就是希望未来能够通过区块链技术来清算交易，并成为全球银行业通用的标准。

这就是在四大行联手的同时，其他国际银行也不甘示弱，倾巨资开发区块链技术的原因。比如，国际四大会计师事务所之一的德勤在伦敦投资的区块链初创公司Setl也计划通过与央行直连的电子货币来清算金融市场上的所有交易，花旗银行已成立类似的"花旗币"项目，高盛已为其新的虚拟货币"SETLcoin"技术申请专利——该技术可以对交易进行无缝瞬间清算，摩根大通也在进行类似的开发。

欧洲正加速"消灭"纸币

大型互联网企业、金融机构及智能科技企业，目前都在投入巨资研究区块链技术和数字货币。这些机构和企业研究数字货币的目的在于，在金融科技愈演愈烈的争夺局势中占领一席之地，掌控数字货币大权。美元的国际储备货

---

[1] 界面新闻.区块链与电子货币的里程碑：四大银行联手开发新货币[EB/OL].(2016-08-24)[2022-11-30].https://www.jiemian.com/article/815095.html.

币地位让美国在全球经济金融中占尽先机,一个企业如果能够掌控数字货币大权,等将来数字货币逐渐代替纸币现金流通之后,同样将获得巨大利益。

目前,在互联网、移动互联网、智能化、大数据、云计算、物联网等现代科技发展基础上,几乎所有经济金融活动都被搬到了互联网上,尤其是移动互联网上。互联网让世界变成了地球村,移动互联网让世界变成了"手掌心"。未来,数字货币将是手掌心交易不可或缺的价值交换工具,掌控数字货币大权的重要性可想而知。

除了科技进步和商业推动,各国政府为打击违法犯罪而消灭纸币现金流通的迫切需求也为货币数字化、数字货币普及提供了契机。

在《世界纸币标准目录》里,列举了世界各国的大额纸币,包括1000加元(约合801美元)、1万新加坡元(约合7402美元)、1000瑞士法郎(约合1026美元)和500欧元(约合590美元)等。

而这些钞票都正在被逐步废除:2000年5月,加拿大废止了1000加元面值货币;2010年,英国不允许外汇兑换机构再出售面值500欧元的钞票;2014年7月,新加坡中央银行宣布,今后将不再印发面额为1万新加坡元的钞票;2016年5月,欧洲央行已经决定停发500欧元大钞,原因是犯罪分子过于喜欢它。

全球废除大额纸币的本质,其实就是对资产进行大查洗。因为纸币化交易藏匿了太多"肮脏"的东西(贪污腐败、犯罪等),整个世界的灰色产业链,可以说基本上都以大额纸币为载体。

消灭纸币现金交易,最早、最积极的是北欧的丹麦与瑞典等国家。早在2016年,瑞典央行就在考虑技术、法律、实施、安全等问题,期望在两年内做出是否发行"电子克朗"(E-Krona)的决定[①]，目的在于让实物现金完全退出流通，让瑞典成为第一个完全使用"数字现金"的国家。

政府用数字货币消灭纸币现金交易的目的在于，铲除大额现金交易，以免为犯罪提供滋生土壤。比如一笔100美元的交易，背后可能隐藏着敲诈勒索、洗钱、毒品和人口贩运、公职人员腐败，甚至恐怖主义等各种违法犯罪活动。纸币的绝对匿名性、便携性、流动性等特点，与加密货币、裸钻、金币、预付卡等的有迹可循无法相比。

于是，印度、欧盟等很多国家和地区停止发放新的高面额纸币，并加速消灭纸币。在单边行动方面，迄今为止最重要的行动者是欧盟。欧洲政策制定者，特别是欧盟委员会，以及欧洲央行原行长德拉吉，都对无纸币化世界表现出兴趣。在2017年的现金限制评估动议中，欧盟指出，限制现金使用的目的是遏制跨境洗钱，打击恐怖活动融资。欧盟已经加强了边境检查，以打击现金等硬资产的流动。美国财政部前部长萨默斯（Larry Summers）2016年撰文称，欧盟将成为西方世界迈入数字货币纪元的"拓荒者"。

如今，欧盟已经停发新的500欧元纸币，要知道，500欧元几乎是100美元的6倍价值。IMF前首席经济学家肯尼斯·罗格夫（Kenneth Rogoff）曾发布一篇研究报告称，美国也应该废除100美元纸币，全世界应该共同设定"无纸币"目标路线图。

中国企业以及政府应该从欧洲加速消灭纸币中得到启示。数字货币的商用需求自不必说，推广数字货币、消灭纸币对遏制腐败高发与蔓延具有重要作用。

[①] 谢孟欢.数字货币方案已完成两轮修订 能取代纸币吗？[EB/OL].(2016-11-24)[2022-11-30]. http://finance.cnr.cn/gundong/20161121/t20161121_523280507.shtml.

比特币市场阴跌是不祥之兆

不论是股票市场还是比特币市场，最怕的就是这个跌法：跌了涨，涨了跌，时间拉得很长，投资者备受煎熬，而总体来看还是跌的。

截至2022年6月，特斯拉持有的比特币已浮亏5亿多美元。说明马斯克也阻挡不了这波下跌行情。2021年1月底，马斯克首次在Twitter（推特）个人简介（Bio）中添加"Bitcoin"，之后不到10天又宣布投资价值15亿美元的加密货币，比特币价格两天分别大涨20%和16%。

时间又来到2021年5月，随着特斯拉质疑比特币能耗，宣布"暂停使用比特币购买车辆"，币价下跌约50%，抹去1月底以来全部收益。5月中旬，比特币价格继续大幅波动，一度跌至31227美元，较4月逾64000美元高点跌去51%。5月24日币价小幅反弹，位于35000美元以上。

值得注意的是，比特币这波行情貌似被马斯克左右着一样。马斯克为何由力挺加密货币突然急转弯到抛弃比特币呢？其实这是马斯克不忘初心的体现。马斯克至少至今一直在为环保、节能、减排等人类生存环境着想。当知道比特币"挖矿"相当耗费电力能源时，马斯克果断做出了选择。这与他力推电动车、创立太空探索事业是一脉相承的。目前看，马斯克宁愿把投到加密货币的15亿美元扔掉也不会支持耗费电力资源的"挖矿"。不过，比特币都是大资本，相信其价格不会过度下跌，更不会所谓崩盘。大资本是不会让加密货币市场坍塌的。嘉盛集团（Gain Capital）的全球研究主管马特·韦勒（Matt Weller）认为，美股消费季财报强于预期，以历史数据来看，5月24日比特币下跌的幅度不大。

不过，当大资本无能为力时一般市场问题就已经非常严重了，主要原因仍然是各国央行开始惧怕了，特别是美联储惧怕了。比特币高度依赖于政府监管政策的变化。纵观比特币这几年走势的跌宕起伏，与政府政策变化曲线密切相关。不过，比特币总体会继续向好，目前仅仅是回调夯实基础、挤干泡沫而已。因为加密货币是有坚实生命力的，这一点毋庸置疑。

比特币等加密货币的命运掌握在自己手中，其本身的特点和已经形成的社会共识将决定它们未来的成败。而比特币目前这个共识信用基础已经建立了。

目前比特币市场价格过高，成为金融投资炒作品，这一点已经背离了其诞生时的初衷。当时的初衷是成为国际货币从而取代美元，彻底铲除主权国际货币薅全球羊毛、割全球韭菜的现象。如果背离这个初衷，偏离这个方向，比特币将会自毁前程，变得一文不值。

比特币价格只有回归理性才有出路，只有回归国际货币初衷才大有前途。目前，比特币正在向成为国际货币挺进，在跨国贸易结算、跨国资本转移中发挥一定作用。而这种作用在主权货币管理者看来是逃避本国外汇管制的非法行为。对此，存在很大争议，是否导致外汇非法转移与流失尚需要继续研究与分析。

比特币市场今后走势会怎样

2021年上半年，中国针对比特币等虚拟货币出台了两大影响力比较大的政策：一个是地方的，四川省对比特币"挖矿"实施断电等措施；一个是中央的，中国央行约谈了工农中建四大行和支付宝，要求无论是线上还是线下，对于比特币交易不提供资金结算支付和清算。

第一个措施对比特币价格影响会怎么样？我认为，是中性或者说是偏利好。因为中国目前"挖矿"能力占全球的64%,"挖矿"就是把比特币生产出来,等于是供给一方。如果四川断电以后,比特币"挖矿"停止,那对于比特币市场这种供求关系会有怎样的影响?供给肯定减少了。供给减少以后,如果比特币需求还非常旺盛,那比特币价格应该是上涨的。

第二个措施就是央行切断比特币线下线上资金进出这种结算手段,这对比特币是一个重大的利空。但这个利空的影响可以说仅限于在中国用人民币结算这一块。由于监管部门持续对比特币采取了高压态势,目前在中国,人民币结算对比特币的支撑是个弱化趋势。因为虽然是在互联网平台,但是比特币都是线下一对一的交易方式。

总之,央行这个政策对比特币市场确实是一个比较大的利空。但比特币市场迅速做出了一个反应,在2021年6月21日比特币价格先暴跌,大概一天多时间就强劲反弹,从跌破3万美元又攀升到3万美元左右。中国两大政策措施出台后,比特币跌了以后又反弹上去,实质上这个利好利空,可能起到了对冲的作用。

比特币今后的走势到底会怎么样?首先我们一定要认清这个市场的投资者构成。目前这个市场投资者主要是大资本,就是像马斯克这类世界富豪进入加密数字货币市场。在这样的情况下,今后比特币价格不会跌得太厉害,如果比特币暴跌,那么大资本就会被套牢,因此它们一定会靠资本实力左右市场走势,但大涨也有局限性。

现在全球央行包括监管部门对比特币越来越趋向于加强监管,防止比特币过度投机炒作,特别是防止比特币逃避各个国家的外汇管制,进行洗钱,跨境转移资产,把钱洗白。所以,在这种情况下,大资本不断进入,想要托盘。监管部门则不断给比特币泼冷水,让其冷静下来。比特币价格可能会大跌，大跌以后可能会报复性反弹；报复性反弹之后，又遇到监管部门强力监管，然后又会大跌，继而又报复性反弹。

一般投资者能不能投资比特币？我是坚决反对的，特别是在中国。如果央行把出入金这个渠道卡死，包括线下交易卡死的话，那么投资者在监管政策下就面临着很大的风险。

投资者在中国投资比特币，首先要考虑其是否违法违规，其次就是监管政策，这种风险一定要考虑。

本质上来说，比特币不是适合工薪阶层或者小资本投资的市场，在那里很难实现一夜暴富。因为比特币是大资本的市场，目前行情基本上都是被大资本左右着。这样的话，小资本进去以后，成为虾米被大鱼（大资本）吃掉的可能性就很大。

另外，加密数字货币完全是以区块链技术为支撑，是一个去中心化分布式账本和以全员信用背书的，它的生命力就在这个地方。所以中本聪设计比特币的初衷是防止主权货币过度贬值，无形中掠夺老百姓的财富，实质上它是冲着国际货币美元去的。如果朝着这个目标走下去，我觉得比特币的前景还是有的，并且非常大，短时间内这种加密货币市场还消失不了。

如果比特币不忘初心，回到最初"中本聪"设计的那个初衷，那么必将大有作为。反之，如果继续过度炒作，把它当作一个金融投资品，当作和黄金一样的保值增值品的话，比特币是没有前景的。

第二节　数字货币的魅力

上海大数据产业联盟金融行业专家鲍忠铁在《数字货币的利与弊》一文中将数字货币的优势概括为六点：有利于降低纸币管理成本，有利于货币监管，有利于加快金融市场信息传导和提高跨境支付效率及经济数据统计效率，有利于反洗钱监测，有利于交易信息完整透明，有利于促进货币向医疗、教育、公共福利等领域流动。

鲍先生主要是站在政府监管部门和经济管理部门的角度，从降低监管成本、提高宏观调控效率、打击违法犯罪、财政专款专用等方面来分析数字货币相比传统货币体系的优势，其围绕的核心都指向数字货币的基本特性——信息高度透明，数据不易篡改，每一笔钱的来龙去脉都有记录、可追溯。

数字货币的本质，就是让世界的一切交易都快捷化、透明化。未来的扶贫捐款会越来越迅速、精准，未来的腐败将越来越难以遁形，未来的小偷也越来越难当，除非是向黑客转型——但是这需要极高的门槛……

我认为，未来社会的财富也会被打乱重组，未来的信息量和货物流将会使传统利益团体彻底分化，整个世界都将去中心化，各类组织都走向扁平化。

接下来，我将从数字货币的本质、数字货币的颠覆性等维度进一步阐释数字货币的魅力。

让每一笔钱都可追溯

数字货币具有网络数据包的主要特征。这类数据包由数据码和标识码组成，数据码就是我们需要传送的内容，而标识码则指明了该数据包从哪里来、要到哪里去等。

通俗来讲，数字货币在技术上记录了货币整个生命周期的关键信息，包含数字货币产生的原因、支付理由、支付发起人和受益人、过去支付的历史信息等。从这些数据中可以了解货币流向和环节，以及涉及的人、商品、服务、企业、金额等信息，这些信息可以解释真实的货币用途和走向。

我们都知道，纸币在流通和储存过程中是不记名的，你手上的现金和银行里的存款一样，单独看某张纸币，基本不可能知道它中间都经过了什么环节。但是数字货币在发行、流通、储存等各个环节中都必须完全透明、完全可查。在大数据下，央行也没有必要再通过那么多级商业银行来完成对个人和企业的授信了，这代表什么呢？生动点来说就是：作为唯一的货币借出方，我（央行）知道你的还款能力究竟怎么样，也清楚该借给你多少钱，你自己掂量好怎么花吧。而且，你从哪儿挣的钱，是坑蒙拐骗还是正当获取，我都一目了然。

数字货币的"留痕"和"可追踪性"不仅有利于预防和监测洗钱、偷税漏税、贪污受贿、资金挪用等犯罪行为，还能够提升经济交易活动的便利度和透明度，有助于监管部门及时、高效地监管经济贸易活动，从而有的放矢地制定货币政策，调节资源配置，达到货币监管和宏观调控的目的。

让"通货膨胀"走进历史教科书

有部分舆论认为，随着数字货币时代的到来，纸币逐渐消失，或将引发通货膨胀。说这话的人，根本就不懂什么是数字货币。

数字货币简称为 DIGICCY，是英文的"Digital Currency"（数字货币）的缩写。2022 年流行的数字货币有比特币、ETH- Ethereum 等。目前全世界发行有数千种数字货币。根据 cryptocurrencies 网站数据，截至 2020 年 5 月 27 日，全球仅私人数字货币就有 5516 种。[①] 数字货币具有去中心化、多点链接、信息共享可挖掘分析等特点。

以区块链技术为基础的数字货币正在全球扩散，正在受到全球投资者的青睐。国际大金融集团纷纷斥巨资投资数字货币，目的在于掌握未来货币控制权。谁拥有货币控制权谁就会拥有巨大经济权，就会在世界经济金融中占尽先机。英镑成为国际货币时，英国是世界上最强大的国家，那时英国国际贸易占全球 80% 以上。二战后，美元成为国际货币，美国从中获得与攫取的巨大利益就不必说了。

然而，这种主权货币在促进经济发展的同时，也由于超发货币，造成通胀，无形中剥夺了全球民众的财富。以美元为例，民众早已厌倦了美联储乱发货币、隐性夺取全球各国财富的现象。这就是比特币一出现就引起社会反响与认可的原因之一。

基于区块链技术的数字货币从发行到流通都是可记录、可追溯的，数量是一定的，不需要人为意志来调节，网络技术会自动完美匹配。因而，数字货币不仅不会引发通货膨胀，还会将"通货膨胀"这个名词送进历史教科书。

---

① 巴曙松, 张岱晁, 朱元倩. 全球数字货币的发展现状和趋势 [J]. 金融发展研究, 2020(11):3–9.

事实上，引起通货膨胀最大的根源还是传统纸币。我国现行货币统计制度将货币供应量划分为三个层次。

1. 流通中的现金（M0），是指银行体系以外各个单位的库存现金和居民的手持现金之和。

2. 狭义货币供应量（M1），是指 M0 加上企业、机关、团体、部队、学校等单位在银行的活期存款。

3. 广义货币供应量（M2），是指 M1 加上企业、机关、团体、部队、学校等单位在银行的定期存款和城乡居民个人在银行的各项储蓄存款以及证券客户保证金。M2 与 M1 的差额，即单位的定期存款和个人的储蓄存款之和，通常被称作准货币。

其中，M1 是极容易变成流通中的货币的，如有人想制造 1 元假的金属货币，用同样的材料制造，除去设备外，你亏损多少，实际通货膨胀率就是多少。如此说来，吓人的不是数字货币，而是纸币。

通货膨胀的原因被概括为以下三种。

第一，需求拉动。需求拉动型通货膨胀又被称为超额需求通货膨胀，是指总需求超过总供给所引起的一般价格水平的持续显著上升。这种类型的通货膨胀又被形象地描述为"过多的货币追逐过少的商品"。

第二，成本推动。成本推动型通货膨胀又被称为供给通货膨胀，是指在没有超额需求的情况下，由于供给方面成本的提高所引起的一般价格水平持续和显著上升。

第三，结构性因素。结构性通货膨胀是指在没有需求拉动和成本推动的情况下，只是由于经济结构因素的变动造成一般价格水平的持续上涨。社会各部门劳动生产率水平和提高速度不同，发展趋势不同，与世界经济联系程度不同，但由于一方面现代社会经济结构不容易使生产要素从落后部门、衰落部门、封闭部门向先进部门、兴起部门、开放部门转移，另一方面，落后部门、衰落部门、封闭部门却又要求在工资、价格等方面向先进部门、兴起部门和开放部门看齐，结果就是一般价格水平上涨。

Facebook 对数字货币的野心

数字货币或称加密货币已经成为全球追逐的金融业新目标。加密货币的前景广阔，未来发展潜力巨大，成为商品劳务交易的支付手段和一般等价物没有一点悬念。不能轻易说颠覆了谁，颠覆什么，但最少会与包括主权货币在内的东西相生并存。

一个基本判断是加密货币的底层技术是区块链技术，而区块链技术是最具前景和潜力的。在全球经济演变历史上，目前包括市场经济体制在内都遭遇到中介化、中间化、中心化平台太重太多的情况，大大影响了效率。这种状况是必须改变的。

在主观改变困难的情况下，比特币的诞生把加密货币带到了现实之中。区块链技术的去中心化特性，正好击中经济中心化太多的痛点。

这样一个大趋势毋庸置疑会出现：各个国家从现在开始为解决市场经济遭遇的效率大大降低的问题，都会不懈努力。科技手段将会隆重登场，关键在于取缔影响市场经济效率的中心化泛滥的现象，那么区块链、加密货币很快就会派上用场。结论就是区块链技术、加密货币发展潜力将出乎人们意料。这也是所有金融包括商业银行数字化转型的终极目标。

一向对新科技、新金融敏锐的高科技企业是不会放过发展加密货币、区块链技术的绝佳机会的。Facebook 不遗余力地发展加密货币就是一个最有力的佐证。

2009年，Facebook创建了虚拟货币"Facebook Credits"，以方便人们在社交网站上的应用程序中购买商品。但该项目最终失败，随后被终止。

2018年以来不断传出Facebook研发加密货币的消息。据2019年BBC报道称，Facebook希望在2019年底前开始测试自己的数字加密货币"Global Coin"，到2020年一季度在12个国家推出相关数字支付系统。2019年6月，Facebook发布了名为"Libra"的数字加密货币。而后将Libra从预计得到一揽子货币（美元、欧元、日元、英镑和新加坡元）和政府债务的混合支持的项目调整为支持多种版本的数字货币，即由单一货币支持的"稳定币"。2020年12月，Facebook将"Libra"更名为"Diem"。2022年2月，Diem协会和加密银行Silvergate宣布，Silvergate银行已确认将收购Diem稳定币项目的专利权和其他资产。

一直以来，Facebook希望创造一种数字货币，使得无论用户是否拥有银行账户，Facebook都能提供给用户负担得起且较为安全的支付方式。这家拥有WhatsApp和Instagram的社交网站希望通过打破金融壁垒，降低消费者成本，颠覆现有的网络。

Facebook10年后卷土重来研究加密货币的成功概率非常大。Facebook的优势在于，拥有全球近30亿注册用户，在这个平台上先行测试加密货币应该没有任何障碍。通过全球30亿用户将自己的加密货币推向全球，这一点Facebook比其他平台更有优势。

同时，Facebook有10年前失败的经验和教训，这些"宝贵财富"给其成功奠定了基础。再者，Facebook有强大的技术支撑，助推其走向成功。

而且，Facebook并不是孤军作战，而是有强大的后援。Facebook及其合作伙伴希望该数字货币与包括美元、欧元和日元在内的一揽子现有货币挂钩，以防其币值剧烈波动。并且已就运营和监管问题征求了美国财政部官员的意见，自觉自动接受监管，在监管指导下创新突破。

这些都对转型中特别是数字化转型的金融机构启发很大。必须明白数字化智能化转型中的三大趋势：一是从线下转移到线上，PC端转到移动端，是大势所趋；二是从线下人工调查获取信用，向大数据云计算获取信用，再到区块链技术获取信用，是大势所趋；三是过去是门面房最贵，现在是流量最贵，未来是粉丝最贵，是大势所趋。

美法院将加密货币定义为"货币"

2020年7月24日，一条关于美国法院将加密货币定义为与目前流通交易货币具有一样属性的消息出现在各大网站。

美国联邦法院将加密货币定义为"货币"的企图不是业内人士期望的那样，而且美国联邦法院如此定性目的"不纯"，完全是为了自己。更加直白一点来说，美国法院如此定性是为了断案的需要，是为了利用法律打击比特币等加密货币的从业者，以此来阻碍加密货币的发展。

加密货币是利用密码学和哈希函数原理等设计的一种程序化货币。它的底层技术是区块链技术。现在通常讲的数字货币，严格意义上就是加密货币。不过，一些人对数字货币的解释宽泛一些，认为以区块链为基础的比特币等加密货币是数字货币，一些主权货币电子化的东西也是数字货币。其实，后者严格意义上说不是数字货币，而叫作电子货币比较贴切。真正的数字货币就是以区块链为底层技术的加密货币。因此，统称加密货币比较准确。

货币演化的一个大趋势或不可抗拒。由以物易物交易，到货币诞生后的中介化、中心化交易，再到去中心化、以区块链为底层技术的加密货币登台，这个大目标、大方向已经基本确定，仅仅是一个时间进程的问题。

纵观全球，无论是 Facebook 开发的 Libra，还是一些主权国家开发的数字货币，都不是真正意义上的加密货币，也注定不是货币演化进程的大方向。至少从目前看，真正的加密货币只有比特币比较成熟完善，底层技术是完整的区块链，市场发育比较健全，交易市场化程度较高，也比较透明公平。

从全球来看，加密货币发展前景不宽松，发展前景阻力很大，最大的羁绊来自各个央行，包括欧洲央行、美联储等。这个阻力不是一些国家通过非市场手段随心所欲地打压，而是大部分央行强调自己开发加密货币。加密货币的第一个属性是去中心化的，而央行主权货币却是中心化的产物。因此，由各个央行开发的加密货币，必然是一个中心化的东西，与加密货币的本质属性彻底背离。而比特币等民间加密货币又是挑战主权货币包括未来主权开发的所谓加密货币，其必然遭遇各个央行的排斥和打压。

最好的办法是各国各自开发和发展自己的加密货币，让市场机制来选择，从而优胜劣汰。如果比特币被市场认可和选择，起码意味着国际货币让位给加密货币。要承认市场的选择和功劳。

目前，各个国家都不承认比特币为货币，一些国家已经开始彻底打压比特币。比特币是在无名分的夹缝中生存和发展的。2020 年 7 月 25 日，美国联邦法院表示，以比特币为代表的虚拟货币是华盛顿特区《货币传输者法》所涵盖的一种"货币"。消息一出即引发广泛关注。并且美国联邦法院拒绝驳回对地下比特币交易平台运营商 Larry Dean Harmon 的刑事判决，警方指控其从事洗钱以及无牌经营汇款业务。美国联邦法院表示，即使法律没有严格定义"货币"，但"货币"的含义适用于此案。

Harmon 将自己的平台描绘成用于提供剥离比特币与非法交易联系的服务，但在 2019 年遭到联邦大陪审团的起诉。他试图驳回其经营是非法货币传输的主张，认为比特币不是"货币"，他的平台也不是美国法典规定的"汇款业务"。

"金钱通常是一种交换手段、付款方式或价值储存方式。比特币就是这样的东西。"首席法官贝丽尔·A.豪厄尔（Beryl A.Howell）在给哥伦比亚特区地方法院的信中写道。

2015 年 9 月，据外媒报道，美国商品期货交易委员会（CFTC）将比特币和其他虚拟货币定义为大宗商品，与原油或小麦的归类一样。

此后，也有声音称美国将把比特币归为证券，但根据美国消费者新闻与商业频道（CNBC）报道，这一说法在 2018 年 6 月遭到美国证券交易委员会（SEC）官员的否认。

可以说，该裁决可能对市场如何对待比特币的影响很轻微，但会为哥伦比亚特区如何监管货币传输中的加密货币建立参数，这也使华盛顿特区的规则与联邦各州当局以反洗钱目的对待比特币的方式保持一致。但仅此而已，想要给予比特币一个全球化共识的货币身份还有很长的路要走。

第三节　中国央行数字货币呼之欲出

支付领域的去现金缘于货币电子化，作为货币电子化的承继者，数字货币被视为现金（纸币）支付可能的终结者。在数字货币的研发上，中国走在了世界前列。

据媒体报道，央行旗下的数字货币研究所已于2017年5月低调挂牌。实际上，央行早在2014年就成立了专门的数字货币研究团队。

2017年春节前夕，央行已经通过数字票据交易平台进行了数字货币测试，工商银行、中国银行、深圳前海微众银行等5家金融机构参与测试。

不过，上述数字货币测试更多是做技术储备和知识积累，与真正发行数字货币还不是一个概念。业内专家指出，数字货币作为法定货币能否推出取决于多个因素，如对整个经济冲击是否最小、技术是否过硬、国家是否有决心、民众是否愿意接受等。

除了中国央行，新加坡央行也在测试区块链技术支持的数字货币。此外，英国、加拿大、荷兰、澳大利亚等国家也宣布启动数字货币的研发。

"从历史发展的趋势来看，货币从来都是伴随着技术进步、经济活动发展而演化的，从早期的实物货币、商品货币到后来的信用货币，都是适应人类商业社会发展的自然选择。作为上一代的货币，纸币的技术含量低，从安全、成本等角度看，被新技术、新产品取代是大势所趋。"中国央行原行长周小川曾表示。

其实，数字货币是一个大概念，是电子货币形式的替代货币，数字金币[①]和密码货币都属于数字货币。密码货币指不依托任何实物，使用密码算法的数字货币，比如比特币、莱特币、比特股等，是一种依靠密码技术和校验技术来创建、分发和维持的数字货币。密码货币的特点在于其运用了点对点技术，且每个人都有发行权。密码货币分为开放式采矿型密码数字货币（以比特币为代表）和发行式密码数字货币。目前大多数机构包括中国央行主要研究的是密码数字货币。

央行为何发行数字货币？

央行数字货币已进入试运行阶段。这意味着中国央行有望成为全球首个发行数字货币并开展实际应用的央行。这一消息引起包括我在内的业界人士瞩目。中国数字货币平台中众多比特币网站疯狂炒作数字货币的做法，早就进入中国央行的视野，央行对其的监管就没有停止过。在这个监管过程中，央行从中了解与学习了比特币的机理知识，对其未来的颠覆性十分重视。

我常说，数字货币的诞生极有可能革了央行的命。因为以区块链技术为基础的数字货币，使得每一个人都是货币的发行者。在这种危机意识下，中国央行提前出手，目的就是掌控数字货币的发行权，维护央行控制货币发行的本质职能。

就央行为何要发行数字货币，央行参事盛松成一语道破天机：私人数字

[①] 数字金币是一种以黄金重量命名的货币形式。

货币将削弱货币政策的有效性，威胁金融稳定，倒逼货币当局开始研究发行央行数字货币。央行发行数字货币，可保留货币主权的控制力，更好地服务于货币政策，而不仅仅是为了取代纸币现金流通。

"相比虚拟货币比特币，央行等相关机构正在研究的基于区块链技术的数字货币，将是有国家主权背书、有发行责任主体的货币。"中国银行前行长、中国互联网金融协会区块链工作组组长李礼辉在接受媒体采访时表示。

央行原行长周小川亦曾表示，数字货币作为法定货币必须由央行来发行。数字货币的发行、流通和交易，都应当遵循传统货币与数字货币一体化的思路，实施同样原则的管理。

中国央行与其他国家央行考虑的重点显然不同。在北欧的瑞典，央行考虑的是技术、法律和安全问题，瑞典央行期望在两年内做出是否发行"电子克朗"（ekrona）的决定，目的在于禁止流通实物现金，成为第一个完全使用"数字现金"的社会。当然，这是由瑞典的国情决定的。瑞典已经是一个基本脱离现金的国家，现金流通额与国内生产总值（GDP）之比已经从1950年的近10%降至2016年的1.5%左右。当地的银行分支机构也不断减少现金处理业务，自动取款机则相当稀少，一些商店已经完全停止接受现金支付。[①]

政府是无现金社会最大受益者

现在，现金社会已经发展到了顶点。随着电子货币、数字货币的汹涌而来，现金流通逐渐被替代，其中包括纸币流通与金属硬币流通。每一个民众，特别是北欧与中国等电子化货币、数字货币、互联网金融、金融科技较发达

---

① 熊晋颖. 瑞典率先实验：从现金体系转向数字货币[EB/OL].(2016-11-19)[2022-11-30].https://m.jiemian.com/article/968006.html.

的国家与地区的百姓都会明显感到口袋里的现金越来越少，现金的作用越来越小，使用频率越来越低了。最典型的例子是菜市场的各个摊位上都放着微信与支付宝的二维码。在互联网金融支付手段高度发达的中国，现金支付方式将会很快退出历史舞台。

一个开放、开明、睿智的政府，最应该欢迎和拥抱无现金社会。因为无现金社会将会使得政府在打击假币犯罪、地下钱庄、逃税漏税、贪污腐败交易等方面事半功倍。特别是对腐败黑金寻租严重，反腐败、反洗钱任务重的国家，无现金社会为其提供了最大的查处空间。

代替现金流通交易的是电子货币、移动互联网支付手段、数字货币。电子货币是各个大型互联网公司发行的闭环交易手段，如中国腾讯公司的Q币等，再比如银行发行的银行卡等，这些电子货币是替代现金的最早手段。接着是以微信与支付宝钱包为主的支付方式，特别是移动支付方式。通过扫描二维码支付，比传统电子货币更加方便，客户体验更加好。这种方式迅速得以发展普及，不仅替代现金交易，而且就连传统银行发行的银行卡都已经快被边缘化了。最突出的是数字货币，即以区块链为核心技术的货币。这种货币的去中心化、发行挖掘社会化以及可追踪、可追溯等优点，可能是金融科技的最大突破，会对传统货币发行以及货币政策带来巨大冲击。

目前全球各国、各地区无现金社会推进的情况如何呢？在向无现金社会发展的进程上，北欧国家走得最快，这背后的主要推动力来自行业的协调行动以及政府的推动。在瑞典的1600家银行网点中，大约有900家不在网点保留现金，也不接受现金存款。其中很多网点，尤其是农村地区，甚至都不再配备ATM机了。在这种背景下，2016年瑞典现金交易额只占了交易总额的

2%，交易笔数只占了20%（5年前是40%）。①

丹麦则更加激进。丹麦向无现金社会的迈进纯粹是政策导向的结果，该国政府甚至对部分零售商免除接受现金支付的义务。早在2015年，丹麦就有约一半的人在使用MobilePay。而在新冠疫情的影响下，信用卡、MobilePay、Paypal更是成了丹麦主流的在线支付方式。

整个欧元区也在向现金"宣战"，不论是在流通环节还是在交易环节。

欧洲央行当时给出的理由是，有越来越多的证据显示，大面值纸币会有助于犯罪活动，此举主要是为打击犯罪活动，而非遏制纸币的使用。

中国无现金社会的推进速度也非常快。以2021年中国银行支付业务为例，中国人民银行统计数据显示，2021年，中国银行共办理非现金支付业务34395.06亿笔，金额4415.56万亿元，共处理电子支付业务2749.69亿笔，金额2976.22万亿元。电子支付业务中，网上支付业务1022.78亿笔，金额2353.96万亿元；移动支付业务1512.28亿笔，金额526.98万亿元；电话支付业务2.73亿笔，金额11.65万亿元。②

数字电子货币支付与现金交易的最大区别是，前者可以在网络上留痕、留印，而这些留痕数据都可以"追根问底"。所有的电子货币交易行为都逃不过大数据挖掘分析的"法眼"。而后者的则往往无影无踪，很难追寻，给各种犯罪分子以可乘之机。

因此，我常说，政府将是无现金社会的最大受益者。在无现金社会里，

---

① 人民网.瑞典：商户可以拒收现金[EB/OL].(2018-01-22)[2022-11-30].http://world.people.com.cn/n1/2018/0122/c1002-29777875.html.
② 中国人民银行支付结算司.2021年支付体系运行总体情况[EB/OL].(2022-04-02)[2022-11-30]. http://www.pbc.gov.cn/zhifujiesuansi/128525/128545/128643/4523666/index.html.

政府在反洗钱、反贪腐、反假币、查处偷税漏税等方面的行政成本将会大大降低，有些部门或许都没有存在的必要了。

在无现金社会中，通过电子支付手段进行的交易具有更高的透明度，由此带来的监管便利将令政府税收收入显著提高；各种洗钱犯罪追查查处是瞬间的、分分秒秒的；各种贪腐资金的线索路径变得非常容易搜寻与分析；假币犯罪或彻底不复存在，因为在无现金社会里谁拿大批现金交易，谁就有犯罪的嫌疑。

显而易见的是，政府是现金使用量减少的最大受益者，因而它们将成为未来消灭现金的主要力量。

从宏观调控政策效果分析，无现金社会将大大提高央行货币政策的效果。在无现金社会中，央行也能摆脱零利率下限的限制。如果你代表央行，且已经采取零利率或者接近零利率的政策，那现金就是一个很大的麻烦。为何？因为这限制了你降息的能力。储户如果觉得自己把钱存在银行还要交罚金，那么在某个时点他们可能就会把钱取出来放在床底下。

如果不再使用现金，零利率下限自然也就不复存在。如果你是决策者，就可以集中对经济进行规划。消费支出太低是吧？没问题！把利率降到 –20%，就可以迫使人们出去花钱，以免承受损失。经济运行过热？依然没问题！把利率加到 20%，这样人们就又被迫在出去消费和赚取高额利息收入之间做选择。

一个聪明的政府一定会大力发展金融科技，因为政府是金融科技下无现金社会的最大受益者！

数字人民币尝试挑战美元霸权

美元地位遭受前所未有的挑战，华尔街金融大佬忧心忡忡，一旦美元国际货币地位日薄西山，美元国际红利必将很快消失，这不仅仅是损失巨大利益的问题，而是美元霸权、话语权和国际定价权将不复存在的问题，国际金融秩序必将重塑。"堡垒往往先从内部攻破"，这是真理。美国肆无忌惮地放水美元，利用美元霸权在世界金融市场横行霸道，把美元国际货币地位优势当作打压制裁其他国家、为本国或者盟国集团利益服务的武器，已经严重透支美元国际信用，倒逼其他国家不得不思考创新其他国际结算支付工具，不得不思考离开美元，另辟蹊径。这才是美元国际地位日渐削弱的根本原因。

谁可能取代美元？这是一个非常复杂的问题。由于美国经济仍位居世界第一，美元在国际储备中的占比仍在 60% 以上，如果想要利用传统手段"正面"攻击，近百年也不可能把美元从国际货币的霸主宝座上拉下来。必须寻求其他途径，最大的可能性就是依靠加密数字货币这个货币新物种。

从无主权货币的角度分析，可能性最大的就是比特币。比特币成为打不死的"小强"，就凸显其生命力了。比特币无论是从舆论声誉传播的广泛性，还是去中心化、分布式账簿以及全员信用共识的加密数字货币技术角度，对美元国际货币都已经造成很大冲击。

从主权数字货币看，中国数字货币在全球出台以及应用最早，而且中国经济体体量位居世界第二，货物贸易量居是世界第一，这给中国货币挑战美元地位奠定了最坚实基础。中国最有可能从数字电子货币角度攻破美元国际货币的堡垒。中国最大的优势在于，具有世界一流的国内移动支付体系，这将使人民币更容易在境外使用和推广。发达的数字金融和强大的新技术是中国货币成为国际货币的最大优势。

中国货币逐步取代美元成为储备第一的国际货币可谓万事俱备、只欠东风。一是加快本国货币体制改革步伐，使其成为完全自由兑换的货币。道理其实非常简单，作为国际货币如果不能自由兑换，一旦持有后着急兑换成其他国家货币时有额度限制或者需要审批等，就会影响使用效率。二是向加密数字货币方向深化改革。底层技术是基于区块链技术的加密数字货币，这是未来数字货币的发展方向。这种加密货币是得到国际公认的。

中国版 CBDC（央行数字货币）被描述为，是由人民银行发行，由指定运营机构参与运营并向公众兑换，以广义账户体系为基础，支持银行账户松耦合功能，与纸钞和硬币等价，并具有价值特征和法偿性的可控匿名的支付工具。而我们所说的 DC/EP 是中国版的央行数字货币，译为"数字货币和电子支付工具"。英国央行英格兰银行在其关于 CBDC 的研究报告中给出这样的定义：中央银行数字货币是中央银行货币的电子形式，家庭和企业都可以使用它来进行付款和储值。

美国版 CBDC——在 2020 年初，美国数字美元基金会启动了数字美元计划，并鼓励业内专家对数字美元的潜在优势进行研究和公开讨论，同时开始商讨建立本国央行数字货币可能采取的实际操作框架及步骤。曾于 2017 年被搁置的美联储 Fedcoin 计划再次被提出。Fedcoin 是一种零售型央行数字货币，可与美元进行等价兑换。

新加坡版 CBDC——2020 年 5 月，新加坡金融管理局（MAS）和加拿大银行联合开展了一项使用央行数字货币进行跨境跨币种支付的实验。这项实验将两国各自的数字货币项目——Jasper 项目和 Ubin 项目联合到一起。这两个项目分别建立在两个不同的分布式账簿技术上。两家中央银行之间的交易往来将使用 CBDC 进行支付结算，解决了跨境支付缓慢而昂贵、风险不易控、结算烦琐的问题。

瑞典版 CBDC——2017 年，瑞典央行开始启动基于区块链技术的数字货币电子克朗项目；2020 年 2 月，该项目启动测试，当地居民可通过央行授权的电子钱包进行 E-Krona 的存取及移动支付；截至 2021 年 2 月，该试点项目已进入第二阶段测试，就跨境支付进行概念验证，并将明确法律、治理、监管和政策等问题。① 瑞典国内无现金化趋势已经越来越明显，为解决瑞典的支付问题，我们完全能够窥见其对开发数字货币的积极态度。

从经济学的角度来浅显分析，央行数字货币主要解决的问题有三个：消除现金非法交易和洗钱活动，实行负利率成为可能，"直升机撒钱成为可能"②。这与比特币的功能还是有很大区别的。

数字货币离我们还有多远

未来人民币的发展趋势一定是用起来既简单又方便的数字货币，2020 年 9 月，央行主管媒体宣布，中国法定数字货币具备落地条件。全球数字货币竞争拉开序幕，上市公司积极布局。

2020 年 9 月 19 日，发表在中国人民银行财经日报——《中国金融》第 17 期上的文章称，中国人民银行于 2014 年开始研究法定的数字货币，中国人民银行数字货币研究所于 2017 年 1 月正式成立。截至 2020 年 4 月，已为数字货币及其相关内容提交 22、65、43 件专利申请，涵盖了数字货币发行、

---

① 钟红,李艳蓉,郝毅.央行数字货币：全球竞争与合作新态势[J].银行家,2022(5):50-54.
② 在经济不景气形势下，政府采取财政经济刺激政策，通过直接给企业或个人发钱的方式来期望提振国民经济。

流通、申请的全过程，形成了完整的产业链，完成了技术储备，满足了落地条件。

央行的数字货币项目被称为"DC/EP"，意为数字货币和电子支付工具。它是国家发行的纸币的数字形式。价格和人民币挂钩，币值很稳定。与比特币等第三方数字货币相比，由于有国家信用的认可，它具有很强的可用性。2020年4月，央行数字货币DC/EP在农业银行开始内部测试。8月29日，建设银行APP悄悄推出数字货币钱包功能，数名用户成功上线试用。

除了金融机构，央行的数字货币在实体经济方面也开始布局。2019年11月，中国人民银行数字货币研究所与华为签署金融技术战略合作备忘录。2020年4月，中国人民银行数字货币研究所与商汤科技签署合作协议，双方将在金融技术领域就人工智能创新研究和应用开发进行合作；7月，中国人民银行数字货币研究所与滴滴旅游正式达成战略合作协议，共同研究探索数字人民币在智慧旅游中的场景创新与应用；9月，中国人民银行数字货币研究所与京东数科达成战略合作，结合京东集团现有场景，共同促进数字人民币的移动应用功能创新及线上、线下场景的落地应用，推进数字人民币钱包生态建设[1]；11月，中国人民银行数字货币研究所与国网雄安金融科技集团有限公司签署战略合作协议，双方在数字人民币试点测试创新和应用领域开展战略合作，开展数字人民币在国家电网公司电费缴纳等场景中的创新和应用，共同建设数字人民币试点测试生态体系[2]。2021年3月，中国人民银行数字货币

---

[1] 中国人民银行数字货币研究所与京东数科达成战略合作[J].中国金融电脑,2020(10):95.
[2] 中国经济网.中国人民银行数字货币研究所与国网雄安金融科技集团有限公司签署战略合作协议[EB/OL].(2020-11-13)[2022-11-30].https://baijiahao.baidu.com/s?id=1683240614352730620&wfr=spider&for=pc.

研究所与正元智慧签署了合作协议，双方将共同推动数字人民币在校园及企事业单位园区等场景中的智能支付创新应用；9月，数字人民币校园场景应用已在西南财经大学正式落地启动，并在多地部分高校完成项目实施和试点准备。①

随着央行对数字货币测试进程的加快，以及官方声明法定数字货币具备登陆条件，估计数字货币的实际登陆日期不会太远。至于如何通过央行向社会推广DC/EP，国盛证券认为，DC/EP在更多应用场景中的推广需要互联网主管机构、银行、清算机构和收单机构的推动。

很多机构对数字货币及其板块持乐观态度。国泰君安表示，数字货币将在短期内加速登陆并扩大该行业的市场规模。中信证券也指出，数字货币作为M0的部分替代，央行数字货币的交易量受客户习惯和技术条件限制，取决于现金交易和电子支付的替代规模，估计会在万亿规模。

同时上市公司开始积极布局数字货币。数字货币产业连锁已初具规模，银行IT和密码厂商是深度参与的第一受益者。银行IT的升级将是围绕整个数字货币IT建设的重中之重，央行有望带来银行支付清算IT系统升级的需求。因此，在明确相关技术标准和建设规范后，商业银行结算系统和支付清算有望迎来升级改造。对于密码厂商，数字货币流通必须有密码算法保护，前端、后台云端和传输流程必须有可信密码算法保护。这属于数字货币的核心技术，发展空间大，成长性好。

紫光国微表示，公司的智能安全芯片可以作为数字货币钱包等数字货币的安全载体，也可以用于数字货币支付流程的数据保护和安全认证。在数字货

---

① 李小平.正元智慧加速转型推进数字人民币创新应用[N].证券时报,2022-02-21(A05).

币全面推广后，智能安全芯片需求空间将会比较大。

银之杰计划开展数字货币应用支撑系统研究，研究支撑数字货币流通应用系统的关键技术，开发数字货币钱包方案及相应的软硬件产品，开发适合商业领域的数字货币运营支撑系统。

神州信息表示，自主开发的智能区块链平台Sm@rtGAS已领先市场推出供应链金融，包括数字货币、数字钱包、区块链发票、对账清算、预付卡、积分通兑等系列产品。

飞天诚信致力于保护数字身份安全和交易信息安全，验证、管理数字身份和交易信息，并为许多领域提供完整的服务和解决方案，如网络银行安全交易、支付卡和服务、移动支付安全、云认证、身份认证和软件保护。

奥马电器参与了央行数字货币的原型设计公司于2016年初开始的数字货币和区块链技术的研究。2017年，该公司成立了全资子公司——数字乾元，以加速在区块链方面的布局，致力于构建便捷、高效的区块链技术应用平台和金融科技生态体系。

发行数字货币一方面可以说是节约了纸张的成本；另一方面，这一货币追溯来源，掌控其流通情况，具有加密性。目前数字货币成为全球金融体系升级的一种必然趋势，因此数字货币概念股是会受到市场关注的。

这一次，数字货币真的要来了，你准备好步入人民币的全新时代了吗？

04
金融科技倒逼银行转型

从互联网金融到金融科技

> 如果银行不改变，我们就改变银行。
>
> ——马云

随着金融科技、区块链等新兴事物的诞生，新一代互联网大潮与传统银行业正不断结合与碰撞。由此，也倒逼传统银行金融服务转型升级。花旗银行亚太区财资与贸易金融部主管拉杰什·梅塔（Rajesh Mehta）曾指出，现在已经到了交易银行需要转型的时刻，但与其将新科技视为竞争对手，不如将其理解为合作伙伴。很多新鲜事物是可以为银行所用的，但前提是在追求科技进步和保障安全之间掌握平衡。

穆迪投资者服务公司曾在名为《全球金融机构：金融科技将改变竞争格局，但不太可能取代银行的核心地位》的报告中指出，虽然金融科技公司的崛起凸显了金融服务转向数字化的趋势，但银行在行业中还是会保留一席之地，一方面将继续与新加入者合作，另一方面也要与其竞争。报告认为，金融科技的重心一直在零售银行服务方面，其中主要包括贷款、融资，以及与支付相关的产品和服务。

零售银行业被视为最有可能被金融科技颠覆的领域。被誉为"零售之王"的招商银行，于 2021 年 7 月管理客户总资产突破 10 万亿元，其突破便得益于金融科技。从商业银行电子化时代开始，到利用移动互联网、大数据、云计算、人工智能、区块链等新科技手段，招商银行一直走在行业前列。招商银行利用流量经济、数据经济和云计算、AI 等新科技工具，引流扩大平台粉丝等客户基础，使得优质理财管理产品与客户财富直接对接，最大限度地扩大客户群体与覆盖面。截至 2021 年 7 月，招商银行零售客户总量突破 1.6 亿，旗下两大 APP 月活突破亿级，户均资产超过 6 万元。

不过，即使行业不断变化，银行也仍有许多竞争优势，包括庞大的客户群、深厚的客户关系、多样的贷款选择和应对监管机构的经验等，这些条件都是很多初创金融科技公司不具备的。

第一节　银行业"死亡笔记"

"这个行业不赚钱，而且大多数的模式都行不通。""只有有能力每年至少产生150亿美元盈利的大银行，才能在未来承受高额的运营成本，而能活下来的银行只有五分之三。"① 这是2016年9月下旬，世界领先的全球管理咨询公司麦肯锡经过对全球各大银行的分析得出的报告，此报告被形象地喻为银行业"死亡笔记"。这份世界著名全球咨询公司的研究报告切中了银行业的痛点，对全球各大银行包括中国商业银行敲响了警钟。

毕马威会计师事务所于2016年10月发布的一份报告更是"危言耸听"：到2030年，银行将消失，全球百万银行员工面临失业。事实上，自银行业的数字化悄悄拉开大幕，美国大银行就开始大幅关闭网点，且这种趋势一直在不断持续。美国标普全球市场财智公司于2022年1月公布的最新数字表明，2021年美国银行营业网点创纪录地减少了2927家，其中新增银行营业网点1000家，关闭近4000家，比2020年的净关闭数量增长了38%。② 随着移动活跃用户的增多，更多交易可通过数字渠道完成，砖瓦砌成的网点已不再那么必要。而通过数字渠道办理业务的成本，也远远小于网点渠道。网点关闭

---

① 麦肯锡发布银行业"死亡笔记"[J].首席财务官,2016(20):8.
② 杨文静.美媒：美国银行营业网点2021年关闭近4000家，数量创新高[EB/OL].(2022-01-23)
[2022-11-30].https://view.inews.qq.com/a/20220123A05G7000?startextras=0_fdc10fcc5d0b7&from=amptj.

的"衍生品"就是银行裁员,银行员工失业。

其实,早在 2015 年 12 月初,巴克莱(Barclays)银行前首席执行官安东尼·詹金斯(Antony Jenkins)就表示,全球银行业未来 10 年将裁减半数员工和分支机构。

何止国际机构!早在 2015 年 6 月,中国银行业协会前常务副会长杨再平先生就曾预言,未来若干年中国 20 多万个银行物理性网点或将不复存在。

从全球范围内看,欧洲商业银行度日如年,利润负增长,衍生品风险暴露,资金来源枯竭,负利率使得欧洲银行业遭受重创;美国银行业在全球的状况稍稍好一些,但也无法掩盖其经营每况愈下的态势;日本银行业与欧洲银行是命运共同体,同样在艰难度日;新兴市场大国的中国银行业正面临着利润增速大幅度下滑、不良贷款大幅度增加、资金来源渠道越来越少、资产配置荒越来越严重、资金流动性风险越来越大的状况。一句话,全球银行业遭遇空前寒冬,而这个寒冬似乎没有尽头,看不到春天来临的迹象。

原因何在?只有搞清楚原因才能对症下药找出路。从全球宏观面看,至少在两个方面对传统银行非常不利。

首先,针对全球经济低迷,各个经济体特别是欧洲、日本、澳大利亚等发达经济体采取的负利率、零利率、超低利率政策将商业银行经营逼到了死角,其利润空间被大大压缩,吸收资金的价格竞争力被大大削弱。加之,欧元、英镑、日元汇率波动使得欧洲银行业衍生品风险凸显出来,经营陷入了空前困境。

其次,全球对银行业金融业务的监管力度加大,标准提高,使其违规成本大幅度提高,处罚金额动辄百亿美元,其生存环境与空间越来越不宽松,银行业务范围被束缚。

除了上述几点，对全球银行业冲击最大的还是互联网金融以及金融科技。这种冲击从业务种类看，几乎涵盖了银行所有主体业务，包括支付结算业务、信贷资产业务、存款等资金来源业务、理财等中间业务，投资银行业务等。特别是移动互联网金融的迅速发展，使得银行业束手无策，欧美日的银行业尤甚。中国银行业由于中国互联网金融兴起早，冲击来得早、来得快，其准备得也早，并且中国银行业都在斥巨资涉足移动互联网金融业务，受互联网金融冲击相对较小。不过，在互联网金融的升级版——金融科技领域，中国银行业有些后知后觉。

在以上宏观环境与金融科技多重冲击下，传统银行业已经凸显出衰退与日薄西山的景象，怎么办？出路何在？

欧洲银行业、日本银行业以及亚洲一些银行普遍采取裁员的做法来应对困境。然而，这种做法不是治本之策，完全是舍本逐末之举。我认为，银行业走出泥潭的根本出路在于，主动加入互联网金融和金融科技革命浪潮。银行业务数据化、移动互联网化、智能化才是方向与出路，未来的银行一定是一家金融科技公司，就像浙江网商银行，成立之初只有300多人，可其中270人都是科技人员。

麦肯锡2016年的报告曾预测：金融领域数字化驱动的控制支出有望在3年内将利润水平提高20%~30%，而股本回报率（ROE）也有望上升2%~3%；数字化可以扩大4%~12%的销售空间，增加交叉销售的潜力。而这一预测已成为现实。

2020年4月28日，麦肯锡发布《麦肯锡中国银行业CEO季刊》，其中指出数字化转型是公司银行下半场竞争制胜的关键。公司银行可以强化大数据用例库建设，从获取新客户、降低存量客户流失率、交叉销售、定价管理等多方面入手，可实现营业收入提升 20%～30%；从反洗钱/反欺诈管控和优化客户经理产能两方面着力，可将运营成本降低 10%～15%；通过大数据和高级分析改善银行风控，在数字化信用评估和风险预警两方面发挥巨大作用，可将坏账损失降低 20%～25%。①

总之，银行业支付结算业务移动互联网化、信贷资金业务大数据化、投资理财顾问业务人工智能化、理财等中间业务网络化等互联网金融和金融科技是传统银行走出困境的"救命稻草"，就看谁能紧紧抓住。谁能抓住，谁就可能从"银行死亡笔记"名单中消失。

新常态给银行提出多重挑战

2013 年 12 月 10 日，在中央经济工作会议上的讲话中，习近平总书记首次提出"新常态"。此后，习近平总书记在多次讲话中阐述了"新常态"的内涵。

经济新常态是对社会主义初级阶段理论的完善和升华，是今后相当长时期所有经济活动特别是决策时应该首先思考的逻辑和依据。脱离新常态必将导致决策冒进或保守，贻误经济发展机遇，甚至导致决策失误。

经济发展进入新常态，给各个经济主体带来了新考验和新挑战。过去 30 多年，中国经济是在政府主导的大投资、货币信贷大投放、要素驱动、资源能源粗放式挖掘、环境成本巨大、超高经济增速情况下运行的。各经济主体已经习惯于长期在超高速下投资、生产和消费；进入新常态后，不仅不适应，而且受到不小冲击。其中，长期习惯于"旧常态"的银行业所受冲击就很大。

---

① 澎湃新闻.麦肯锡：数字化转型是公司银行下半场竞争制胜的关键[EB/OL].(2020-04-28)[2022-11-30].https://baijiahao.baidu.com/s?id=1665226377529057483&wfr=spider&for=pc.

经济新常态带来的影响，首先是贷款风险增大，不良贷款开始快速暴露。大投资、货币大放水时期催生的一个经济现象是，整个经济体特别是企业高负债经营，一旦经济增速下降回归至常态，风险立马就暴露了。而这些负债中，银行贷款占绝大比例。归根结底是银行贷款风险开始大幅度增加。产能过剩行业（房地产行业、煤炭等资源能源行业、水泥等建材以及有色化工行业）已经出现全行业不景气局面，直接威胁的是银行贷款安全。经济进入新常态，不良贷款爆发对银行提出了巨大挑战。

其次，利率市场化改革的加速推进给银行业带来直接冲击。利率改革的一个方向是缩小存贷款利差，这直接动了银行的"奶酪"。利率完全市场化后，根据发达国家和地区经验，刚开始存款利率走高是大概率事件。这必将增大银行资金来源成本，而在资金运用上因实体经济承受能力有限，贷款利率上浮空间并不大，这将对银行效益造成较严重挤压。

再次，金融脱媒化给银行经营带来较大压力。由于中小企业长期存在融资难问题，倒逼民间金融迅速壮大，这已经对银行的资产业务形成强分流效应，银行贷款等资产业务正在萎缩。目前，中国银行业利润来源主要依靠存贷利差，然而存款减少、成本增高，贷款受到金融脱媒化影响又在萎缩，银行业的危机正在加剧。

最后，互联网金融、金融科技击中传统银行的软肋。依托互联网新经济平台的互联网金融、金融科技企业，其高效、透明、公开的特性，其通过大数据挖掘分析对金融交易对象信用状况的及时准确把握，其平台上的海量客户和大数据基础，是传统银行无论如何都不具备或做不到的。如今，整个经济活动都在往互联网上转移，而服务于经济的金融机构特别是银行却仍在线下原地踏步，被互联网新金融冲击甚至抛弃是不奇怪的。

面对新常态对传统银行带来的上述四大冲击，银行业必须树立新常态思维，积极行动起来应对困难。国际金融危机时期中国货币增速高达40%，那时流动性泛滥，银行坐等客户上门而不缺存款来源。而截至2022年5月，中国货币增速降到11.1%，银行再坐等客户上门就是"等死"。为了不被淘汰出局，银行必须在金融创新上下功夫，利用新金融工具吸引客户。比如，传统银行在互联网金融上一定要有实实在在的突破，要拿出硬措施发展互联网金融业务，要迅速将业务重点向线上转移。传统银行金融服务新趋势是要瞄准30%以上增速的互联网新经济客户，特别是移动互联网已经成为新的经济增长点，传统银行一定要重视发展移动互联网金融业务。经济往哪里走，向哪里转移，金融一定会如影随形。

在新常态下，对于利润增速，银行要有平常心。过去30多年中国经济增速在10%以上，银行利润增速在30%以上。而现在，特别是在全球新冠疫情影响下，中国经济增速、银行利润增速均有所放缓——中国经济增速下降到8.1%左右；银行利润增速虽在2021年出现了反弹，实现了"两位数"的增长，但就银行整体发展趋势而言，其利润增速预估会降至10%以下。这是新常态、新背景下的发展现实，银行应该正确理解和理性看待。

按理说，银行利润增速不应该高于经济增速，因为如果银行从实体经济中拿到高于平均水平的利润，那么实体企业利润必然低于平均利润，最终会导致实体经济萎靡不振，这样不但银行利润没有持续性，而且可能导致坏账发生。

总之，面对新常态，银行业对内必须狠抓金融创新，狠抓经营结构转变，特别是狠抓互联网新金融，对外必须提高服务质量，创新服务手段，以客户为中心，尽量满足客户的实际需求，以此寻求新的利润增长点。

巴菲特减持至清空富国银行股票的启示

巴菲特是富国银行最大的股东之一，1989年起就开始投资这家银行。

2017年4月12日，巴菲特旗下的伯克希尔·哈撒韦公司发布公告，在4月10—12日共计减持7134447股富国银行的股票，并计划继续减持富国银行股票1865553股。未来60个交易日内，将会降低富国银行持股比例至10%以下。

伯克希尔公司在公告中解释称，减持富国银行股份并非"出于投资或估值的考虑"，而是为了将持股比例降至10%的监管门槛之下。

根据美国监管法规，如果一家公司或是投资者对一家银行的持股超过10%，必须告知美联储和公众，监管机构将对相关投资进行审查。此举目的在于限制非金融企业与银行之间的联系。

在与美联储代表进行几个月的讨论后，伯克希尔公司认为，如果持股比例高于10%，美联储的要求将极大地限制"我们与富国银行的商务活动"，因此，将所有权保持在10%以下将会"更简单"。

不过，我认为，巴菲特减持富国银行股份并不是为了达到监管红线以下那么简单，也不是在监管红线以下操作将会"更简单"，而是巴菲特投资战略的大转移、大调整。这从之后发生的事情可以得到佐证。2016年7月，因富国银行的股票回购，伯克希尔公司对富国银行的持股达到10%的门槛，其向美联储提交申请，希望获准保持当前持股水平，并可能出于投资目的继续增持富国银行股份。但不到一年时间，伯克希尔公司却食言了。直至2020年，巴菲特减持了大部分银行股，出售了高盛、摩根大通和大部分富国银行股票。2022年第一季度，巴菲特结束了对富国银行的长期押注。可以看出，在过去几年中，巴菲特一直对银行股保持着谨慎的态度。

巴菲特过去投资的可口可乐、富国银行等众多行业，从现在的角度看都是传统产业、即将落伍的行业、经营上衰退与不景气的产业。从投资回报率上看，处于并不算高甚至是销售下滑的状况。比如可口可乐公司的业绩在持续下滑，传统金融业的富国银行不仅丑闻不断而且其经营也日薄西山。从这一点来看，巴菲特已经与投资风口失之交臂了，他不但没有把握住风口，甚至可能已被风口甩出好几条街。

巴菲特如果不迅速调整自己的投资方向，仍然固守传统，那么其已有的成果很快就会丧失。这一次金融科技革命与21世纪初的网络科技泡沫破灭已经不可同日而语。那次，巴菲特或许押对了宝，也使其坚定了不盲目投资网络科技股的决心。但从长期曲线看，经历过那次泡沫破灭坚持活到现在的科技公司都已经赚得盆满钵满，引领潮流了。现在看，股神有失算成分。

当然，股神还是股神，虽然有一点点晚，但从2016年开始，巴菲特已经开始大幅度增持科技股，尤其是大幅度增持了苹果股票，同时还开始投资智能珠宝。从这可以看出，股神不沾科技股的思维开始转变了。

巴菲特减持传统企业股票，拥抱互联网、移动互联网、人工智能等科技股票标志着其投资开始转型了，减持甚至清仓了持有的富国银行股票不能说没有这方面的考量。换句话说，只要富国银行在投资潮头与风口，监管红线是挡不住巴菲特的，关键是科技金融挡住了巴菲特投资传统银行的脚步。

我们不再拐弯抹角，而是直奔主题。世界大势所趋是去中心化，去中心化的交易是一种技术的变革，用户可以凭借授权码在此平台上交易，这样就会发生个体与个体之间的交易等行为。传统银行在去中心化科技金融转型中稍显滞后。

这几年商业银行没有利好，只有利空；经营状况步履维艰，每况愈下。

这还仅仅是开始，点对点直接融资的金融科技将使得传统银行或被彻底边缘化。投资者有没有从不断传来的银行撤机构裁员的消息中悟到什么？或许巴菲特投资团队已经先下手为强了。

金融科技给银行带来的巨变

以智能化特别是人工智能为核心技术的金融科技给全球金融业带来巨变，特别是对传统银行的冲击势不可挡。令人震惊的是，这种变化与冲击比预想的快得多。

此前，众多国内外专家预测，由于金融科技、互联网金融以及人工智能的发展，传统银行现有的物理性营业网点将会消失。还有人预测，在金融科技冲击下，全球银行业几百万名员工将在未来若干年里失去工作岗位。对于端着金饭碗的大多数银行员工来说，这些预测近乎天方夜谭，最多也是表面上点头同意而内心里的声音却是"早着呢"。然而，已有的事实证明这些端着金饭碗的银行员工大意了，甚至是错了。

目前，海外金融科技智能化发展得如火如荼。特别是随着数字化发展，可以通过软件处理实现事务作业自动化，采用人工智能等办理融资业务，工作效率提高且完成工作需要的人手减少，由此，日本银行业加速了裁员的步伐，以削减成本。2017年初，日本一些保险公司理赔岗位裁员30%，原因就是虽然理赔岗位是"复杂劳动"，但智能机器人可以替代。2019年，日本瑞穗金融集团则提出，通过改编重组减少的国内银行据点由以往计划的100处增加到130处，计划在2026年前进行人员精简，计划削减包括临时工在内的1.9万人。对此，瑞穗金融集团社长坂井辰史强调："将通过三位一体地推进商务、财务、经营基础的结构改革，力图向新时代金融转变。"日本其他银行参考了瑞穗对人事和工资制度的大幅调整，也采取了裁员措施。2019年，三井住友金融集团提出到2019年底削减近5000人；三菱日联银行宣布到2023年度计划减少逾1万人。

欧洲银行业也因受到金融科技发展影响而成为裁员的重灾区。2019年，意大利裕信银行（UniCredit）裁员8000人，使得当年全球银行业宣布的裁员人数超过7.5万人。2019年，德意志银行（Deutsche Bank AG）部署用机器人代替1.8万人裁员计划中的部分员工，通过Operations 4.0项目推动其后台运营的自动化，实现创新和数字化。其业务部主管马可·马修斯（Mark Matthews）在2019年11月接受《金融新闻》（Financial News）采访时称，到2019年11月为止，机器人已经节省了68万小时的人力劳动，处理了500万笔交易和340万笔账单，机器学习算法"极大地提高了生产效率"和"重新分配能力"。

此外，2019年10月，富国银行一份研究报告显示，科技效率将导致美国银行业史上最大规模的裁员，预计在2030年以前，裁减20万个工作岗位，这占美国银行业员工总数的逾10%。富国证券高级分析师迈克·梅奥（Mike Mayo）表示，美国金融机构每年在科技上投入1500亿美元，超过其他任何行业。自动化将使成本下降，因为2019年员工薪酬占到银行业全部开支的一半。研究显示，办公场所的员工会被削减约五分之一至三分之一，而科技、销售、顾问和咨询等领域的职位受到的影响较小。

美国其他银行也预测，机器人将取代成千上万的工作岗位。花旗银行CEO迈克尔·科尔巴特（Michael Corbat）指出，"数以万计"的呼叫中心员工可能被取代。咨询巨头麦肯锡2019年5月表示，随着机器人数量的增加，前台员工人数将下降近三分之一，而这些银行家和交易员历来被视为金融公司最有价值的资产。

到 2022 年，受新冠疫情影响，美国以机器人取代人工的趋势愈演愈烈，甚至不局限于银行业，而是蔓延到了其他行业。微软、奈飞、Meta、推特、Paypal、Snap 等互联网巨头纷纷发布裁员计划、冻结招聘计划，投资银行 Piper Sandler 预测，未来一段时间内，美国市场可能会看到上百万甚至更多人数的裁员。与之相对的是，2022 年第一季度，美国机器人订单大幅增长了 40%，创有史以来新高。

金融智能化、科技化的风暴也正在席卷中国的金融业，特别是对银行个人业务的冲击与改变是前所未有的。银行的柜台配备人员正在逐年递减，尤其以国有大银行为代表。仅几年时间就发生了翻天覆地的变化——从 2014 年的减员 1.7 万余人到 2016 年的骤减 5 万余人，一线柜员大幅减少，而原因就在于一线营业网点的柜面业务量大幅度减少，过去排长队的情况鲜见了，到银行办理柜面业务的人群仅以老年人为主。而到 2021 年，银行网点进一步收缩。在商业银行机构退出列表中，合计有 2805 个银行网点终止营业，比上一年减少 889 个；5 家国有行（即工、农、中、交、邮储）的网点数量则比 2020 年末合计减少了 566 个，员工数量也较 2020 年末减少了 13345 人。

银行业有一个离柜率指标，即银行业务通过移动设备、电子自助服务、智能终端等离开柜台办理与到柜台处理的数量比例。这个比例正在直线上升，甚至达到惊人速度。

在传统网点柜员减少的同时，银行的网络交易数量则有着巨大幅度的增长。中国银行业协会发布的《2021 年中国银行业服务报告》显示：2021 年银行业金融机构离柜交易笔数达 2219.12 亿笔；离柜交易总额达 2572.82 万亿元，同比增长 11.46%；行业平均电子渠道分流率为 90.29%。截至 2021 年末，银行业金融机构客服从业人员为 5.02 万人，全年人工处理来电 7.14 亿人次，人工电话平均接通率达 94.15%。[①]

业务离柜率大幅度提高，柜面业务量大幅度减少，带来的是人员过剩，随之必然带来较大幅度的减员。对比 2021 年年报数据与 2020 年年报数据发现，上半年四大行的人员减少了 12977 人。其中工商银行由 2020 年末的 439787 人减少至 434089 人，农业银行由 45.9 万人减少至 455174 人，中国银行由 309084 人减少至 306322 人，交通银行则由 90716 人减少至 90238 人。

当然这里面包括一部分退休离岗的自然减员以及自动辞职离岗的人员因素，但金融智能化、科技化进步带来的冲击是主要因素。

实际上，银行业中的网络交易规模所呈现的颓废之势，也实属无奈。中国互联网金融、金融科技的大发展，特别是以支付宝、微信为首的移动支付，给传统银行柜面业务带来了巨大冲击。传统银行业务大幅度减少与萎缩，在外部金融科技倒逼下不得不实现转型，即向科技智能金融化转变。

可以说，传统银行在移动支付、设备智能化上发展迅速，我们感受到的是手机银行已经有了巨大进步，市场占有率正在提高。同时，智能自动化设备发展良好，许多银行都配备了"智能柜台机"。这种机器设计得非常人性化，功能包括个人开户、个人贷款、电子银行、转账汇款、个人外汇、信用卡、投资理财、产品签约、综合查询与打印、生活服务、公司业务、挂失、换卡、激活新卡、个人信息修改、申请优惠、睡眠户激活、修改密码、手机号码维护等诸多个人非现金业务，用户可根据需求，按照提示操作。以 2021

---

① 中国银行业协会.中国银行业协会发布《2021 年中国银行业服务报告》[EB/OL].(2022-03-15)[2022-11-30].https://www.china-cba.net/Index/show/catid/14/id/40628.html.

年1月优化升级的建行智慧柜员机为例,建行智慧柜员机甚至可以通过"刷脸"(进行人脸识别)办理转账汇款、存款明细查询打印、投资理财、生活缴费等80多项常见业务。[1]

不过总体来看,传统银行在金融科技、金融智能化方面与大型互联网公司的差距仍然不小。从方向来看,传统银行在金融科技上虽然已经"离柜",但仍然着重于线下金融智能业务,而大型互联网公司智能金融的着重点在于脱离线下的线上移动互联网金融业务,而移动互联网是未来大趋势、大方向。

央行2021年12月发布的2021年第三季度支付体系运行总体情况报告显示,移动支付业务量保持增长态势。2021年第三季度,银行共处理电子支付业务710.14亿笔,金额737.15万亿元。其中,网上支付业务268.32亿笔,金额587.21万亿元;移动支付业务390.77亿笔,金额126.81万亿元;电话支付业务0.77亿笔,金额3.25万亿元。第三季度,非银行支付机构处理网络支付业务132681.86亿笔,金额达90.71万亿元。[2]根据易观分析发布的《中国第三方支付移动支付市场季度监测报告2021年第四季度》数据,作为我国移动支付业务重要补充力量的第三方移动支付2021年第四季度市场交易规模为83.41万亿元人民币,环比增长7.69%。[3]

手机支付已成为年轻人最主要的支付方式,据中国支付清算协会于2022年6月15日发布的《中国支付产业年报2022》数据,截至2021年底,我国网络支付用户规模达9.04亿,较2020年底增加4929万,占网民整体的

---

[1] 人民网.建行智慧柜员机再升级:80多项业务"刷脸"办[EB/OL].(2021-02-09)[2022-11-30].http://gx.people.com.cn/n2/2021/0209/c179469-34573745.html.
[2] 中国人民银行.2021年第三季度支付体系运行总体情况[EB/OL].(2021-12-03)[2022-11-30].http://www.pbc.gov.cn/goutongjiaoliu/113456/113469/4405285/index.html.
[3] 易观分析.2021年第4季度中国第三方支付移动支付市场交易规模83.41万亿元人民币[EB/OL].(2022-03-31)[2022-11-30].https://www.analysys.cn/article/detail/20020416.

87.6%。①

其中，大部分网友选择支付宝、微信作为支付工具。2017年11月9日，微信团队在成都腾讯全球合作伙伴大会上为全球伙伴解读了最新的《2017微信数据报告》，数据显示截至9月，微信日均登录用户超过9亿。根据比达咨询的数据，到2017年第二季度，支付宝占据中国第三方移动支付交易规模市场51.9%的份额，而在购物场景中的市场交易份额则高达74.6%。

而到了2021年1月，微信上线10周年。据1月19日晚，微信创始人张小龙在微信公开课Pro上披露的数据，微信的日活跃用户达到10.9亿。中研普华产业研究院出版的《第三方支付项目商业计划书（2022年版）》统计分析则显示，第三方移动支付在手机网民中的渗透率高达90.8%，在一线、二线和三线城市分别为94.0%、91.4%和89.2%，市场年规模约40万亿~50万亿元。其中支付宝和微信支付分别占据市场份额的56%和39%。

业内人士表示，在支付宝和微信等拥有巨量用户的平台支撑下，中国必将成为世界移动支付第一大市场，这显示全球将迎来一个移动支付的中国世纪。而传统银行在2021年的移动支付市场份额不到5%。差距太大，也预示着传统银行拓展移动支付的潜力与空间很大。

相信今后银行将投入人力、物力，大力发展金融科技与互联网金融。这样的话，银行业务离柜率将会越来越高，直至全部离柜，带来的是柜员等一线岗位大幅度减少，最终消失。

金融科技、智能化金融进步带来的劳动力转型是个必然趋势，每一个银行员工面对势不可挡的金融科技革命都应该尽快思考自己的出路与转型方向。

---

① 中国支付清算协会.《中国支付产业年报2022》简介[EB/OL].(2022-06-16)[2022-11-30].http://www.pcac.org.cn/eportal/ui?pageId=598168&articleKey=615494&columnId=595052.

如何应对银行业利润增速放缓

工农中建交五大行利润增速下滑已经持续多年。从 2008 年金融危机前后每年利润增速动辄百分之二三十，到 2014 年降为个位数，再到 2017 年几乎接近于零增长可以看出，五大行利润增速步步放缓。

而到了 2022 年，中国银行业处于以金融科技驱动的数字化转型加速期，面临"大考"。新冠疫情和世界经济环境变化导致风险挑战增多，中国经济发展环境的复杂性、严峻性、不确定性上升。由此，相比于过去的利润高速增长，中国银行业整体业绩增速明显放缓。

这几年金融市场化改革加速使得大型银行垄断市场的局面被打破。一个最显著的特点是，以小贷公司、担保公司、村镇银行的兴办为标志，社会化、市场化金融机构出现，融资开始放开，特别是社会化融资快速增长，已经开始挑战，甚至打破银行业独霸融资市场的局面。20 世纪初，银行业贷款业务占据融资市场 90% 左右的市场份额；到 21 世纪初，银行业贷款业务占据的融资市场份额已大幅度下降。中国银行保险监督管理委员会副主席曹宇在 2020 中国金融学会学术年会暨中国金融论坛年会上表示，截至 2020 年 11 月 28 日，银行信贷融资占社会融资总量的 61%。银行信贷融资占比下降意味着银行业的蛋糕被分走。因此，银行利润下降、收入降低就是必然结果。

直接融资的大发展，使得间接融资的银行渠道大幅度萎缩。许多公司、企业都通过股票市场、债券市场、股权市场、PE 与 VC 来融资。直接从银行贷款的优质大型企业越来越少，银行获利能力快速下降。

实际上真正动了商业银行业奶酪的是新金融，包括互联网金融、金融科技。从资金来源上，以余额宝为代表的各种"宝宝"类互联网金融产品较大幅度地截流了银行业的低成本资金来源,使得银行业不得不搞理财产品吸收资金,导致银行吸收资金的成本大幅度提高,进而压缩了利润空间。

从资产业务来看,互联网金融的各种信用工具如京东白条、蚂蚁花呗等满足了客户对消费金融产品的需求;众筹融资、深圳前海微众银行、浙江网商银行等互联网金融资产业务,已经蚕食了银行贷款等资产业务的地盘,大大降低了银行获利资产规模,削弱了获利能力。

对银行利润侵蚀最大的是中间业务收入。本来银行业转型的目标,是从以存贷款为利润主体转向以中间业务收入为主的增长机制。但是,互联网金融、金融科技的迅速发展,使得银行业本来就没有完成的转型遭受大劫。

最明显的例子是结算支付业务,其本来是商业银行一个重要的中间业务收入来源,但是支付宝钱包、微信支付的崛起将这块蛋糕基本全部拿走。截至2021年底,我国网络支付用户规模达9.04亿,较2020年底增加4929万个,占网民整体的87.6%。[1] 其中,大部分的网络支付用户选择支付宝和微信作为支付工具。在连乞丐都使用二维码收款的今天,商业银行在移动支付领域已经被甩出几条街了,利润岂能不下降?

面对互联网金融、金融科技的冲击,商业银行应该怎么办?首先必须转换观念,特别是转换吃老本、守旧、拒绝创新、抵制创新的思维,积极去拥抱创新,学习创新。

其次,当务之急是去拥抱互联网金融,特别是金融科技。五大银行在互联网金融、移动互联网金融、金融科技上投入不少,下了很大功夫。但客观地说,五大银行与支付宝、微信支付相比,差距仍然很大。四大行的网银,

---

[1] 中国支付清算协会.《中国支付产业年报2022》简介[EB/OL].(2022-06-16)[2022-11-30].http://www.pcac.org.cn/eportal/ui?pageId=598168&articleKey=615494&columnId=595052.

我都使用过，但给人的感觉却不太好；体验极差，设计非常不人性化，每次转一笔钱都需要花费一定时间；而且常常遭遇所谓的系统升级，且每次升级都很难完成操作，动辄就被锁定，打客服电话也解决不了，必须到柜台办理。

也就是说，大型银行在移动支付等互联网金融、人工智能机器人等金融科技上投入不少，但基本是形象工程、面子工程，让客户体验感较差。

一句话总结，银行业必须真心实意转型，真正拥抱移动互联网金融、金融科技。其实，现在开始转型都已经被动；如果再迟一步转型，那将彻底落伍或被边缘化，甚至被淘汰出局！

从"躺着赚钱"到"跑着赚钱"

号称"躺着赚钱"的中国商业银行的好日子也许一去不复返了。其实，不仅仅是一个"躺着赚钱"将不复存在的问题，而是银行已经遭遇到资产负债中间业务等各个方面的巨大挑战，正陷入前所未有的困境中，尤其是现在中国的银行进入了以金融科技驱动的数字化转型加速期，银行要是再不"跑着赚钱"，恐怕就要被淘汰了，因此银行还要跑快一点。

从宏观经济大势分析，过去商业银行赚得盆满钵满的基础是政府主导的大投资，大肆放水货币信贷。古代称银行就是"票子铺"，就是通过"玩转"货币信贷赚钱的。凭借这么大的货币信贷流量，银行躺着当然能够赚钱。而当前这种宏观环境消失了，政府主导的大投资和大肆放水货币政策一去不复返了。在长期宽松货币信贷环境下经营的商业银行，面对突然的转变，一时还很难适应。因此，各大商业银行陷入了巨大的困境和深深的困惑之中。

首先是银行赖以生存的存款等负债业务受到冲击。过去，金融内外环境铁板一块，社会资金都必须率先进入银行存款，再通过银行贷款来间接融资。

而现今，社会融资风起云涌、发展迅速，已经占到整个融资规模的半壁江山。更加致命的是，各种社会融资的资金价格畸高对银行存款造成冲击，使得作为低成本资金来源的银行存款的吸引力丧失殆尽。特别是互联网金融的兴起，各种"宝宝们"的基金收益率一度高达 5% 以上，高于央行规定的所有存款档次利率水平。没有资金来源，谈何资金运用，又谈何赚钱生存呢？

银行存款在腹背受敌的情况下对一般储户逐渐失去吸引力，而后银行绕道开辟了理财产品。刚开始推出理财产品时银行过得优哉游哉，但好景不长，它又受到了"宝宝军团"的挑战。"宝宝类"产品基于互联网特别是移动互联网新经济平台而成立，其方便性、灵活性是传统银行无法比拟的。储户手拿一部手机就可以随时随地将资金转入账户，既享受高于存款利率的收益，又可以随时随地将资金用来购物消费，不但方便灵活，而且将理财和购物融为一体，这是传统银行很难做到的。

银行存款在减少，利润增速也凸显疲软乏力之态。中国银行业利润增速仅在 2011 年到 2015 年的 4 年间，就从 36.34% 锐减到 2.43%，这是一个惊心动魄的变化。

受新冠疫情及国家宏观调控政策影响，从 2020 年开始，银行业的利润增速下降趋缓，但银行业收益的整体走向仍呈向下趋势。以银行本外币资产为例，2020 年第四季度末，我国银行业金融机构本外币资产 319.7 万亿元，同比增长 10.1%。其中，大型商业银行本外币资产 128.4 万亿元，占比 40.2%，资产总额同比增长 10%；股份制商业银行本外币资产 57.8 万亿元，占比 18.1%，资产总额同比增长 11.7%。[1]

---

[1] 中国政府网.银保监会发布 2020 年四季度银行业保险业主要监管指标数据情况 [EB/OL].(2021-02-09)[2022-11-30].http://www.gov.cn/xinwen/2021-02/09/content_5586432.htm.

2020年财报数据显示，A股上市银行2020年第四季度业绩增幅明显、拨备计提环比下降，并在年末普遍实现净利润增速由负转正。营业收入方面，兴业银行、平安银行和无锡银行的营收增速领跑，较上年同期增长12.04%、11.30%和10.07%，分别为2031.37亿元、1535.42亿元和38.96亿元。整体来看，A股上市银行2020年普遍营收呈正向增长。①

各大银行披露的年度业绩则显示，2021年，银行业实现全面复苏，资产规模和净利润都实现了稳步增长，尤其是净利润同比增速，几乎刷新了各家银行近年来的新高。从归母净利润来看，工行仍以绝对优势排在第一位，为3502亿元；其次是建行，为3025亿元。不过，从同比增速来看，总资产规模较小的邮储银行更为强劲，以18.65%的归母净利润增速遥遥领先；其次是中国银行，净利润增速为12.3%，为近5年的新高；其他4家大行均实现了超过10%的同比增速。②

从国际利率市场化的历史轨迹看，在利率完全放开后的一段时间里，资金价格都将呈现出上涨趋势，而银行为吸收资金被迫推出理财产品变相提高利率，进一步加大了自身的融资成本。与此同时，受制于宏观经济走势，再加上民间金融的崛起，直接融资比重上升，金融脱媒化快速推进，银行贷款利率又不可能向上浮动过高，银行存贷款利差会大幅度缩小。存贷款利差是传统银行的主要盈利点，利差缩小对银行利润增长的制约越来越严重。

此外，金融脱媒化给银行资产拓展带来较大压力，进而对其利润的影响

---

① 证券时报.疫情大考后，银行业整体实现净利润正增长，却有大行不良率悄然走高[EB/OL].(2021-04-08)[2022-11-30].https://baijiahao.baidu.com/s?id=1696409832934470471&wfr=spider&for=pc.
② 人民咨询.2021六大行净利增速刷新高，工行净利润3502亿最赚钱[EB/OL].(2022-03-30)[2022-11-30].https://baijiahao.baidu.com/s?id=1728740939193424826&wfr=spider&for=pc.

也越来越大。理财产品、直接投资、直接融资、小贷公司、信托公司、保险公司等非银行金融机构，股票、债券等直接融资手段等，对银行贷款的间接融资渠道构成较大威胁，特别是对银行贷款资产的营销拓展形成制约。再加上，银行贷款配置效率低下、程序繁杂、条件苛刻，使得银行贷款市场越来越小。没有贷款，何来利润？

屋漏偏逢连夜雨，在利润增速连续几年下滑的情况下，银行不良贷款却呈现增长态势。统计显示，银行业不良贷款猛增，不良率由2012—2014年的1%左右，增加到2015年的1.68%。2016年一季度，银行业不良贷款率上升到1.75%的水平，关注类贷款占比上升到4.01%，拨备覆盖率下滑到175.03%。而这些数据还只是进账数据，一些基层银行出于种种目的存在着大量不良贷款没有进账或者仍在正常贷款统计之中的情况。更加严重的是，房地产、地方融资平台和产能过剩三大高危领域的问题正在暴露，其背后都是巨额银行贷款，加上银行借新还旧隐瞒的不良贷款逐步暴露，银行不良贷款快速增长。

从2018年到2019年，商业银行（法人口径，下同）不良贷款余额持续增加，不良贷款率也在持续升高，达到1.83%左右。2018年第四季度末，商业银行不良贷款余额达2.03万亿元，不良贷款率为1.83%。商业银行正常贷款余额108.5万亿元，其中关注类贷款余额就有3.5万亿元。[1]

2019年第四季度末，商业银行不良贷款余额为2.41万亿元，不良贷款率1.86%。商业银行正常贷款余额127.2万亿元，其中关注类贷款余额就有

---

[1] 中国政府网.银保监会发布2018年银行业四季度主要监管指标数据[EB/OL].(2019-02-26)[2022-11-30].http://www.gov.cn/shuju/2019-02/26/content_5368605.htm.

3.8万亿元。①

受新冠疫情影响，银行业虽整体实现净利润正增长，但大行不良贷款率却悄然走高。2020年第四季度末，商业银行不良贷款余额达2.7万亿元，不良贷款率为1.84%。商业银行正常贷款余额144万亿元，其中关注类贷款余额就有3.8万亿元。②

2020年，多家银行出现不良"双升"（不良贷款余额增长、不良贷款率上升）。在21家上市银行中，中国工商银行、中国建设银行、中国农业银行、中国银行和交通银行不良贷款余额位列前茅，分别是2939.8亿元、2607.3亿元、2371.1亿元、2072.7亿元和977.0亿元，较上年增长幅度均达百亿级别以上。中国银行、中国工商银行、中国农业银行、交通银行、中国建设银行、中国邮政储蓄银行、这六大国有银行的不良贷款率也都有所上升。邮政储蓄银行的不良贷款最低，却也较上年上升了0.02百分点。而郑州银行的不良贷款率最高，甚至高于2%，达到2.08%。③

面对以上困境，传统银行出路何在？从宏观货币政策来说，传统银行陷入困境的原因之一是金融业改革还不到位。比如传统银行必须恪守基准利率，这就导致银行和社会金融机构在吸收资金价格上的不公平竞争，银行丧失了竞争力。这就要求金融业加快利率市场改革步伐，尽快攻破最后一座堡垒——存款利率上限管制，给传统银行创造公平竞争的环境，让资金价格回

---

① 银保监会：2019年末我国商业银行不良贷款率1.86%[EB/OL].（2020-02-17）[2022-11-30].http://www.gov.cn/xinwen/2020-02/17/content_5480190.htm

② 中国政府网.银保监会发布2020年四季度银行业保险业主要监管指标数据情况[EB/OL].(2021-02-09)[2022-11-30].http://www.gov.cn/xinwen/2021-02/09/content_5586432.htm.

③ 新华网.A股21家银行不良贷款大起底 疫情冲击留重痕[EB/OL].(2021-04-13)[2022-11-30]. https://baijiahao.baidu.com/s?id=1696887018777246303&wfr=spider&for=pc.

归市场。

2015年10月，央行宣布对商业银行和农村合作金融机构等不再设置存款利率浮动上限。这意味着中国已经基本取消利率管制，实现利率市场化。不过，目前的利率市场化基本还是形式上的市场化，因为央行制定的存贷款基准利率依然是金融市场最为关键的定价依据，对整个金融体系发挥着重要影响，存款利率尚未体现出充分竞争性。

传统银行早就意识到不能再过度依靠存贷款利差收入作为利润主体业务，早就有了转型的内在要求，主要是将盈利对象转向以中间业务收入为主。但是，最大的问题在于，传统银行没有转型的内部机制和技术人才储备。就拿中间业务来说，传统银行往往想尽办法开辟传统服务的收费项目，结果惹得人们怨声载道。传统银行往往缺乏像余额宝等产品的开发设计思想和人才储备，所以，既无法给客户带来远远高于存款的收益，又无法吸引大量资金。因此，商业银行必须痛下决心，从思想观念上彻底丢弃过去"躺着赚钱"的幻想，积极吸引人才，不拘一格地使用人才，从而加大能够给客户带来高收益并使得自己也获得利润的双赢金融产品开发力度，培育新的利润增长点。

传统银行最佳、最有效的出路在于改革创新。从内部看，一定要改掉长期以来的官僚化垄断思维，要真真切切敬畏市场，培养贴近市场、懂市场、懂互联网思维的决策执行团队。当务之急是，真心实意地拥抱互联网科技，谋求与互联网金融、金融科技企业合作，拓展新金融业务。比如，城镇农商银行可以作为参与者，与实力较强的金融科技公司合作，共同构建开放的生态金融系统，实现数据或服务的共享，从而直接创造收益，从中发现新的商业机会。

随着线下商业活动快速搬到线上，传统银行一定要跟上这个步伐，要么自己开发以电商平台为基础的互联网金融业务，要么寻求与互联网金融、金融科技企业合作，共享其大数据平台资源。无论是存款的负债业务，还是贷款的资产业务以及中间业务，未来以互联网思维、互联网电商平台为基础的互联网金融、金融科技占据的份额都将会越来越大，传统银行必须迅速拥抱大数据、云计算、智能化、区块链、人工智能等互联网科技企业。否则，极有可能像比尔·盖茨早在20世纪末就预言的那样：传统银行将会成为21世纪的恐龙。

银行跑不过"支付宝们"的反思

生意被"支付宝们"抢走，人才被新兴行业挖走，钱被新兴互联网金融企业赚走……传统银行正面临一场生死考验。互联网金融、金融科技借力先进技术，在第三方支付、个人理财、消费贷款等领域异军突起，势不可挡，特别是在服务的便捷性、综合化等方面，传统银行似乎越来越处于下风。客户流失、存款大搬家、业务不断收缩、高管频繁跳槽，原本捧着"金饭碗"的传统银行究竟怎么了？会不会被互联网金融取代？

从本质上讲，这是互联网思维、新经济思维与传统经济思维、守旧经济思想的碰撞与对抗。从一开始，似乎就注定传统金融逃脱不了逐步被边缘化的命运。

我多次强调过，经济决定金融，有什么样的经济必然会有什么样的金融。整个经济正在从线下向线上转移，从PC端向移动互联网转移，又开始从移动互联网向智能互联网奔去，那么互联网金融、金融科技必然会对传统金融行业产生冲击。

起初互联网新经济规模较小，电商规模比例不大，线下实体店感觉不到冲击。而随着互联网金融规模越来越大，其对传统经济的影响也越来越大，对传统金融的挑战也就越来越大。

最开始以支付宝为首的网络第三方支付平台冲击传统银行独霸的结算汇兑中间业务时，银行结算汇兑的手续费收入在不知不觉中减少了，客户不知不觉地流失了，特别是 80 后基本不使用自己的个人银行账户转账汇款结算了，取而代之的是支付宝成为其主要结算工具，但那时傲慢的传统银行并不在乎，也不以为然。后来到了 2010 年 6 月，阿里小额贷款公司成立，标志着互联网金融开始进入信用融资领域，彼时距离马云放出"如果银行不改变，我们就改变银行"的豪言刚刚过去两年多，但当时，传统银行仍然没有把阿里小额贷款公司放在眼里。

真正让银行吓出一身冷汗的是 2013 年余额宝的横空出世。余额宝诞生后，短短几个月资金规模就上升到几千亿元，银行储蓄存款开始大举流失。在互联网思维作用下，借助互联网平台的余额宝的回报率高于银行储蓄，且随时可以提取，收益随时能够看到，客户利用候车、候机等碎片化时间就可以投资余额宝赚钱，这些优点是银行无论如何都难以做到的。客户选择"支付宝们"，抛弃银行是注定的。加之微信支付的诞生再次提高了支付的便利化程度，传统银行支付系统彻底被颠覆了。

浙江网商银行、深圳前海微众银行这两家互联网银行的诞生，意味着中国互联网金融的业态结构基本可以全面覆盖传统银行的所有业务。特别是随着移动互联网的发展与智能互联网的推进，未来经济金融的大方向与大目标是所有经济与金融交易都将在手机上完成，包括金融投资顾问的高端金融服务业都将被人工智能代替。

依我看，在新金融面前，传统金融已经没有任何优势了。有专家认为，传统银行最牛的是掌握了基础账户，任何支付、理财机构业务都要依托基础账户。的确，在央行行政命令下，对支付账户的管制越来越严，对网络支付的限制越来越多，主要是对支付宝、微信支付与银行账户交易的限制越来越多，出入口卡得越来越严。但是，互联网金融带来的冲击还在继续，金融科技公司已经遍地开花，基于区块链技术的数字货币连对银行的根本——货币都有取而代之之势，更遑论其他支付业务、理财业务、贷款业务等。到那时，传统银行将被彻底边缘化，这才是传统银行未来最大的危机，甚至央行也有忧虑。

支付宝与微信等正在将移动互联网这张网无限地织大，使得客户进入支付宝、微信支付里的钱，能够满足其购物、投资理财、娱乐饮食、劳务支付、公共产品缴费等一切需求。当你在菜市场买菜都可以用支付宝钱包或微信钱包支付时，那么进入支付宝钱包与微信钱包里的钱就没有任何转出的必要了，这就形成了一个通过银行基础账户通道只进不出的闭环金融生态，这时支付宝与微信支付就会代替传统银行的大部分业务。

传统银行摆脱困境的难度较大，难在自上而下既没有互联网平台基础，又没有互联网思维，难在监管部门对互联网金融、金融科技正面意义的认识不够。

传统金融想迎头赶上，必须首先树立互联网思维和新经济、新金融意识。其次，需要按照互联网思维进行深层次的改革与再造。举个最简单的例子，传统银行要切实以客户为中心，不要总是打着"安全"的名义牺牲用户体验，要把安全难题留给自己，把方便快捷留给客户。

总之，传统银行在互联网金融、金融科技冲击下涅槃重生的难度不小。

第二节　银行面临的最大冲击是金融科技

近些年来，中国银行业的发展问题备受关注。2019年，中国人民银行发布的《中国金融稳定报告（2019）》指出，2019年上半年，人民银行选取了包括6家大型商业银行、12家股份制商业银行、68家城市商业银行在内的1171家银行开展压力测试，评估银行体系在"极端但可能"冲击下的稳健性状况。该报告引发了社会各界人士对银行业面临的空前压力与挑战的讨论。

银行业面临的空前压力与挑战，包括不良贷款快速上升的挑战，以及银行业吸收资金的能力大幅度下降，特别是吸收低成本资金能力基本丧失殆尽的挑战。关于这两点，我在前文中已经做了详细的论述。

一个更加奇怪的现象是，银行业也在遭遇资产配置荒的困境。目前银行青睐的央企、国企、垄断性企业以及上市公司，要么遭遇产能过剩的寒冬，要么经营十分不景气，银行不敢贸然发放新贷款。少数几家经营状况尚可的大企业，要么不缺流动性，要么多家银行竞相将贷款送上门，银行间竞争压力也非常大。而中小微企业以及三农贷款，银行又不愿意介入。同时，银行在新增信贷的投向上面临"资产荒"的问题，原来风险较小的国企债务、地方政府担保的信用债也开始爆发风险，新增资产缺乏"安全区"，银行腹背受敌，拓展资产业务遭遇了空前困境。

银行业的困境最终体现在了利润断崖式下滑上。平安银行行长邵平深有体会地说，银行业已经进入了一个"焦虑时刻"。银行的利润增速断崖式下跌，短短 4 年时间，银行业的利润增速就从 2011 年的 36.34% 锐减到 2015 年的 2.43%，利润率也从 30% 多的高增长到接近零增长。

而近几年，银行业的利润率整体仍呈向下趋势。2018 年，商业银行累计实现净利润 18302 亿元，平均资产利润率为 0.90%，平均资本利润率为 11.73%。①2019 年，商业银行累计实现净利润 2.0 万亿元，平均资产利润率为 0.87%，平均资本利润率为 10.96%。②2020 年，商业银行累计实现净利润 1.94 万亿元，平均资产利润率为 0.77%，平均资本利润率为 9.48%。③

依我看，银行业目前面临的最大挑战还不在上述传统业务的困境，而在于势不可挡的金融科技的巨大威胁。比如，移动支付挑战了传统银行的结算支付业务，互联网银行挑战了传统银行资产业务，各种互联网理财产品挑战了传统银行理财与吸收资金业务……

从互联网金融和金融科技对传统银行冲击的具体表现看，互联网金融和金融科技借助移动互联网的便利性、高效性，自主自由、每时每刻，不受时间、地点、空间约束就可以完成一切金融交易的特性，传统银行根本无法与其竞争。互联网金融带来的整个社会融资的多元化，让银行业丧失了不少地盘。同时，互联网金融促进了全社会直接融资的大发展，而直接融资又将传

---

① 中国政府网．银保监会发布 2018 年银行业四季度主要监管指标数据 [EB/OL].(2019-02-26)[2022-11-30].http://www.gov.cn/shuju/2019-02/26/content_5368605.htm.
② 中国银行协会．银保监会发布 2019 年四季度银行业保险业主要监管指标数据情况 [EB/OL].(2020-02-18)[2022-11-30].https://www.china-cba.net/index/show/catid/34/id/29519.html.
③ 中国政府网．银保监会发布 2020 年四季度银行业保险业主要监管指标数据情况 [EB/OL].(2021-02-09)[2022-11-30].http://www.gov.cn/xinwen/2021-02/09/content_5586432.htm.

统银行的间接融资拖进坟墓。

金融科技的生态构建已经让传统银行边缘化的趋势凸显出来。我们拿最熟悉的支付宝例子来"说事"。支付宝已经于2016年10月12日开始提现收费（支付宝转到银行卡）。有人问：为什么要实行提现收费？支付宝回答：支付宝覆盖了国内几乎所有的在线购物网站，支持几百个城市的公共服务缴费，包括酒店、便利店、餐饮、医院、出行等众多行业，还有余额宝、定期理财、买基金买保险等投资领域。而其深层目的是通过提现收费的价格手段将客户留在、锁定在支付宝营造的网络消费投资闭环里，并通过蚂蚁积分激励机制黏住客户。

试想，当支付宝的生态圈越来越大时，只要用户把钱转入支付宝就可以在其生态圈子里进行生产、消费、娱乐、休闲、投资等活动，同时，一大部分金融交易、金融活动也被锁定在了支付宝的生态闭环里，无形中就使得传统银行被边缘化。这对传统银行而言，是一个"很可怕"的未来。

更应该注意的是，从中国兴起的互联网金融已经在欧美得到了升级，一股金融科技浪潮席卷而来。人工智能正在进入金融领域，包括机器人银行柜员，特别是机器人金融分析师的研发试验已经取得巨大进展。美国的高盛、摩根大通、摩根士丹利、花旗银行等都在斥巨资研发金融分析师，投入试验性使用后，据报道分析精准率接近90%。

如果说中国的互联网金融给传统银行带来巨大冲击，那么面对汹涌而来的全球性金融科技浪潮，中国传统银行在劫难逃。

很快，金融科技对传统金融包括银行的冲击就像电商的发展对传统商场的冲击一样，又恰似滴滴、T3、曹操出行等网络叫车模式对传统出租车行业的冲击一样，结果可想而知。

数据流失是传统银行最大的损失

在中国，第三方移动支付正在崛起，而信用卡和借记卡的使用量正在减少，这对商业银行获取客户数据的能力构成了威胁。而这些客户数据又被视为新兴金融和消费业务模式的关键所在，这对中国传统银行可谓雪上加霜。在中国商业银行的传统放贷业务正承受巨大压力之际，第三方移动支付的崛起对银行向新业务线拓展的能力造成了打击。

目前，全球传统商业银行遭遇空前危机。长期的低利率、负利率使得欧洲、日本银行业经营受到挤压，利润每况愈下；英国脱欧公投、欧债危机、全球疫情等黑天鹅事件使得欧洲银行业衍生品风险凸显。

中国是新兴市场最重要的国家之一，当前中国商业银行面临的局面是利润下降、不良贷款上升、中间业务萎缩、吸收资金能力下降、资金运用渠道越来越窄。金融脱媒化、社会化融资崛起、互联网金融发展等对传统银行的影响与冲击越来越大。这些危机使得商业银行的经营业绩一直在走下坡路。

然而，正如《金融时报》的报道，以上危机对于商业银行来说还不能算是最大的。最大的危机来自商业银行客户大数据的严重流失，以及银行对客户数据获取能力的严重下降。

道理其实并不复杂。整个经济业态正在从线下搬往线上，快速向移动互联网方向发展。在这个大趋势下，作为服务业的金融业必须有获取线上大数据的能力。金融的本质是信用，只有主动获取客户积累的大数据，才能分析挖掘出客户在信用交易中的信用程度，进而做出是否发生信用关系的决策。只有拥有海量的客户数据，才能分析出客户消费以及理财等金融行为的动机，进而给客户提供符合其需求的金融服务。

商业银行首先必须拥有海量大数据，更重要的是要有超强的对大数据进行分析挖掘与计算的能力；否则，即使坐拥相关的大数据，也将毫无用武之地。试想，如果传统银行失去客户数据，大数据严重流失，那么可以预言传统银行将没有未来，路子会越走越窄。

不仅仅是电子商务支付被移动支付占领，连超市和餐馆等线下商户的移动支付量也在迅猛增长。我们已经可以做到手握一部手机就完成逛商场、就餐，以及支付快递费等商品和劳务服务领域的结算支付。那么，这些移动支付在线上线下积累的客户数据都沉淀在何处？

支付宝、微信支付以及其他移动支付所用的钱都来自绑定的传统银行账户。这意味着传统银行存款仍是其资金的最终来源。然而，当消费者用支付宝或微信来支付时，银行不会接收到关于商户名称和所在地的数据。银行的记录只会显示收款方是支付宝或微信。这才是银行业的最大危机。因为第三方支付提供商在银行与客户之间的"插足"，令银行无法获得关于消费模式的宝贵数据。

随着消费模式和商业模式的改变，数据变得越来越重要，而是否能合理利用将决定金融相关企业的未来。

在宏观经济下滑、公司类业务大幅度下降、存贷利差收入越来越少的情况下，零售银行业务也许是传统银行的最后一根救命稻草。但如果它们没有支付和消费数据，不仅很难引起消费者的更多关注，更重要的是无法获取客户资信，从而埋下潜在的金融风险。

怎么办？传统银行的唯一出路是打破体制机制的条条框框，壮士断腕般地创新、创新、再创新，迅速赶上移动互联时代的金融科技浪潮，甚至引领这个潮流，除此之外没有别的出路与捷径。

金融科技全面颠覆传统银行"信用观"

传统金融的本质是信用，互联网金融、金融科技的本质同样是信用。二者的区别在于后者改变了信用搜集、攫取、获得的方式，从而使得信用的获取更加主动、更加高效、更加准确，金融交易的风险被大大缩小，防范风险的手段大幅度提升。

传统金融机构包括银行业都应该深刻认识到互联网金融、金融科技的本质内涵。真正的互联网金融、金融科技不但能够提高金融资源配置效率，最重要的是在作为金融行业核心的风险防范上比传统金融优势更大，它们可以借助大数据挖掘分析的优势，深度挖掘金融交易对手的信用资源状况，从而决定是否与交易对手发生金融交易。

中国传统金融机构在金融资源配置上的最大浪费就是将金融交易对手的信用财富几乎全部浪费掉了。传统金融机构一贯的做法是，把一切对手都预先假想为信用基础彻底坍塌的"失信之徒"，这样就使一切交易都变得异常复杂。比如，无论是讲信用还是不讲信用的客户贷款，一律都需要担保抵押，这就使得金融交易的过程变得异常复杂。其原因就在于传统金融机构没有鉴别谁讲信用、谁是失信之徒的有效手段，而金融科技企业的诞生则解决了这一问题。

所以，传统银行要想直面互联网金融、金融科技的竞争，除了在经营理念、管理体制、人才储备等方面"补课"，还应该重塑自己的"信用观"，像金融科技企业那样通过大数据来建立自己的信用数据库，把多年闲置的信用资源重新加以利用。如此一来，不但能让授信变得像金融科技企业那样快速、高效，提升用户体验，而且能最大限度地控制风险，降低不良贷款率。

传统银行向 AI 金融转型难度不在技术

传统银行向 AI 金融转型是大势所趋。新科技网络、大数据、云计算、人工智能和区块链本身就在这个江湖里，同时这些新科技企业没有传统金融的包袱和窠臼，其思想基本没有禁锢一说。新科技企业从事金融科技，金融经历一片空白反而更好。2016 年 6 月，阿里巴巴当时的首席技术官王坚博士在杭州阿里云总部座谈时表示，互联网金融与传统银行金融不是一回事，而是一个全新的东西。

传统银行向新金融转型难度很大，但必须转型，还必须快速转型。目前中国商业银行转型总体形势很好，而且各个商业银行的紧迫感已经显现，一些银行已经开始行动：增加投入，成立机构，组织精兵强将。据报道，截至 2019 年 5 月底，中国国内已有兴业银行、平安银行、招商银行、光大银行、建设银行、民生银行、工商银行共 7 家上市银行成立了金融科技子公司。比如招商银行转型目标准确，路径选择正确，特别是手机银行正在赶超支付宝等成熟的新金融模式。招商银行采取 AI 技术获取信用状况，预防金融风险，深度开发智能投顾，并且吸引了中国一大批著名专家、意见领袖进驻招行 APP 社区，通过专家、大 V 等带动引流，效果非常好。招行 APP 在"社区"栏目带动下，流量大增，知名度迅速蹿升。可以说，招商银行是向新金融转型成功的典范。

工商银行金融科技转型的步伐也非常快。2019 年 3 月，中国工商银行通过附属机构设立的工银科技有限公司在河北雄安新区正式挂牌开业。中国工商银行表示，未来还将成立"工银雄安数字金融实验室"，服务雄安新区建设数字雄安、智慧雄安。区块链金融、智能金融、智慧金融是工银科技的主要研发目标。

不过，大部分银行的金融科技子公司脱胎于银行自身的IT部门，新晋银行系金融公司普遍缺少独立运营管理的理念和经验。怎样从一个部门变成独立公司，企业文化、组织架构、研发效能、交付体系建设等如何转变，都将是银行系科技金融公司面临的挑战。

此外，与互联网公司相比，银行缺乏规模足够大、用户足够活跃的客户端产品，现有客户端数据也多是消费数据与信用数据。用户数据丰富度的不足，使银行系科技金融公司在用户画像精准度上可能不及互联网系对手。

最主要的还不在技术层面，而在思想观念。银行过去所有的思维都是基于传统金融，而新金融与传统金融又不是一个东西。在转型过程中，传统银行就会自觉或不自觉地用传统金融思维来设计定位新金融，结果弄个四不像。如果传统金融机构没有平地起高楼、重打锣鼓另开张的决心，那么，转型会很难成功。

这让我想起了沃尔玛向线上转型的艰难步履。沃尔玛向线上转型投入最大、决心最大，但至今都不算成功。这与传统金融转型极为相似，关键不在技术，不在投入，而在思想观念上。沃尔玛转型中不由自主地就会用线下实体店思维来思考线上问题，结果谬之千里。专家给沃尔玛开出的药方是：成立一个独立于现有实体店的全新线上公司，彻底撇开实体店思维运行。这或对传统银行也有启发！

银行涉足金融科技优势何在？

如前文所述，互联网金融、金融科技的异军突起，对银行等传统金融机构带来巨大冲击，这种冲击甚至是革命性的、颠覆性的。同时，这种冲击也正在倒逼传统金融机构加快改革步伐。那么，银行等传统金融"触网"，拥抱新科技的优势何在？

传统银行涉足金融科技具有天然优势，其中，资金实力雄厚是其首要优势。此外，传统银行还有一个更大的优势，那就是其丰富的金融管理经验和大的金融人才队伍，这也是民营企业望尘莫及的。金融是高风险行业，风控是最关键的，传统银行在金融风险控制上的绝对优势也是其他企业涉足金融科技时无法比拟的。

互联网金融的本质是借助网络上的大数据挖掘和分析功能，对金融交易对象的信用状况进行有效获取。无论是企业法人，还是自然人，其在网络上的足迹都是可记录、可捕捉、可分析、可挖掘的，这里面的关键在于金融交易主体在网络上的数据对分析和判断其信用状况是完整有效的。

哪些数据是有效的呢？诸如企业和个人等金融资源需求者在天猫、淘宝、京东等电子商务平台上积累的大数据，都是从生产、流通、库存、销售、资金流、现金流、财务流等环节产生的，是完整和有效的。而在银行系统上积累的客户大数据只是经营结果最后端的财务数据，对获取和挖掘客户信用状况来说是不完整甚至是无效的。

这是工行、建行等纷纷打造自己的电子商务平台的根本原因。传统银行凭借其雄厚的资金实力打造电子商务平台，以便培养和留住客户，从客户在平台上留下的足迹来分析、挖掘其信用状况，最终获取客户的征信状况，这个方向是完全正确的。目前，建设银行的"善融商务"，工商银行的包括"融e购"电商平台、"融e联"即时通信平台和"融e行"直销银行平台三大平台的"e-ICBC"，以及平安银行、招商银行等股份制银行的电商平台等，虽然都是刚刚起步，但发展势头不错。特别是工商银行，既做"融e购"电商平台，又做类似于微信的"融e联"即时通信平台社交媒体,雄心之大可见一斑。

然而,传统银行采取自己搭建电商平台的模式能否成功,还存在一定变数。事实上,电商平台已经被几家互联网巨头"垄断"。根据规模经济效应理论,银行想要另起炉灶打造电商平台,挤进市场分一杯羹往往很难。一旦投入巨资后,上线的客户数量有限或者积累的数据残缺不全、不能使用,所有的努力都将前功尽弃。同时,传统银行做电商这种大而全的模式是否具有可持续性也值得怀疑。

我还是倾向于传统银行走与大型电商平台合作之路,银行利用电商平台上积累的完整大数据为自己所用,是一条省时省力的高效途径。当然,难度在于传统银行能否放下"架子"与电商企业磋商谈判、双方能否适度让利等。此外,传统银行特别是大型银行能否及时接受新事物、新思维,这也是传统银行涉足金融科技能否成功的一道重要关口。

尽管如此,银行涉足金融科技已经起步了,开弓没有回头箭,希望其在"互联网+"大潮引领下越走越好,切实成为服务实体经济的新金融载体。

"开放银行"是传统银行发展的大势所趋

银行转型是个老话题,但每次含义都不同,特别是与当今的转型大大不同。

20世纪末期和21世纪初期,传统银行的转型包括两个阶段:一是四大国有专业银行向国有商业银行的转型;二是四大行完成股份制改造后,由过去单纯依靠贷款资产业务向中间业务要营收和利润的转型。而现在数字化转型的意义与前两次转型有着本质的不同。首先来定义一下银行数字化转型的内涵到底是什么。

银行数字化转型主要是指传统银行由以物理网点为主要业务渠道,服务手段、获客场所、管理重点、业务重心的重资产业务为主体,转向以互联网特别是移动互联网线上为业务场所,并通过大数据、云计算、人工智能以及区块链技术等来对客户进行分析、挖掘、画像,从而获取客户信息,为客户提供金融服务。更深入一点就是,由通过应用程序编程接口 API,将服务嵌入更多的线上线下场景,为不同的客户群提供有针对性的服务,转向新科技支撑的轻资产金融模式。

传统银行向数字化、智能化、区块链技术转型是大势所趋,无法回避。金融转型的路径是数字化金融—人工智能金融—区块链金融,且这个路径已经凸显出来。

银行数字化转型怎么转,路径选择是什么,非常关键。目前大型银行数字化转型,基本采取的是封闭式转型,即银行自己建立电商,自己建立社交媒体平台,自己积累线上数据,自己搞云计算、人工智能包括区块链技术等。但从目前来看,包括工商银行、建设银行、中国银行等在内的银行,其闭门造车式的转型是不成功的。

传统银行必须破釜沉舟,开放大门,与大型互联网公司寻求合作,这样其数字化转型才能走向成功。

越来越多的银行开始以开放和合作的姿态寻求数字化转型捷径。传统商业银行开始与大型互联网公司进行数据合作、云计算合作、人工智能合作,或寻求大型互联网公司为其提供数字化转型的一揽子解决方案,并持续性合作开放。金融科技前所未有的机遇期已经扑面而来。

术业有专攻,专业的事情必须由专业的公司来做。金融机构数字转型的开放,使得过去几年大型互联网公司涉足了大而全的互联网金融业务,或者面向客户做起了金融产品的设计销售一条龙、大而全的业务。由此，这些互联网公司也开始脱胎换骨地转型，比如成立专门服务金融机构，与传统银行具有深度、广度合作的 to B 公司。

而在这方面，京东数字科技公司（以下简称"京东数科"）可以说是先行一步。从 2013 年 10 月京东金融[①]（为京东数科前身）成立以来至 2020 年 6 月末，京东数字科技公司以"组件化"输出，在金融机构服务领域，已为包括银行、保险、基金、信托、证券公司在内的超 600 家各类金融机构提供了多层次数字化解决方案。

那么，京东数科在其中做了什么呢？答案是为金融机构提供从金融云平台，到数字化转型，再到场景对接的立体化解决方案。京东数科不仅帮助银行搭建一个高效、安全、合规的私有云平台，还帮助银行建立起技术中台、数据中台和业务中台，以及面向场景的 Open API 平台，概括为一个很有意思的名称是"一朵云＋三大中台＋开放平台"架构。这个架构可以让银行根据自身的实际需求灵活解耦，模块化输出，让银行可以将技术服务柔性组合，真正实现"自主可控"的技术应用。

京东数科也不做一锤子买卖，在程序上线之后，还整合京东生态内的账户、营销、会员等多种资源，帮助银行降低对多个终端维护运营的成本，给银行客户带来更好体验，从而增加用户黏性。

目前，银行业数字化转型开始起步，金融科技公司与银行合作是必然要求，是转型成功与否的关键，这关系着金融供给侧结构性改革能否持续深入与成功。"开放银行"是大势所趋，也离我们越来越近，金融科技公司与银行

[①] 2013 年 10 月京东金融成立，2018 年 11 月升级为京东数科。

进入更深层合作的机遇期。已经先人一步，完成自身转型的京东数科，必将在与银行共建"开放银行"新生态中大显身手。

要树立未来银行是科技公司的理念

2018年8月23日，中国农业银行行长张青松在2018中国银行业发展论坛上表示，随着大数据、云计算、人工智能等技术的快速发展并日益普及，当今世界已经进入一个快速发展的数字化时代，现代金融业已经具有明显的数字化特征，"无网络不金融、无移动不金融"已经成为常态，更多的客户选择在网上接受银行的服务。

这不是预测，而是已经成为现实。这个现实一方面使得传统银行的经营模式彻底落伍，另一方面又倒逼传统银行不得不将人力资源、物资资源、资本资源等都投入新技术、新金融。

不可否认，目前工、农、中、建、交等大型银行不仅在移动支付、网络理财产品、移动互联网获客、网络信用业务等互联网金融方面，而且在更高层次的大数据、云计算、人工智能以及区块链技术等金融科技方面都有了一些进步，特别是从思想上开始感觉到传统银行已经被逼到死角，必须开始数字化转型了。

然而，在传统思想意识之下，银行向数字化转型难度很大，就像沃尔玛、苏宁向电商转型较难，必须另辟蹊径一样。因为在传统思想支配下，数字化转型中会自觉或不自觉地导向传统思维轨道。

最佳模式是招聘大量大数据分析、云计算、人工智能、加密货币和区块链技术等方面的高科技人才，另起炉灶建立数字化银行。

也因此，根据银行数字化转型需要，中国的银行越来越重视对科技人才的延揽，并大幅度提高了银行科技人员的占比。2015年6月20日，浙江网商银行在杭州开业时的300名人员中，科技人员就有270名，占比达90%。2022年，兴业银行在春招中，仅FinTech管理培训生招聘人数就达1200人，再加上该行其他技术部门的人才需求，2022年科技类岗位招聘人数超过该行校园招聘人数的35%。

就整个行业而言，2020年，银行保险机构信息科技人员有接近15万人，同比增长超过17%。2021年，全国性商业银行、城商行、城区农商行及县域农商行金融科技人员占比分别达到5.28%、4.36%、2.45%、3.23%。[①]

高盛、摩根大通，包括花旗银行等金融业巨头的高管们也纷纷宣称自己的公司是科技公司。在移动互联网、大数据、云计算、人工智能、加密货币、区块链技术、人脸指纹生物识别技术、量化技术等新技术、新金融不断发展以及智能金融分析师等新职业得以出现的背景下，金融业务的几乎所有场景都与科技相关。围绕在这些金融科技背后的必定基本都是科技人员。这就是未来包括银行在内的金融公司都是科技公司的原因。

商业银行必须全面整合行业内外、线上线下跨界生态的各类信息，实现智能交易、智能运营与智能风控，进而融入数字化新的生态。

但是，银行所有员工包括管理层都要有一个适应的过程，包括转变思想观念和优化人力资源配置。银行实现数字化转型还有很长的路要走。

另起炉灶成立金融科技公司，才是传统银行转型的基本路径、最佳选择与出路。

---

① 于晗.银行春招堪比科技大厂[N].中国银行保险报，2022-02-16(003).

第三节 "云"上的银行值得期待

继深圳前海微众银行之后,另一家纯粹的互联网银行——浙江网商银行于 2015 年 5 月获得浙江省银监局的开业批复,这也是国内首家采用自主可控核心系统的互联网银行。至此,2014 年批准的 5 家民营银行试点筹备完毕,且全部开业或试营业。

浙江网商银行的特色非常鲜明,首先履行了此前多次承诺过的"做纯粹互联网银行"的诺言,这个意义非常重大。纯粹的互联网银行目前在世界上都没有先例,这种探索和创新如果能够成功,不仅对中国金融特别是银行业是巨大贡献,而且也是全世界的金融创新成就。

纯粹的互联网银行以纯互联网方式运营,不设物理网点,不做现金业务,也不会涉足传统银行的线下业务,如支票、汇票等。当然,这只是表面的区别,只是运作的形式不同而已。此外还需要深究互联网银行的核心问题,即互联网银行与传统银行的本质区别在哪里。

从浙江网商银行管理层透露的讯息看,通过阿里平台上积累的大数据来征信,从而进行风控,实现金融资产交易安全,在这一点上,背靠阿里巴巴平台的浙江网商银行有着天然的优势。蚂蚁小贷通过大数据和互联网技术解决小微企业融资难的实践已经开展了多年。它是中国乃至全球将大数据运用到金融风险防控、金融交易对象信用分析挖掘的第一家企业，也是业内唯一一家具有如此成熟经验的企业。这是浙江网商银行利用大数据甄别金融交易对象信用，实行风控的最大优势。

而最让人期待的是浙江网商银行的另一大核心——所有系统全部基于阿里自主研发的分布式架构的金融云计算和 OceanBase 数据库。浙江网商银行是中国第一家完全跑在"云"上的银行。系统上"云"后，不仅可以大幅降低系统成本，而且随着业务的扩大，金融云的成本优势还会不断显现。最直接的对比就是，银行采用的传统 IT 系统，每年维护单账户的成本大致在 30～100 元，单笔支付成本约 6～7 分钱，而基于"金融云"的网络银行系统，每年单账户维护成本只有约 0.5 元，单笔支付成本约 2 分钱。作为第一家试水自主可控的金融云系统的银行，我对浙江网商银行的"金融云"充满期待。

换句话说，浙江网商银行是真正意义上的金融科技，体现了互联网金融与传统金融的本质区别。一根网线实现了金融业务无边界无疆域、每时每刻提供"随时、随地、随心"的金融服务的理想。这不仅大大降低了设立物理性网点和人员的成本，同时提高了金融资源配置效率。其高效和便利性提升了客户的良好体验，这是传统银行无论如何都不能企及的。

当然，浙江网商银行的业务定位、市场定位也很清晰。业务定位于互联网平台尤其是阿里系平台，面向小微企业和网络消费者开展金融服务；所服务的客户群体定位在"长尾"业务上，定位在大型传统银行不屑一顾的中小微企业、个体商户等普罗大众上。正应了浙江网商银行原行长俞胜法在该行成立之初所说的，"网商银行永远不会去碰那 20% 的高价值客户群"。当然，小存小贷也是风险控制的最好措施之一。

此外，农村金融成为浙江网商银行的重要拓展方向。中小微企业和"三农"金融资源严重不足，融资难、融资贵问题突出，且没能得到很好解决，而互联网银行或许将成为服务农村金融的最佳手段和平台。浙江网商银行带头尝试并且把农村金融作为服务方向，是全国广大农民的福音，也解决了决策层头痛多年的农业融资难题。

中国互联网银行将引发全球移动银行业革命

以腾讯微众银行和阿里巴巴网商银行为代表的中国互联网银行正引领着全球银行业的发展方向。

为何中国在这方面的发展能远远领先于欧美国家？为何谷歌、亚马逊和脸书都没能成功创建自家银行及支付系统？假如它们做到了的话又会出现什么样的结果？

2013年6月，被称为起到"鲶鱼效应"的余额宝横空出世，仅仅9个月的时间，余额宝用户数就超过了8100万。而与此相对，当时全国活跃股票交易账户总数也才不过7700万。到2017年第一季度末时，余额宝规模首次超万亿；2017年第三季度末，余额宝成为全球最大的货币市场基金，规模达到1.56万亿元。[①] 截至2021年6月末，余额宝规模超过7000亿元。

正如马云所说："中国的金融行业，尤其是银行业，服务了20%的客户，但我看到的是那些80%没有被服务到的、该被服务好的潜在的企业，金融行业也需要搅局者，更需要那些外行人进来进行变革。"效仿阿里巴巴，微信跟着推出了"理财通"。

所以说，作为互联网竞争对手，阿里巴巴和腾讯同时从金融市场的视

[①] 邱超奕.人民日报：余额宝为什么限购"瘦身"?[J].商业文化,2018(26):85−89,84.

角看到了在中国乃至全世界范围内的创新基准点。以支付方式为例，为了推广各自的支付系统，两大巨头都推出春节红包——马云将其比作"珍珠港偷袭"。

随着中国监管机构开始向私营公司提供申请银行执照的机会，两大互联网竞争对手也都在2015年创办了自家银行。可是，两家银行的侧重点却大不相同。腾讯率先于2015年1月开办深圳前海微众银行，因监管机构对银行执照设限——它们不能开设分行，也不能办理存款业务——深圳前海微众银行的重心主要在小额贷款这一块。毕竟，监管机构不想让这些银行与大型国有银行正面交锋。这就不难理解，在初始阶段，新的私有银行都会把注意力放在那些难以享受金融服务或根本没有储蓄的中国人身上。

举例来说，深圳前海微众银行已选择小额贷款作为首要业务，并且仅在2015年6月和7月就贷出8亿元（合1.3亿美元）。这些贷款的利率相当高，每天为0.05%，一年下来可达到18.25%。直至2022年，微众银行的利率也处于较高水平：短期贷款基准利率为4.35%；中长期贷款1～5年，基准利率为4.75%；小额贷款则按日计息，日利率为0.02%～0.05%；小微企业贷款也按日计息，日利率为0.03%～0.045%。

一开始，腾讯仅在QQ上提供此类贷款，不过很快就扩展到微信上。

与深圳前海微众银行类似，阿里巴巴旗下的网商银行也是以小额储户为重点服务对象。该银行执行董事长井贤栋表示，"我们的使命是满足中国那些只能获得有限金融服务的企业或个人的需求"，"也是为了向小微企业提供可负担的贷款"。这听起来跟深圳前海微众银行的战略颇有几分相似，也是通过互联网专注于小额贷款。

换言之，尽管中国的银行业已经向私人市场开放，但银行监管机构还是

181

采取了有效措施，以确保传统的国有银行免受直接威胁。未来情况会发生改变吗？这一切对于欧美用户来说又意味着什么呢？

答案是，我们看到欧美国家在一定程度上效仿中国的做法，但又会有很大的不同。其中最重要的一点，中国是由新型经济体逐步发展成大国的，多数大型公司都还是国有性质。以2021年中国企业500强为例，排名前12的公司全部是国有企业，其中就包括中国工商银行、中国建设银行、中国农业银行和中国银行这4家最大的银行。

这与欧美国家的银行业很不相同。在欧美，商业银行基本包含了大部分金融业务，且在欧美银行的金融监管中，政府发挥的作用相对较为有限，更多的是以市场主导为主。而中国，哪怕是2008年银行业救市时，中国监管机构也对互联网银行的行为进行了严格限制。比如，通过禁止这些银行开设分行，并将互联网银行局限于信贷市场，以确保这些银行不会跟国有银行在相同领域内竞争。然而，中国的情况也透出某些有趣的细微差别，这很值得欧美国家的互联网巨头借鉴，尤其是脸书。

举例来说，微信问世才十余年，根据腾讯2021年度报告显示，截至2021年12月31日，微信及WeChat的合并月活跃账户数就已达到12.682亿。[①] 全球即时通信软件——微信的用户数量，仅次于Facebook旗下的WhatsApp和Message，且还在持续增长。因此，微信在未来还会有何新发展，这很值得我们去探索。

通过微信，用户可以叫外卖、买电影票、给游戏充值、办理登机手续、给朋友汇款、访问健身追踪器数据、接收银行对账单、缴水电费、听音乐或

[①] 腾讯.2021年度报告[EB/OL].[2022-03-23].https://static.www.tencent.com/uploads/2022/04/07/7fb064d564c26f7f0391836ab8b8bd05.PDF.

者在当地图书馆查找藏书，所有这些活动只需一款综合 APP 就可以搞定。并且，它比支付宝更好，因为后者只适合于阿里巴巴的商务平台。

如今，微信钱包的妙处就在于，能快速登记用户的支付凭证，此外它还可以利用这种支付能力为整个生态系统开启许多货币化良机。美国著名投资公司安德森·霍洛维茨合伙人陈梅陵在安德森·霍洛维茨基金的网站上写了一篇关于微信的博客，其中就提到过这一点。她指出 Facebook Messenger 在欧美国家该如何效仿微信，并且特别强调：负责管理 Facebook Messenger 之人恰好是 PayPal（贝宝）前任总裁大卫·马库斯，这绝非巧合。

要想了解美国在这方面的情况，只需想象一下：如果更多的用户将信用卡和 Facebook Messenger 连接起来，Facebook 平台上的交易量会增加多少，Pinterest（图片社交分享网站）中"购买"按钮的点击速度将会有多快，Snapchat 的用户从汇款转换为购买商品的速度又有多快，而寻求更多购物选择的推特（Twitter）用户会增加多少。从这层意义上讲，微信给西方社交网络发展提供了样本。

银行业要做真正的智能投顾

目前，智能投顾在全球范围内越来越火，各个国家都非常重视。特别是欧美和日本可以说是智能投顾领域的领头羊。美国对智能投顾领域在"心理"上是想捷足先登，当领头羊，并试图打破在互联网金融包括支付、金融科技等方面落后于中国的状况。

在互联网金融包括电子商务等线上经济方面，美国确实在一个时期一个阶段落后于中国了。因此，美国在智能投顾领域憋足了劲儿要赶超中国。

中国由于监管特别是对互联网金融时期的混乱如临大敌，还存有一朝被蛇咬、十年怕井绳的心理，结果影响到了自身在智能金融、智能投顾方面的发展。

尽管如此，中国企业有互联网金融、金融科技的强大科技基础，对于智能投顾这个金融业最具前景的行业，有动力去探索研发。在金融领域，只要错过 AI 金融、错过智能投顾，就必将错过金融业的未来。敏锐的中国企业是不会袖手旁观的，最可喜的是中国商业银行包括大型商业银行都开始涉足智能投顾，尽管是初步的，但也非常值得肯定。

招商银行于 2016 年底推出"摩羯智投"，成为国内首家推出智能投顾的商业银行。经过多年发展，银行系智能投顾产品扩容迅速。其中，国有大行如工行、中行、建行已陆续推出智能投顾产品；股份制银行中，浦发、中信、兴业、平安、广发和光大银行也推出了自己的智能投顾产品；城商行中，江苏银行早在 2017 年 8 月就推出了阿尔法智投。

如果说互联网金融是普惠金融的话，那么智能投顾就是标准的普惠金融投资顾问。以美国为例，美国传统投顾只服务约 20% 的富裕人群，财富管理的门槛比较高，家庭资产超过 100 万美元，或者年收入单身者 20 万美元、已婚者 30 万美元以上，才有资格被传统投顾服务。[1] 所以，传统的投资顾问是富人的专属投资产品，根本没有一般投资者的份。

智能投顾涌现后，其普惠性迅速显现出来，一般投资者几乎都可以享受到这个高层次顾问待遇。特别是工农中建交五大国有银行推出智能投顾后，其普惠性受众群体迅速扩大。服务人群更广、投资门槛更低、管理费率更低，还能实现相对高的投资回报。比如，美国最大的基金公司之一先锋基金和蚂

---

[1] 黄卓：财富管理中的人工智能和数字技术 [EB/OL].(2020-04-16)[2022-11-30].http://nsd.pku.edu.cn/sylm/gd/502526.htm.

蚁集团合作成立的合资公司先锋领航，推出的全委托投资产品"帮你投"，仅800元就可起投。浦发银行的"极客智投"，只需1000元就可以尝鲜了。此外，建设银行的"龙智投（鑫享激情）"投资门槛也不高，2000元即可。千元俱乐部还有兴业银行的"兴业智投"，起投金额为5000元。与之相对，招行"摩羯智投"的投资门槛最高，起投金额为2万元。但说实在，这个门槛并不算高，2万元搞投资，金额已经很低了。当然"贵"也有贵的好处，"摩羯智投"提供了30种投资组合供选择。不过，要说可选组合数量最多的，还是"兴业智投"，足足有36种，工行、中行、建行3家国有行智能投顾提供的投资组合个数均为15种，而可选种类最少的是中信银行的"信智投"，只有5种。

不过银行业的智能投顾不能算作真正的智能投顾，充其量是一种数量化工具而已。智能投顾与数量化工具还是有本质区别的。

"智能投顾"源自美国，目前发展最成熟的地区也是美国。2010年，智能投顾公司Betterment在纽约成立，一年后Wealthfront公司在硅谷成立，智能投顾正式诞生。从2013年开始，两家公司的资产管理规模呈现了惊人的增长，到2015年底，Wealthfront公司拥有了约29亿美元的资产管理规模，而Betterment公司的资产规模则超过了30亿美元。自此，华尔街掀起一股智能投顾的热潮。

所谓"智能投顾"，原名为"Robo-Advisor"。根据Investopedia的定义，Robo-Advisor是指提供自动化，并主要以算法驱动的财务规划的数字化平台。典型的Robo-Advisor通过在线调查、收集客户的财务状况和未来理财目标等信息，使用数据给客户提供建议与支持客户投资。

在投资理财的过程中，能体现智能的环节有三个：一是投前，运用智能技术提供自动化投资风险倾向分析、导入场景化需求、进行投资人理财目标分析等。二是投中，实现自动化分仓交易、交易路径的最大效率或最小成本算法，以及比对市场动态所衍生的交易策略，等等。三是投后，自动化账户净值跟进、自动调仓提示、智能客服与其他可预先设定场景的服务规划，等等。

量化投资主要是指通过数量化方式及计算机程序化发出买卖指令，以获取稳定收益为目的的交易方式。从20世纪70年代兴起，发展至今已有50多年的历史，量化投资并不算一种新投资工具，具有四大特点：一是纪律性，表现在依靠模型和相信模型，每一天决策之前，首先要运行模型，根据模型的运行结果进行决策，而不是凭感觉。二是系统性，具体表现为"三多"。"三多"首先表现在多层次；其次是多角度；最后是多数据，即海量数据的处理。三是套利思想。四是概率取胜。这表现在两个方面：一方面，定量投资不断从历史中挖掘有望在未来重复的历史规律并加以利用；另一方面，依靠一组股票取胜，而不是一个或几个股票取胜。

智能投顾自身的学习能力等是数量工具[①]所不具备的。中国银行业的智能投顾具有很大的提升空间。

银行数字化转型要选准路径

金融科技发展的大趋势下，商业银行的员工结构也一直是受关注的话题。据统计，六大行在2019年上半年内员工数量整体减少超过3万人，减少幅度均在2%左右。这种情况愈演愈烈，到2021年末，六大行中除建设银行员工数量有所增加外，工商银行、农业银行、中国银行、邮储银行、交通银

---

① 数量工具是一个金融术语，是数量型政策工具的简称，指控制货币供应数量的调控工具。

行这五大银行员工总数均较上年有所减少。与 2020 年末相比，工商银行减少了 5698 人，农业银行减少了 3826 人，中国银行、邮储银行、交通银行分别减少了 2762 人、581 人和 478 人。其中，减少的员工大部分是柜面人员、业务人员。[1] 所以，在金融科技浪潮推动趋势下，银行进行员工结构调整已成为必然趋势。从各银行的年报可以看出，由于线下智能化、线上网络银行、手机银行等的出现，银行对基层柜员的需求逐渐下降。

从上市银行业务及管理费结构来看，近年来，各上市银行其他费用支出同比增长较快，且多数与科技开发投入带来的支出增长有关。以 2021 年对金融科技投入的资金来看：招商银行投入 132.91 亿元，同比增长 11.58%；交通银行投入 87.50 亿元，同比增长 23.60%；中信银行投入 75.37 亿元，同比增长 8.82%；平安银行投入 73.83 亿元，同比增长 2.4%；兴业银行投入 63.64 亿元，同比大幅增长 30.89%；光大银行投入 57.86 亿元，同比增长 12.35%。其中，招商银行、交通银行、兴业银行、光大银行 4 家银行的投入同比增幅超 10%。[2]

一直以来重视银行电子化和数字化的招商银行，其业务及管理费增长主要是因为其实施 3.0 数字化经营模式转型，推进金融科技战略落地，针对数字化网点建设、两大 APP 经营和各类金融科技创新进一步加大了专项费用投入，并匹配投入相应 IT 软硬件资源及开发人力。

现在工农中建交等大型银行的手机银行、APP 比以前好用了，移动线上产品丰富了，特别是各类个人贷款和小贷业务的操作流程也比以前简化多了。

---

[1] 北京商报.上市银行员工规模增减背后：摒弃"人海"战术，锚定金融科技转型[EB/OL].(2022-04-10)[2022-11-30].https://baijiahao.baidu.com/s?id=1729724019171769226&wfr=spider&for=pc.
[2] 证券日报.金融科技"提亮"首批上市银行 2021 年年报 4 家银行金融科技投入同比呈双位数增长[EB/OL].(2022-03-29)[2022-11-30].https://baijiahao.baidu.com/s?id=1728612903008735073&wfr=spider&for=pc.

对个人信用数字化线上评级也比较快速简单，几分钟就能出结果。这虽然与阿里巴巴、腾讯等公司的金融业务的用户体验相比，还有不小差距，但总体上有了很大进步。

银行的数字化转型，不仅需要投入，更重要的是找准数字化转型的方法和路径，明确长短期转型目标。短期内转型主要是由过去的线下网点获客，迅速转向移动互联网平台上获客，防止客户继续流失。

线上如何获客呢？那就是加大商业银行 APP 和手机银行的内容建设，以此吸引客户、黏住客户。同时，通过社群、大 V、专家等个性化带动，导流客户进入 APP。当然，提供比支付宝和微信更加高效、方便、快速的移动支付结算工具，比网商银行的"310"贷款（即 3 分钟在线申请、1 秒钟审核放款、0 人工干预）模式更加快速、简单的信用贷款业务，比余额宝更加方便的理财产品，加上网络化的推介营销，获客能力将会大大增强。

从中长期看，商业银行必须尽快向金融科技包括通过大数据、云计算获取客户或者金融交易对手的信用数据迈进，中期必须走线下线上智能金融之路，长期则要向区块链金融迈进。

商业银行向金融科技数字化转型，投入和人才等资源性东西都不用担心；最担心的是观念，即传统银行长期形成的思维观念。如果银行满脑子充斥的是传统金融概念，不由自主地就会把转型思想导向到传统金融路径上去。

从本质上来说，互联网金融、金融科技与传统金融不是一回事情。传统银行转型的最佳出路是另起炉灶，从社会上另外招募一批从事过互联网金融、科技金融、大数据、云计算、AI 和区块链技术等工作的专家，单独成立完全脱离现有体系的组织部门，专业专门从事金融科技研发。这样，传统银行数字化转型成功的概率或许会更大一些。

探寻银联业务快速增长的秘诀

2019年银联网络转接交易金额189.4万亿元，同比增长54.3%。在整个宏观经济周期性来临之时，同业竞争激烈，特别是在移动支付领域几乎竞争到短兵相接的地步，而在曾经一时被动的局面下，仅仅用两年时间，云闪付APP已成为金融系统用户量级最大的APP，移动支付实现突破性发展，这个成绩来之不易。那么，秘诀在哪里呢？

首先，顺应用户支付习惯，完善移动支付工具，提升客户体验感，推出云闪付APP，推出二维码支付方式。在移动端形成云闪付APP、银联手机闪付、银联二维码多功能支付格局，构建多样化的移动支付产品体系。再加上，推出贴合用户、"好钢用在刀刃上"的各类优惠，黏住客户，以此促进银联移动支付用户数量的快速增长。仅仅两年时间，云闪付APP注册用户已突破2.4亿。这个成绩着实来之不易，应该格外珍惜。

其次，中国银联支付结算平台多维度合作与覆盖的优势或是其独门绝技，与银行全方位合作是其基础和传统。目前，云闪付APP支持610家银行余额查询、近150家银行信用卡账单查询及0手续费还款，支持在线申请包括工行、农行、中行、建行、交行、中信、招商、浦发、民生、华夏、平安等20多家银行的300余种信用卡。与银行如此密切的合作，估计是银联的独家优势。银联手机闪付已覆盖华为、小米、OPPO、vivo、苹果、三星、魅族等主流手机品牌。银联支付产品还上线32城地铁，逾1600城公交。包括广东、浙江、江苏、安徽、福建、湖北在内的10余个省份已实现银联支付产品在地市公交路线的全面覆盖。近2000个零售品牌逾21万家门店、300多万餐饮商户、逾5000家菜市场、2万家快递门店、逾1700所高校、逾700家4A

级及以上景区等实现银联移动支付产品应用，电子社保卡、电子健康卡、11个省（区、市）财政非税电子化业务、16省市交通罚款缴纳均在云闪付。

哪里都有云闪付，哪里都能看到云闪付，哪里都能听到中国银联的声音：达到如此全方位的覆盖和渗透，不信东风唤不回！

中国银联是一个非常包容、善于合作、勇于改变、不断创新、虚心谦虚的金融机构。中国银联这两年取得这么大的成就，包容、合作、共赢、取长补短是其法宝之一。

再次，金融服务实体经济的宗旨，中国银联一刻都没有忘记，始终伴随业务发展的全程。金融支持实体经济多年来的"痛点"在于小微企业融资难、融资贵很顽固。中国银联多年来践行金融服务小微经济、农村经济，联合商业银行发行小微企业卡、乡村振兴主题卡，并推出"小微企业卡服务"和"涉农惠农服务"体系，向广大小微企业主与涉农主体提供财务软件服务、法律咨询服务、农资购买优惠等丰富权益。截至2020年1月，小微企业卡与乡村振兴卡的发卡银行分别达到31家和21家，发卡量均超过500万张。与此同时，中国银联在900个县域开展农村支付综合试点，建设县域商圈1057个、惠农站2.3万个，打造乡村客运、乡村旅游等受理标杆场景，积极推进县域及农村地区受理环境提档升级。

最后，金融公司未来都是科技公司。大数据、云计算、人工智能、区块链技术等正在快速全方位赋能金融特别是支付平台。向科技公司转型、数字化转型是所有金融企业的不二选择与出路。中国银联给我的感觉是对新科技、对市场的敏锐度与反应速度，不输给任何企业包括创新力极强的民资民企。中国银联把自己放在了完全自由市场中。这是最难能可贵的。

发力金融科技，向科技型、数据型公司转型，中国银联矢志不渝。2019

年，中国银联发布"刷脸付"产品，用户刷脸认证后，输入交易密码便可完成支付。中国银联还联合国家信息中心，由中国移动建设跨公网、跨地域、跨机构的全国性区块链服务基础设施平台，在国内金融机构中走在前列。

05

第三方支付"战国时代"

在全球移动支付市场，形成了三星、苹果和谷歌三足鼎立的格局。但在国内支付市场，看似支付宝、微信支付"二分天下"，但它们身后还有百度、京东、快钱、翼支付等数百家支付平台，由于"网联"还未正式成立，各平台的资金"不相往来"，形成"诸侯割据"之势。更重要的是，因为与支付宝、微信支付等存在利益分歧，中国银联一方面另起炉灶推出自己的二维码支付产品云闪付，另一方面与苹果合作引入 Apple Pay，以抗衡支付宝、微信支付。接下来，谷歌支付、三星支付或将接踵而来……中国移动支付市场的群雄争霸局面才刚刚开始，一切还未有定局。

第一节　第三方支付加速跑马圈地

"双 11"已不再是电商平台之间的较量,其背后的第三方支付平台也在不断借机跑马圈地。

第三方支付是伴随着电子商务特别是网购发展而兴起的。阿里巴巴创立支付宝时,仅仅是为了给网络买卖交易双方提供结算服务,同时承担第三方担保职责。当初谁也没有想到,网络第三方支付结算业务竟是一块大肥肉,"躺着""坐着"都可以赚得盆满钵满。比如,第三方支付企业支付给客户的资金一般作为支付保证金停滞在第三方支付企业的银行账户上,第三方支付企业不给客户付息,而银行却给第三方支付企业付息,仅银行利息这块收入就非常可观。恐怕马云当初都没有想到支付宝会给阿里巴巴带来如此大的利益,更没有想到今后会以此为基础开启自己的互联网金融帝国。

互联网第三方支付机构要靠把支付结算业务做大,即把量做上去后才有收入和效益,这就要把大量的客户圈进来。支付宝之所以盈利那么多且成长性那么高,是因为其线上活跃用户超过 4 亿人,如果按一个客户平均滞留 100 元资金计算,就是 400 亿元。而支付宝几亿客户量的基础是由淘宝和天猫上的几亿笔买卖交易形成的,先有淘宝,后有支付宝,这一点是其他第三方支付平台无法复制的。

尽管如此，支付宝还是感觉到了其他第三方支付平台带来的冲击，并开始新一轮跑马圈地，目标瞄准两个方向：海外和农村。涉农电商、大数据业务和跨境电商服务成为阿里巴巴未来重点布局领域，农村是互联网金融的蓝海，阿里巴巴已经决定将"触角"伸向广大农村，而不管是电商服务还是金融服务，支付宝必然如影随形。

与此同时，其他第三方支付平台也在扩充自己的地盘。比如：微信支付正在与多家海外电商洽谈合作；汇付天下则与国外航空公司、国外在线旅行社（OTA）合作，打开了境外航空旅游市场。不过，支付宝由于有强大的电商平台，跑马圈地相对容易一些，而其他第三方支付结算平台难度就大一些，需要付出更艰辛的努力。

Apple Pay "联姻" 支付宝是双赢

Apple Pay 于 2016 年初在中国落地。这对于国内移动支付市场乃至整个金融市场都是一件大事。

苹果有强大的技术支撑，有强大的"果粉"群体，在移动互联网中的地位很难被撼动，在这个基础上发展移动支付是水到渠成的事。这必将对包括支付宝在内的中国互联网第三方支付企业形成巨大挑战，其竞争力是任何公司都不敢轻视的。

为何 Apple Pay 如此重要？有人说，Apple Pay 并非什么新鲜、原创事物。然而，它对于银行系统来说却是重要的包裹层。

第一，Apple Pay 用户数量迅速增长，截至 2020 年底，拥有 4.41 亿用户，而且他们都有一个通过 iTunes 连接的账号。随着 iTunes 不断更新换代，其功能越发齐全，受人追捧，这无疑是个很好的起点。

第二，它来自苹果。苹果总会有办法收购一些看似毫无用处的东西，然后让它们起死回生。MP3 播放器便是个很典型的例子。还记得苹果手机刚刚推出时，所有人都觉得诺基亚的地位稳如泰山吗？2009 年，诺基亚的品牌价值仍高于谷歌和苹果，可如今它已经不复存在，反倒是苹果被认为无懈可击。当然，也并非无懈可击，只不过苹果确实处于极其强势的地位，而且配合了苹果手机及 iTunes 钱包的 Apple Pay 还可能成为行业主导者。

第三，苹果配有用于安全进入及访问的 Touch ID 和 PIN 等附加特性。如果再加上 SIM（客户识别模块）卡识别、地理定位跟踪，以及手机丢失后的自动上锁功能，那么你的设备可谓相当安全。

第四，它采用了 NFC 技术，这意味着你会拥有一个真正的钱包。集成 NFC、Touch ID 以及地理定位等，全都被包含在一个已有的 iTunes 账户内。这也是个良好的开端。

第五，也是最重要的一点，决定用户是否使用 Apple Pay 的关键就在于，它能否免除在其他 APP 上登记信用卡或预付详情的必要。客户为什么非得先后在星巴克、易贝和爱彼迎等 APP 上一次次加载支付信息呢？这就需要有一种 APP 将它们全部关联起来，而 Apple Pay 就是这样一个 APP。Apple Pay 汇集了大部分 APP 的支付服务。这简直是个梦想，但 Stripe 等公司通过自己的 API 让梦想变成现实。

以上五个因素均对苹果有利。一直以来，许多公司都在拼命竞争，可至今也没有一家能攻占移动支付领域。因此，长远的愿景便是：苹果将会开发出最理想的移动钱包。甚至已经发展到与智能手表捆绑。该手表以心跳而非指纹作为认证指标，同时还引入了语音识别生物测定等技术。未来的可能场景是，当你四处转悠，然后看中了什么东西时，只需要对购买行动说"是"

或"不是"就可以。钱包就在你的手腕上，能让你随时查看余额、查看支付能力、消费记录及所处位置等，而实际采购模式则是隐形且非干扰的。

Apple Pay 会像手表或电话那样成为生活的一部分，只要你跟周围事物建立连接，它就会马上环绕在你周围。于是，你根本不必为了加油而下车，你的 Apple Pay 会直接帮你付钱，而你只需轻吐一个"是"来确认数额；家里的电视机会预订你爱看的电影或连续剧，如果你对某个特定的节目不感兴趣，订单也可以被取消，然后相关费用也会自动退还。换言之，你甚至连想都不用想，就能看见一切都汇聚到了某处。

关于 Apple Pay 的下游产业，这也正是最有趣的一点：假如 Apple Pay 果真变成最理想的钱包，然后所有顾客都纷纷开始换成采用 NFC 技术的移动钱包，而非配有电子识码器或 PIN 的信用卡……那到时候苹果能建立起自己的支付机制吗？一旦 Apple Pay 系统寻找到银行合作伙伴（只要它有此需求），你就再也用不上贝宝、维萨或万事达卡，有 Apple Pay 就够了。

苹果宣布推出 Apple Pay 后，我的第一感觉是"支付宝们"的最大威胁来了，它们该怎么应对？令人意想不到的是，马云、库克两位巨头竟然频繁接触会面，由此很多人猜想，Apple Pay 联姻支付宝已经进入了商讨阶段。

可能会有人误以为 Apple Pay 是跟支付宝一样的第三方支付平台，非也。Apple Pay 是苹果推出的利用 NFC 近场通信技术，并使用 Touch ID 指纹信息进行身份验证的一整套支付服务体系，用户只需要把自己的银行卡信息输入手机即可完成绑定，支付时用户直接把手机靠近收款终端，用户就可直接和银行进行对接，Apple Pay 不向商家提供信用卡卡号，也不存储任何的银行卡信息，也就是说，苹果是完全的第三方，只提供一整套技术，就实现了结算信息传输。结算环节还是商家、用户、银行之间的事情。

假如支付宝等第三方支付公司未能接入Apple Pay，而是让银行卡直接与商家的收单终端对接，这样就省去了一个中间环节。因此，从这个意义上来说，如果Apple Pay不和支付宝合作，那么Apple Pay对银联构成利好，对支付宝构成利空。

Apple Pay联姻支付宝，不但对苹果和支付宝而言是双赢，对消费者来说也是好事情。

对于苹果而言，要想在中国国内市场推出Apple Pay，其最大的难点在于培育市场，特约商户是其市场营销的最大难处。没有特约商户，Apple Pay就没有用武之地。而特约商户营销在市场几乎饱和的状态下，零起步拓展难度很大。同时，中国金融市场对于支付市场的监管是相对保守的，开展支付业务必须获得第三方支付牌照，而中国央行对企业支付牌照的申请监管较严，因此监管政策壁垒也是Apple Pay进入中国市场最头痛的事情。

支付宝是中国最早获得央行第三方支付牌照的企业，也是国内金融科技的巨头。同时，其市场份额非常大，截至2021年12月，支付宝的活跃用户达到了9.08亿，特约商户群体也很大，并且扩展迅速。苹果与支付宝联姻，意味着苹果可以直接获得支付宝超过9亿的庞大用户（而且都是深度互联网付费用户）和庞大的特约商户，还可能绕过监管部门的准入和监管，从而使得Apple Pay迅速在中国市场普及。

之前，苹果用户只能用信用卡进行线上支付，这在中国严重水土不服，导致各大应用开发者对苹果生态的支付体系怨声载道。将来，Apple Pay不仅可以借支付宝快速推广Apple Pay的线上支付，提高苹果体系的付费率和支付成功率，大幅度改善开发者的生存状态，而且，基于这个优质的互联网付费用户群体，培养消费者形成使用Apple Pay线下付费的习惯也是非常容易的，比慢慢等待传统用户绑定银行卡要快得多。

苹果自 iPhone 6 拥有 NFC 和指纹识别等最先进的移动支付技术和终端条件，这是支付宝移动支付不具备的。与苹果联姻之后，将来消费者在线下消费的时候，可以不用扫码而直接使用 Apple Pay 触碰付费，付费流程时间更短、更便利。而支付宝的软肋是海外主流人群并不一定清楚其品牌，所以提高自身在海外的影响力是阿里巴巴需要解决的问题。因此，支付宝联姻 Apple Pay 的更大意义在于，不仅在中国，甚至在全世界，支付宝都将成为移动支付的超级航空母舰，没有任何力量能够撼动。

对于消费者来说，未来将可以在 APP Store 中使用支付宝购买 APP，可以在 iHealth 用支付宝挂号等。总之，支付宝是你在 Apple Pay 中跟银行卡并行的一个虚拟钱包账户。还有，因为 Apple Pay 的离线付费特性，消费者付费的时候也无须联网，从而提高了支付安全性。

总之，Apple Pay 联姻支付宝是各取所需、优势互补，能取得 1 + 1 > 2 效果的双赢战略。

微信与苹果大战，是在争夺什么？

"2017 年 4 月 19 日 17∶00 起，iOS 版微信公众平台赞赏功能被关闭。"——2017 年 4 月 19 日下午，微信第一手官方活动信息发布公众号"微信派"发出这一则"遗憾通知"。

2016 年这一年，中国市场的 Android 系统用户数量增长了 9.3%，从 77.1% 升到 86.4%；而 iOS 系统的份额则下滑了 8.9%，从 22.1% 降至 13.2%。按照这个新的市场占用率，10 个移动智能手机持有者中就有一个多人无法完成对微信公众号文章的打赏。同时，我在微博文章上用大数据分析，发现使用苹果手机点击查看文章者始终位居第一。

微信在"遗憾通知"中称,关闭的原因是受到苹果公司 IAP 机制(in App Purchase,应用内购)的影响,微信与苹果方面经过"长期沟通协调",最终选择将 iOS 版微信公众平台赞赏功能调整为通过二维码方式转账。

IAP 机制的应用内购是指通过苹果手机的内置支付系统支付打赏资金。通过这种方式支付,苹果会向 APP 开发者抽取 30% 的平台佣金。回头从打赏功能看,如果一定要按照苹果规则进行"打赏",那么会出现这样的场景:用户给了 10 元小费支持作者,苹果拿掉 3 元佣金,作者在经过漫长的结算周期后拿到 7 元。所以用户在发起 10 元小费支付请求时,很可能会选择支付宝支付。

微信与苹果大战其实是一个四败俱伤的结果。微信支付被苹果阉割,打赏功能被缩小;苹果将会因此失去一部分客户;最终受害最大、损失最大的是微信公众号作者;打赏客户体验被二者大战影响而大幅度降低。

现在看来,微信想绕道刷"二维码"打赏的路径也被关闭。苹果强调的"使用内购系统"已经是司马昭之心、路人皆知了。

面对这一微信与苹果大战的局面,有分析认为,微信支付提供的赞赏按钮其实就是"外部链接",而建议用户使用二维码支持公众号作者的过渡方案则是"使用其他行动号召用语"。如果违反了苹果的规则,苹果有权对 APP 作下架处理。双方在此事上的分歧,在于赞赏行为是否属于购买服务。微信倾向于认为这是读者鼓励原创作者持续创作而给予小费的行为,苹果则认为,这是读者购买文章阅读的行为。购买行为就必须走其内购支付系统。

以上的争论其实只是表象而已,其背后真正的目的在于争夺移动支付市场份额。苹果诉求更加强烈一些,因为苹果的移动支付上线后一直不景气。

据中研普华产业研究院出版的《第三方支付项目商业计划书（2022年版）》统计分析显示，在移动支付市场中，支付宝钱包与微信支付占据了95%的市场份额，这就意味着留给苹果及其他所有商业银行的份额仅剩下5%。在这种情况下，苹果岂能袖手旁观？

实际上，在苹果手机进军移动支付市场时，我就曾预言，其与中国银联、几家大型商业银行的合作，前景不妙，或一开始就意味着失败。不幸被我猜中。仅苹果支付与银行卡的各种"绑定"，其客户体验就非常差。

苹果之所以使出"吃奶"的劲来阻止强大的竞争对手微信支付，其背后实际上是因为微信支付的疯狂崛起，对此苹果看在眼里，急在心里。苹果推出的Apple Pay在中国几乎被消费者忽略，而中国的微信和支付宝初步培育了用户"无现金"消费社会。这种趋势就是强大的苹果或许也无法阻挡。

苹果APP Store希望通过控制分发和支付两个"水闸"，来掌控整个产业链，但这两个"闸口"，注定是无法垄断的，尤其是支付。因为客户可以选择支付宝或微信支付。

有分析认为，苹果此番博弈的意图是告诉腾讯："iOS永远是我的地盘，我甚至可以找个理由让微信下架，别做威胁我的事。"但这已经是一个非常落伍的思维。无论苹果多厉害，谁看不到去中心化这个世界大势，看不到点对点就是未来，谁就会很快日薄西山。

在新经济、新金融革命迅速到来之际，谁阻挡，谁就将被市场踢出局，被客户抛弃。在支付革命、金融科技迅猛到来之时，寻求合作是出路，想方设法服务客户、每时每刻顾及客户体验、以客户为中心是唯一制胜法宝，除此之外都是死路一条。

第二节　移动支付的潜力有多大？

互联网金融的网络支付已然替代传统金融机构支付方式，成为主流结算支付工具。

其背后是支付结算生产力的大解放和大提高。人们以前为了结算要跑到实地的银行网点去排队，不仅费时费力不安全，效率还低，同时，服务质量差，甚至还要遭受白眼。现在只要在网上敲一下键盘，瞬间就可以完成经济活动中的几乎所有结算支付工作，何乐而不为？

不过，网上支付也有局限性，虽然不受银行物理网点之限制，但却受PC普及程度和物理空间的制约。怎么办呢？不受时间、空间约束的移动支付应运而生了。随时随地、每时每刻、不受任何地点限制，只要动一下手指，就可以完成一切支付结算交易，移动支付不仅革了传统金融的命，也在革传统PC支付结算方式的命。

2021年，全国银行共办理非现金支付业务34395.06亿笔，金额4415.56万亿元，同比分别增长23.90%和10.03%；移动支付业务1512.28亿笔，金额526.98万亿元，同比分别增长22.73%和21.94%。可见，移动支付的潜力大，后劲非常足。2021年，我国网络支付用户规模达9.04亿，较2020年底增加4929万个，占网民整体的87.6%。

就在网上支付特别是移动支付大幅度增长的同时，传统银行等金融机构面临了前所未有的压力，支付结算作为银行三大主体业务的地位已经不保，而且份额正在急剧缩小和下降。怎么办？传统银行要彻底放弃一些无谓的争论，彻底放弃打压互联网金融的歪招，乖乖地承认现实，面对挑战，快速拥抱互联网科技，这是唯一正确的选择和出路，舍此别无他途，只能坐以待毙。

全球移动支付第一股的启示

美国移动支付公司 Square 于 2015 年 11 月在纽约证券交易所（NYSE）正式挂牌，全球移动支付第一股由此诞生。Square 公司的估值相比上市前一年缩水三分之一，这是由其他支付公司的竞争以及科技股 IPO 市场可能步入长期下行趋势等造成的。总体来说，彼时的全球互联网金融、金融科技发展还处于萌芽期，移动支付也在初始期，竞争并没有那么激烈，还是一片蓝海。

另外一个原因是 Square 公司的硬伤，即其业务模式。Square 的核心业务是信用卡付款处理服务。Square 按照每笔交易总支付额的一定比例收取费用，然而，这笔费用必须与银行、信用卡公司及其他相关方分享。早期，Square 实际上在处理每一笔交易时都在亏钱，但它的经济状况随着时间的推移好转了。不过，这种模式事实上迫使 Square 必须走"以量取胜"的路线，必须通过创造足够的营收来证明自身估值的合理性。这种业务模式决定了 Square 很难盈利，而且前景黯淡。因为其本身收费就少，还需要与银行、信用卡以及其他相关方分享，收入瓶颈制约很大。更主要的是，随着移动支付包括虚拟信用卡支付的推广，信用卡付款业务正在大幅度萎缩。Square 在这个领域寻求业务和利润增长点似乎很难。这种"硬伤"也许是其估值下滑的主要原因。

Square 移动支付业务模式应该转型，最佳路径是转到类似中国的支付宝钱包、微信支付等这种业务模式上，或者开辟虚拟信用卡支付业务，转到类似苹果支付和谷歌支付的业务模式上也不错。否则，Square 很难咸鱼翻身。当然，需要肯定的是，Square 在移动支付领域的前景是广阔的，只要方向对了，业务模式的转换和调整应该不难。后来的事实也验证了这一观点，2018年7月，Square 与 eBay 达成新的伙伴关系，这标志着 Square 获得了向 eBay 数以百万计卖家提供商业贷款的巨大机会。[①] 可以看出，Square 正不断向互联网金融靠拢。为更深入地拥抱去中心化和区块链技术，Square 仅在 2021 年下半年就采取了多次实际行动：11月4日，斥巨资以全股票的方式收购了澳大利亚的 Afterpay，以更好进军移动支付领域；12月10日，正式将自己公司的名字改为 Block，彰显其投入互联网金融、金融科技发展浪潮，积极发展移动线上支付的决心。

Square 成为移动支付第一股给中国很大启发，中国独创的互联网金融引来美国的追赶。继苹果支付进入中国之后，三星支付、谷歌支付等都在大力度推进，且觊觎中国市场已经很久。

全球高科技实力最强的美国已经在金融科技领域跑马圈地，也令中国金融科技企业生畏。美国不仅有高科技领先优势，而且有支持任何企业发展的、十分便利高效的、高度发达完善的融资市场，强大的科技支撑与高效快捷的融资功能结合在一起，绝对能够产生"核聚变"。这是任何其他国家、其他企业都不敢轻视的。比如，移动支付第一股本应该在中国企业中产生，但却产生在了美国。这就启示中国，一定要对自己国家创新出的互联网金融模式格外呵护爱护，切不可反其道而行之。

---

① 新浪科技.eBay 牵手苹果支付及 Square 为用户提供商业贷款 [EB/OL].(2018-07-25)[2022-11-30]. https://tech.sina.com.cn/i/2018-07-25/doc-ihftenia0832257.shtml?_zbs_baidu_bk.

中国移动支付"出海"正当其时

得知支付宝与微信支付正加紧布局北美市场，我的第一感觉是早就应该布局了。之所以会有"正当其时"的感觉，是因为我的一个亲身经历与体验。

2017年初，我有幸到欧洲考察。一个惊奇的发现是在购物退税时，欧洲商店的几乎所有营业人员都提醒我们一行人可以使用支付宝。在机场窗口，蓝眼睛白皮肤的美女服务员对支付宝退税程序显然非常熟悉。不过，令人遗憾的是，在欧洲至少在西班牙、意大利等国的商场里购物以及各种消费却不能使用微信与支付宝支付。

在与当地百姓的交流座谈中发现，他们都无比羡慕中国电商平台、快递物流、互联网金融特别是移动支付的发展与普及，也非常迫切希望将其引进本地。

此前，我们总是习惯于仰视欧美发达国家。不过，我这次亲身体验后发现，在互联网特别是以移动互联网为基础的新经济、新金融上，中国确实超越了欧美。这是多么不容易的事。

中国互联网金融、中国移动支付确实走在了最发达的美国前面。在美国，移动支付的普及程度远不及中国。2020年，中国数字支付达到24965亿美元，约占全球45.6%，居第一位；美国数字支付总额为10354亿美元，在全球约占18.91%，位列第二。这也说明，中国移动支付应抓住机会，尽快向欧美市场拓展。

只要中国移动支付能够更快抢占欧美日等市场，那么接下来走进其他国家和地区就水到渠成了。毕竟欧美日是发达体，如果这些发达体能够接受的话，那么对全球其他国家和地区是有示范效应的。

如果支付宝、微信支付能顺利走进美国，就相当于抓住了中国移动支付布局海外、走向全球的先机。相信移动支付的极度便利性、高效性以及安全性，会让对高科技技术特别钟爱的美国人以及赴美的中国各类人员非常感兴趣，推广和普及起来也非常有优势。

对于互联网电商、互联网金融、科技金融等新经济、新金融模式，就我本身来说也存在认识不足的问题。比如电商在中国大发展后，远远领先于美国。这时就有专家包括业内大腕级人士说，主要是因为美国商业零售发达规范，所以不需要电商，而中国零售行业相对不发达、不规范，才给电商提供了更大的发展机会。这个观点其实是给美国找回面子而已。试想，电商平台为何能够让商户与消费者接受呢？主要是因为它没有国界边界，又具有每时每刻、没有地点空间约束的极度方便性、时效性，消费者看中的是这个。如果线下实体店能够做到消费者不出家门就可以购物消费，那么人们就不会选择网购。这才是问题的实质，而不是因为美国商业零售发达。亚马逊迅速在美国崛起，其股票市值持续上涨，让股神巴菲特都佩服得五体投地，不就是最有力的证明吗？不就是对上述观点最有力的回击吗？

对互联网金融的看法同样存在偏颇。当看到中国互联网金融发展得如火如荼时，一些喝了几天"洋墨水"的专家却说，美国就没有互联网金融，中国的互联网金融走不远。同样找出所谓美国金融业发达，不需要互联网金融之类的说辞。但美国在移动互联网支付上远远落后于中国，是显而易见的。

中国移动支付一定要加快布局海外，迅速占领全球，成为全球性移动支付的第一工具，这样或许谁都"拿你没有办法"了。

当然支付宝与微信支付除了进入全球市场外，加速收购国际性的海外结算支付公司也是一条出路。在"一带一路"背景下，国内两大移动支付市场巨头阿里巴巴和腾讯积极以输出技术经验及与当地服务商协作的方式与东盟国家展开金融合作，开拓海外市场。阿里巴巴通过输出经验和技术，助力泰国Ascend Money[1]和菲律宾Mynt，并与马来西亚、印度尼西亚等银行企业开展金融合作[2]，积极引入支付宝，并因地制宜，开发当地电子钱包。腾讯主要是与当地旅游局进行合作，比如，同新加坡旅游局合作推出微信小程序"智荟新加坡"，将微信支付努力推广，融入当地生活中。[3]

随着《区域全面经济伙伴关系协定》（RCEP）的签订，亚太地区推进金融合作的潜力是巨大的。在亚太地区其他合作框架下，RCEP部分成员间已经有了良好的金融合作基础，未来开展金融合作的渠道也非常丰富。

---

[1] 中国国际贸易促进委员会.企业对外投资国别（地区）营商环境指南——泰国（2019）[EB/OL].(2020-03-02)[2022-11-30].http://www.ccpit-henan.org/u/cms/ccpit/202003/11105601laft.pdf.
[2] 中国国际贸易促进委员会.企业对外投资国别（地区）营商环境指南——马来西亚（2020）[EB/OL].(2021-04-23)[2022-11-30].https://www.ccpit.org/image/1/8df7b6bc599742c9b71d169e4ded4586.pdf.
[3] 中国国际贸易促进委员会.企业对外投资国别（地区）营商环境指南——新加坡（2019）[EB/OL].(2020-03-02)[2022-11-30].http://www.ccpit-henan.org/u/cms/ccpit/202003/11105735e7j1.pdf.

第三节　第三方支付，中国领先世界

中国以互联网特别是移动互联网为主的新经济、新商业业态究竟发展如何了？也许正应了那句话："不识庐山真面目，只缘身在此山中。"从外部世界来观察中国新经济、新商业业态的发展，也许我们会感受得更加真切。

2017年，我曾在南欧逗留了一段时间。在西班牙、意大利等国的华人，对中国电子商务、物流、支付等依托互联网特别是移动互联网的新经济，一方面了如指掌，另一方面则大多表露出"羡慕嫉妒恨"的心态，特别对南欧诸国电子商务、物流、支付等的滞后，效率低下，办事难，守旧落后等现状表示出无奈。逗留期间，我真切地感受到了移动上网网速之慢等带来的诸多不方便。随行一位经常往来于中国与南欧的人士深有体会地感叹说："还是中国好啊。"当然这主要指的是互联网新经济的快速发展给中国民众带来的无比便利性和高效性。

我的亲身体会是，在巴塞罗那、罗马、佛罗伦萨、法兰克福等机场办理购物退税时都可以使用支付宝，只要给出账号（往往都是手机号）与姓名即可，非常方便。支付宝等第三方支付方式在南欧可谓商家皆知。这一点着实令人震撼。

在南欧发达地区的体验，使我更加坚定了中国以互联网和移动互联网为主的新经济已经走在世界最前列的观点。中国在非银第三方支付业务方面的发展绝对是世界领头羊。

中国距离无现金交易时代越来越近

中国是最早使用硬币的国家之一，且最早发明了纸币，但它的下一步行动可能是彻底抛弃硬币和纸币。

原因非常明了，即中国非银第三方支付特别是移动支付迅速发展。有两个调查数据可以佐证中国纸币市场地位的弱化：根据智研咨询发布的《2021—2027年中国网络支付产业发展态势及投资决策建议报告》显示，2020年中国网络支付用户规模达8.54亿人，其中手机用户占99.84%。而国内最大的两个移动支付平台就是——腾讯的微信和阿里巴巴的支付宝。

中国作为世界第一人口大国、世界第二大经济体，如果实现国内无现金交易支付，那么其意义非常重大。有报道称北欧一些国家准备进入无现金交易社会，不过这些小国或不具有代表意义和普遍性，而中国的情况就不一样了。中国进入移动支付和无现金交易社会，对全球金融乃至世界经济影响带来的变革非同小可，无现金交易社会将会提升经济金融交易的方便性、高效性，促使经济资源配置效率大大提高，无形中将创造巨大的价值，届时社会经济金融安全领域的反洗钱、反贪污、反腐败、反贿赂等工作都可以开展大数据追索。一个小小的支付革命，意义非常重大。

许多年以前，中国人羡慕欧美国家的信用卡极度普及，个人消费都是大量地使用无纸化的信用卡来结算。但让欧美发达国家没有想到的是，一个互联网商业应用，让中国一夜之间逾越欧美无数个发展阶段，迅速迈入移动支付时代，实现了无纸化支付交易的快速发展。

互联网诞生于美国，手机最早也是出现在美国，苹果手机在全球智能手机领域至今仍处于重要地位。但让美国万万没有想到的是，中国在移动互联网的商业应用上却走在了前列。作为世界第二大经济体，中国电子商务的发展状况让其他国家相形见绌。亲临欧美国家才能真切感受到他们网上购物与物流快递的低效，也才能对比出中国电子商务发展之快、物流快递之高效与便利。在欧洲看到蓝眼睛白皮肤的外国人对中国电子商务与物流快递等新经济发展之快表示出"羡慕嫉妒恨"时，作为中国人自然非常骄傲与自豪。

还是那句老话，经济决定金融，有什么样的经济就需要什么样的金融。互联网新经济的快速发展就需要高效便利的新金融来服务与支撑。移动支付就是适应移动互联网经济业态的发展趋势而自然而然诞生的。

可以举几个例子来佐证中国移动支付发展之快。北京街头颇受欢迎的小吃煎饼果子售价为4元，小贩们推着三轮车卖煎饼果子，让顾客通过二维码来付账；菜市场里卖菜大妈的菜摊上也放置着二维码可供扫描支付；深圳乞丐也在一个纸牌子上贴着微信与支付宝的二维码，让施善者扫描支付。当普罗大众都在使用移动支付时，未来中国实现无纸化无现金交易还有悬念吗？

从打车、就餐、医疗、支付水电费、超市购物、付停车费、音乐会购票、高铁购票到公共汽车售票，中国的无现金移动支付渗透率越来越高。

在中国有句话是，什么都不怕，就怕手机没电。人们已经离不开手机，因为用手机支付可以省去找零或刷卡签字的麻烦。反过来，钱包与信用卡也将面临被淘汰出局的命运。

聪明的中国人把互联网特别是移动互联网的商业应用发挥到了极致，令全球艳羡，这也成为中国经济发展的最新、最大推动力。

总之，中国无现金交易时代将很快到来！

指纹支付解决移动支付的"数字烦恼"

以互联网新技术引领的新经济、新金融业态快速发展，经济交易活动日趋频繁，对传统经济金融带来了革命性的颠覆，主要表现在资源配置和交易效率呈现几何级数式提升，并打破了时间、空间、地域限制，甚至把国际经济金融活动缩小到"地球村"和"手掌心"的范围里。不过，随着经济金融以及各种社会活动都往互联网平台上"搬家"，在高效、便捷的同时，也暴露出一些新的问题。"数字烦恼"就是其中之一。

网络上的一切活动都需要用户名、密码，有时一个交易手段，比如银行卡、网络第三方支付在查询、支付、进入界面时甚至需要几个密码，并要求不能重复，这对年轻人来说尚且可以应对，而对中老年人来说就很麻烦。随着网络活动越来越多，特别是真金白银的网络支付活动与日俱增，要中老年人能够记住众多用户名和密码不是一件容易的事情。以往在银行柜台，常常出现中老年人取款付费时忘记密码、踯躅于窗口的情形，金融科技时代不应该让这一幕重现。

同时，数字密码用于一般网络注册登录使用尚可，而用于网络支付、银行卡支付等方面，其安全性就大大不够了，密码一旦被破译，款项就很容易被盗。安全性问题一直是网络支付最受诟病的话题，也是让监管部门不敢放松的问题。

在这种背景下，指纹生物性支付识别系统应运而生。

相比于数字密码，指纹具有唯一性、稳定性和难以复制等特点，安全性更高。更重要的是，指纹支付系统的最大优势是方便，因为没有了记忆过多数字密码的烦恼，所以更适合中老年群体。随着中国老龄化社会进程加快，指纹支付惠及的客户将越来越多。同时，指纹支付比输入数字密码要高效快捷许多，我们只需在指纹传感器上轻轻一摁，支付即可完成。

我认为，集安全、稳定、方便、高效于一身的指纹支付，是任何其他支付手段都无法比拟的。支付行业有一个共识是，生物识别将引领移动支付的浪潮。支付宝添加了指纹支付的方式，在国内开启了移动支付的生物识别时代，开启了新一波的科技浪潮。随着生物识别技术的发展，支付宝又推出了人脸识别的支付方式，在支付的时候通过人脸扫描识别就能完成。希望其他移动支付企业迅速跟进，研发出更多生物识别系统。生物识别系统在许多领域都已经很成熟，将其嫁接到网络移动支付上，从技术上来说应该不是难题。

互联网新经济、新金融诞生于最伟大的创新，而这种创新不是一蹴而就，也不是一劳永逸的。先入为主的互联网企业、金融科技企业也必须不断创新，否则很快就会被超越、被淘汰。柯达公司黯然退场，败在创新不足上；苹果公司面对竞争日趋激烈的电子消费品市场能岿然不动，原因就在于其不竭的创新动力和创新产品。创新是让一个企业能立于不败之地的永恒主题。

第三大支付业收购袭来意味着什么

在中国对支付业务严管后，支付业特别是移动互联网支付机构的争夺战形势稍稍缓解一点。不过，收购并购的价格更高、更贵了。因为资源一旦稀缺，必然导致价格急剧走高，同时带来其他问题。

在中国支付行业的混战格局消停之际，国际支付并购收购大战则愈演愈烈。特别是美国企业憋足一股劲，要在支付特别是移动网络支付领域占据头把交椅。

2019年5月24日，有媒体报道美国环汇有限公司（环球支付公司，

Global Payments）将在 5 月 28 日公布以 200 亿美元收购 Total System Services（通常称作：TSYS）的消息。此后，两公司股价双双收创上市以来新高。2019 年一季度公布的两笔支付业大收购规模分别为 220 亿美元和 350 亿美元。第一笔是 1 月 16 日 Fiserv 宣布，计划以 220 亿美元全股票收购支付处理商 First Data 。第二笔是 3 月 18 日，美国最大金融服务技术供应商之一 Fidelity National Information Services（FIS）宣布，同意以现金加股票的方式收购规模相对较小的对手 Worldpay，交易规模达 350 亿美元。

Global Payments 以 200 亿美元收购 TSYS 成功，成为 2019 年第三笔支付领域大收购。Global Payments 创立于 1967 年，总部位于美国佐治亚州亚特兰大市，是一家为信用卡、借记卡、电子支付以及相关服务提供支付解决方案的公司。其业务有两项：北美商务服务和国际商务服务。

Global Payments 的服务包括终端机的出售和设置、授权处理、结算和基金处理、客户支援和服务台功能、拒付解决、行业法规、付款卡片产业安全、合并账单和结算单及线上读取。显然，Global Payments 是一家国际支付服务公司。

TSYS 是一家提供全球支付解决方案的供应商，经营项目为电子付款处理服务，服务对象包括金融及非金融业务，业务遍及美国、加拿大、墨西哥、洪都拉斯、欧洲等地。

两家公司相近之处是它们的支付业务国际化程度都较高；不同之处在于后者直接处理跨国电子支付业务，而前者重点在于为支付业务提供服务和综合解决方案。两家公司最大的缺陷是尚未涉及网络支付特别是移动智能支付。

在金融领域里，长期以来都是以资产和负债业务为主体业务，支付业务虽然很重要，但相对前二者还是弱一些。而这几年在中国支付宝、微信支付等移动支付方式诞生以后，支付领域发生了几乎是颠覆性的变化，金融支付业务开始成为企业争夺的焦点，甚至超过了企业的金融资产和负债业务。这主要得益于互联网特别是移动互联网的发展。移动支付业务的关键在于其成为流量和客户的入口。通过这个入口吸收和积聚众多流量和客户，整个商业金融生态可以无边界、无地域、无国界地无限扩张发展。新科技手段赋予了支付新的无限广阔的功能和前景，这才是全球掀起支付争夺战的根本原因。

第四节　国际化的移动支付需要 AI 赋能

当前移动支付国际化做得最好的是中国两大移动支付巨头——支付宝和微信。特别是在西班牙、意大利、英国等欧洲国家，支付宝钱包基本覆盖，机场退税采取支付宝的很多。

目前，中国的支付宝和微信支付已经走向全球，并且合计市场份额占全球第一。

全球移动支付市场潜力很大。中国的支付宝和微信支付具有先天优势。除了欧洲外，支付宝和微信支付在印度、马来西亚、澳大利亚、新西兰、新加坡等国家和地区基本都是长驱直入、畅通无阻。

日本市场是支付宝和微信支付进入较早的市场。支付宝和微信支付都是采取与当地公司合作，或者经过当地监管部门批准成立独立公司等形式来促进自身的移动支付业务在当地的发展。

非洲和南美洲都是有待开发的市场，因此移动支付的国际市场非常大。2018年10月，腾讯曾宣布向巴西 Nubank 投资 9000 万美元，这家公司也成为南美洲首家独角兽企业。进入 2019 年后，腾讯又有新动作。2019 年 4 月下旬，阿根廷移动支付创企 Uala 宣布获得腾讯入股。据彭博社报道，高盛、亿万富翁索罗斯和史蒂夫·科恩（Steve Cohen）此前都对该公司有所投资。

Uala 主要为阿根廷的用户提供预付万事达卡、账单支付、地铁卡充值和数字支付等服务。从 2017 年 10 月到 2018 年 12 月，Uala 已经发行了 50 多万张预付卡。可以看出，Uala 主要还是在传统支付领域深耕，最具潜力的移动支付领域亟待拓展和赋能。

南美洲最大的问题是尚未从债务陷阱中走出来，特别是巴西和阿根廷国内经济停滞、通货膨胀，货币价值非常不稳定，这给移动支付布局带来很大困局。但这也从另一个侧面反映出南美洲市场的发展潜力巨大，移动智能支付前景广阔。

蚂蚁集团于 2020 年启动了蚂蚁 Alipay＋，旨在为全球跨境支付提供"技术＋营销"解决方案；到 2022 年 3 月，蚂蚁集团新增设立东南亚区域总经理岗位；2022 年 5 月底，蚂蚁 Alipay＋已连接了包括电子钱包和手机银行在内的几十个亚洲数字支付，数十亿亚洲消费者可直接向全球过百万的线上和线下商户轻松跨境支付。

除此之外，蚂蚁集团的全资子公司——ANEXT Bank（星熠数字银行）于 2022 年 6 月 6 日在新加坡开业。作为首批在新加坡获批的数字银行之一，星熠数字银行将专注服务于注册地在新加坡及东南亚的中小企业，尤其是从事跨境贸易的小微企业，为其提供创新、安全的多种数字金融服务。阿里集团出海迈向国际市场，已到了关键时刻。

中国两大移动支付工具要想进入国际市场深耕，必须由 AI 赋能，这是必由之路。一方面，线下支付走向比扫二维码更加方便的刷脸支付，需要人工智能技术深度介入，主要是在人脸识别技术的精确性上。同时，指纹的唯一性决定了指纹支付也可以像刷脸一样，撇开手机扫码了。而这背后也需要 AI 技术登场。

另一方面，移动支付、线下刷脸支付和指纹支付的安全性必须由 AI 赋能和守护。通过人工智能技术把握支付过程安全，发生风险后及时追回赔付，非常重要。AI 看似给网络支付赋能，本质上却是给移动支付工具增信，以赢得更多客户使用。

当然，如果把移动智能支付作为一个金融生态入口的话，那么人工智能就更有用武之地了。

刷脸支付需要人工智能护航安全

想象这样一种场景：当人们购物完成提着大包小包走到收银处后，需要放下大包小包，再掏出手机，打开支付 APP，然后扫描支付。收银排队往往就是在这个环节产生的。如果能像 ETC 不停车收费通行那样，则既方便了消费者，又节约了时间成本，也不会引发排队。刷脸支付就是针对这个痛点而设计出来的。

  刷脸感应支付器就被放在收银台顾客通过的位置，当顾客提着大包小包通过收银处时只需要扫码商品，不用拿出手机，脸部对着感应支付器就可直接支付，然后就可以快速通过了。这样顾客提着大包小包还要掏出手机打开APP的支付痛点就解决了。也就是说，在线下支付时，利用刷脸支付就可以脱离手机了。这是支付的又一大突破。据说，第一代刷脸支付应用时还需要输入电话号码，而升级后的第二代刷脸支付则连电话号码也不用输入了。支撑刷脸支付的是大数据、算法和人工智能。

  刷脸支付进入实际应用，或者说进入大众化消费和商业领域的，依然是支付宝打了头炮。2019年5月9日，7-11华南区副总经理徐胜利在广州海珠区的一间便利店里，没有发布会也没有签约仪式，淡淡地对到场的几家媒体宣布：7-11华南区的近千家门店将全线接入支付宝"蜻蜓"。宣布这个决定之前，7-11已经在华南地区进行了长达几个月的试点。徐胜利介绍，7-11对"蜻蜓"的引进是分3步进行的：最早试点了2家门店，一个月后扩展到50家，又经过1个月的实践论证才决定推广到华南区的所有门店。

  无论是移动支付还是刷脸支付，需要解决的一个核心问题是什么？是支付安全，是支付发生风险后客户资金损失的赔付问题。安全是关键，赔付是客户痛点。解决刷脸支付的安全问题，让消费者放心使用，必须依靠AI技术。在支付安全方面，特别是在移动网络和刷脸支付安全保障方面，人工智能最有用武之地。

  支付宝和微信两大支付平台一直在探讨人工智能用于保障支付安全问题。2019年5月28日下午，支付宝宣布升级保障计划，如果经AI审核符合相应条件，将实现"赔付秒到账"。

而这个"秒赔"服务基于的正是支付宝的 AI 技术。如果用户遭遇账户异常，可拨打客服电话或在支付宝账单页申诉，并提供相应资料。如果资料提供无误，经系统核实确系账户被盗，会自动完成理赔，处理时长可缩短至"秒级"。在试运行期间，部分用户甚至刚刚挂断客服电话就收到了理赔款。

支付宝每一笔交易都会受到智能风控系统的保护，加上 AI、生物识别等技术，目前支付宝的交易资损率已低于千万分之五。而即便发生了被盗的小概率事件，支付宝也承诺会 100% 赔付。

赔付程序多，时间长，客户耗不起时间，耽误不起工夫，是包括支付宝在内的所有支付平台面对的痛点。而"秒赔"服务就是针对这一痛点来解决问题。所以，利用 AI 技术秒赔，是支付宝在支付业务方面的创举，是最能够打动和吸引客户的。

AI 换脸导致刷脸支付安全风险凸显

ZAO（一款换脸软件）的出现引来中国国内较大争议。其实争议是小事，对刚刚兴起或者说尚未普及的刷脸生物技术来说，则已经带来了较大冲击。

在中国引起冲击波的 ZAO，在美国却是一个早就被关停的软件。

2017 年底，国外一位 ID 为"deepfakes"的网友，利用业余时间创造了一个 AI 换脸算法。后来这个算法被广泛称为 deepfakes，这个机器学习算法，首先在小圈子炸开。在国外的 Reddit 论坛上，有一个 deepfakes 社区，一个月内聚集了大量订阅者，并产生了大量的 AI 换脸视频。随后，这个社区逐渐变成了生产假冒爱情动作片的"黑窝点"——不少人利用 AI 技术将色情作品中的主角换成明星的脸。

也正是因为这样，这个社区引发了大量争议，最后被彻底关掉。

除了ZAO换脸技术带来的侵权等纠纷问题外，还有一个更值得关注的问题，那就是金融业务中涉及的刷脸生物技术的风险问题。

作为正在致力于刷脸等生物技术研究推广的支付宝第一时间出来回应，表示目前各类换脸软件不管换得有多逼真，都无法突破刷脸支付。即便出现账户被冒用的极小概率事件，支付宝也会通过保险公司进行全额赔付。律师和信息安全专家解读称，将他人的脸替换成自己的脸，可能会侵犯他人肖像权，同时若被滥用也可能引发诈骗等风险。

从支付宝和律师的回应看，账户被冒用虽然是小概率事件，但不排除会发生，仅仅是有保险公司补救而已。律师的回答也没有否定账户被冒用事件发生的可能性，只是说明事件发生后，责任人有哪些侵权违法行为等。

如果不能在事前堵住换脸的各种违法行为，一方面说明这项技术已经带来了大问题，另一方面说明即使事后报案、破案、审判，保险公司理赔的时间成本、交易成本等也都非常大。

另外，ZAO也让很多用户有强烈的隐私担忧。毕竟这是一个需要上传人脸数据的应用，而人脸作为生物识别信息，很多时候已经成为我们重要资产的密码。一些专家已经表示出了忧虑："ZAO可能很危险……别看你今天玩得开心，过段时间你的支付宝就有可能被盗刷了。不过这事儿很难怪ZAO，谁让你认知浅薄了呢？"

可见，ZAO已经给刷脸生物技术带来了明显挑战。此前，整容也曾对刷脸生物技术的应用造成了一些问题，可见仅仅依靠刷脸并不能保证自己的金融账户安全。刷脸生物技术或被破解了。因此，刷脸生物技术必须付之于其他手段来验证，比如指纹验证与识别等。

在数字密码、刷脸生物技术和指纹生物技术验证的共同作用下，个人金融账户安全应该基本没有问题了。一定要相信支付宝比我们更急，也更懂如何解决安全问题，刷脸生物技术存在的风险很快会被支付宝采取更加安全的措施化解。所以，我们丝毫不用怀疑支付宝等移动支付机构的技术安全能力。

总之，换脸给刷脸生物技术带来的安全问题一定要在事前解决。

智能化是移动支付拓宽场景的必然选择

从 2011 年开始，我国移动支付用户规模一直在扩大。根据中国互联网络信息中心发布的第 47 次《中国互联网络发展状况统计报告》，截至 2020 年 12 月，我国移动支付用户规模达到 8.54 亿人，比 2019 年 6 月增长了 34.9%，网民移动支付的使用比例由 2018 年底的 72.5% 提升至 86.4%。截至 2021 年 6 月，中国网络支付用户规模达到 8.72 亿（87221 万）人，较 2020 年 12 月增长 1787 万人，占网民整体的 86.3%。从全球范围看，中国移动支付交易规模也始终处于领先地位。

移动支付的快速发展，特别是支付宝和微信支付两大工具持续发力，使得传统的支付特别是传统金融机构的线下支付业务量迅速下降。其在提高客户支付的便利性和效率的同时，也减轻了传统银行等金融机构的实体店柜面压力。当然，作为过去传统银行最主要中间业务收入的结算支付收入也随之大幅度下降。

传统银行不甘落后，已经开发出移动手机银行，包括移动支付等。传统商业银行移动手机银行业务发展很快，特别是中国银联推出云闪付以后，客户量迅速提高，市场占有率很快上升。

全球范围内移动支付的趋势是大型互联网公司正在全力推广移动支付平台。这些公司已经认识到移动支付不仅仅是一个支付方式，而且是移动互联网吸引客户的一个入口和平台。通过这个入口和平台把客户吸引来以后，可以衍生出的东西非常多。苹果公司在过去移动支付平台基础上推出了移动虚拟信用卡产品，谷歌、Facebook、亚马逊等也都已经推出了自己的移动支付工具。

移动支付已经发展若干年了，技术比较成熟，客户对其的认知度和接受度都得到了大幅度提高，这也让移动支付普及得非常快，范围应用得非常广。而包括支付宝和微信支付在内的移动支付如何百尺竿头、更进一步，则值得我们深入思考。这里有两点少不了：一是移动支付的发展方向是智能化，二是拓展场景是移动支付进一步做大的关键。

移动支付与人工智能会擦出更绚丽的火花。这里面主要包括两大部分：一是移动支付本身的智能化发展，着重在 AI 使得移动支付更加安全。在移动支付系统中暗藏智能机器人守护神，它能随时发现在网络环境变化、支付场景变化、操作人变化、密码更改、假二维码、黑客入侵等方面影响支付安全的情况。此外，智能化旨在让客户体验更好，移动支付更加便利。仅从生物智能技术来看，指纹、刷脸、声波、虹膜、静脉等被应用到移动支付里，可以大大方便客户使用，比如年龄稍大的群体容易忘记密码等，就能有更好的解决方案。二是移动支付服务的智能化场景。比如在智慧城市中移动支付的作用，在智慧公交、地铁等场景下移动支付需要更加智能等，特别是移动支付在个人智慧理财上大有可为。

中国支付清算协会移动支付和网络支付应用工作委员会发布的《2018 年移动支付用户调研报告》显示，移动支付在百姓智慧理财场景中的应用普及速度之快出乎意料。调查显示：2018 年，99.1% 的用户表示最常在购买理财、投资股票证券等投资理财类场景中使用移动支付，较 2017 年提升近 60 百分点；其次为生活类，如购买吃、穿、用方面的生活所需品等，占比为 97.2%，与 2017 年基本持平；公共事业类的支出排名第三，占比为 68.2%，比 2017 年增长 6.7 百分点；票务类缴费排名第四，占比为 67.0%；通过移动支付在商旅和娱乐类业务下载两个场景进行支付的用户，分别占比为 64.1% 和 46.7%；最后，使用其他场景的用户占 16.7%。

　　这里就已经佐证了我的观点：移动支付工具是一个入口和平台，伴之以 AI 后可拓展的空间几乎是无限大的。支付宝平台和微信平台的无边界、无地域、无国界拓展的路径趋势已经再清晰不过了，再走下去，要继续拓展场景，必须是 AI 赋能。

06
金融科技"智"取财富管理

从互联网金融到金融科技

财富管理类别的金融科技公司，大家最熟悉的可能就是宜人金科。自其在美国纽交所上市，成为纽交所的中国互联网金融第一股后，各家金融科技公司个个摩拳擦掌，都想大显身手，进入金融科技领域分取一杯羹。

保险类金融科技公司通过新型的精算统计模型，不仅能为公司节约大量成本，更能为被保人创造更多价值。比如2011年在美国旧金山成立的一家汽车保险机构Metromile，就摒弃了传统保险公司根据车主的行车记录、驾龄、汽车车型等计算保费的方式，而是让车主为每公里所行距离上车险，这样就为开车少的人省下了更多的保费。再如，康语健康险科技公司研发的人工智能产品可以通过保险客户30秒钟的自拍，精准测量出客户心率情况，并将其作为评估客户身体健康状况的依据之一，真正为保险公司和客户节约了成本。[①]

而针对更多金融科技公司主营的投资研究领域，人工智能更是创造出了更大价值。以华尔街的Kensho公司为例，该公司研究的Warren软件，不仅可以通过人工智能技术识别、分析用户存在的问题，而且可以收集数据库、互联网中全球范围内的政策信息、经济报告、社会热点、自然灾害等巨量信息。相较于传统投资分析耗时耗力且创造价值有限的情况，Warren软件大大缩短了资料收集时间，提高了投资分析效率，甚至有人说其会颠覆华尔街的分析师。这再一次证明，人工智能技术给全球金融

---

① 康语. 人工智能压力测试[EB/OL].(2019-08-06)[2022-11-30]. https://www.sohu.com/a/331768997_798057.

领域带来的影响是巨大的。

为了在全球经济发展中抢占先机，世界各国正在不断加强对人工智能研发的资本投入，并积极将其应用到具体实践、具体场景中去。可以想象，在未来，人工智能一定会在人类历史上，尤其在金融业发展中大放光彩，给人类带来深刻变革。

第一节 资产管理急需金融科技全方位渗透

金融科技的上半场是互联网金融阶段。一个显著特点是利用互联网包括移动互联网的线上优势，不再囿于地域，而是将金融无边界伸展，使得金融机构在任何一个角落里都能服务于一个国家甚至全球的金融需求者；同时，使得金融资源配置更加透明、信息更加对称、交易更加高效。最后，金融科技的上半场是流量金融。利用互联网企业积累的大量客户形成的巨大流量，使得金融产品等得以展示出来，获得更高效的交易体验和更多的交易机会。

传统金融机构包括商业银行、证券保险信托基金等都纷纷与大型互联网企业合作，就是为了在金融产品销售中获取线上大流量。这无疑是一个颠覆性的突破。

但是，金融科技体现在流量金融的"数量规模"阶段仅仅是初步和浅层次的。金融要真正拥抱新科技元素，必须向"质"的方面挺进，必须由"量"到"质"向科技深层次寻求突破。

从一个从业将近40年的老金融人角度观察，金融的本质是信用，风控的前提是获取金融交易对手的信用状况。这个至关重要。过去是线下深入客户调查信用，现在是大数据、云计算获取信用，将来是AI捕捉信用，未来是区块链全员作证信用。这就决定了从传统金融到互联网金融，再到AI金融，最终到区块链金融，整个金融的演变路径越来越清晰了。

金融科技的下半场的重要特征是把新科技综合性地完全嵌入金融，包括互联网、移动互联网、大数据、云计算、人工智能、区块链技术等。进入到金融科技下半场，金融机构将不局限于上半场对互联网流量的追逐，而是要实现从纯线上到线上线下相融合，从弱金融到强金融的转变。

从金融板块上说，以大数据和人工智能为代表的数字科技在优化投研决策、客户资产配置、运营管理和风险管控等方面，提高了资源配置的效率。未来科技公司将通过人工智能、云计算、大数据、区块链等领先科技，为金融行业深度赋能，构筑以客户体验为核心，以大数据为基础，以技术为驱动的金融业新业态。特别是在资产管理上急需金融科技全方位渗透，这一点刻不容缓。

资管新规的目的就是严格控制资管产品风险，收紧的是粗放式经营资管的机构和做法。在资管监管收紧的前提下，要突破需要寻求核心竞争力，这个竞争力的本质就是利用新科技手段的能力。资管新规之后，打破刚兑、净值化管理成为趋势，资管行业过去的模式需要升级。资管机构只有充分利用金融科技，通过更专业的金融产品设计和投资策略选择，才能真正体现自己的投资管理能力、风险管理能力，实现新的可持续发展。大数据、云计算、AI和区块链要彻底融入资管的产品设计、销售交易、智能研究、组合管理、资产评价、风险评估等环节。

资产管理是金融供给侧结构性改革最为重要的领域之一。从行业发展需要来看，资管新规之后，"刚性兑付＋资金池"的模式不再符合监管要求和市场发展趋势，投资者从过去的"期限和收益率"偏好转向"风险与收益"偏好，资管行业从"渠道为王"进入"产品为王""配置为王"的新阶段。在这个背景下，资管机构需要重新定位，全面提升五大能力：寻找优质资产的能力、产品设计能力、投研能力、风险定价能力和敏捷交易能力。

这对于包括所有商业银行在内的金融机构来说，仅仅依靠自身力量是远远不够的。因为传统金融机构大多不具备在数据、流量、云计算、人工智能和区块链等方面的技术能力，所以必须依靠外力，必须与大型互联网公司寻求合作。

而在目前中国的大型互联网公司中，京东数科是转型到 to B 业务的典型。比如：2016 年，获京东数科"CEO 特别奖"的是"ABS 云平台"，这是一个帮金融机构更高效地搭建消费金融 ABS 产品的工具；2017 年，获奖的是"小金卡"，这是京东数科与兴业银行共同推出的中国第一张互联网储蓄卡，其可提供储蓄、理财、消费等一体化金融服务。明显看出，京东数科铁了心要做金融科技。在资管科技上，京东数科闯出了一条独有的路子，且其优势非常明显。

首先，要始终站在投资人角度思考问题。资产证券化产品是商业银行未来发展的重点，只有实现信贷资产证券化，才能保持商业银行的流动性。而资产证券化产品也是未来投资者投资的重点。美国次贷危机告诉我们，经过层层包装后的资产证券化产品完全可以变成投机炒作对象，而让投资人看不清楚底层最终支撑价格的证券风险状况到底如何。在中国，监管部门提出的穿透式监管要求也是出于这个原因。如何让投资者具备一双慧眼，拨开迷雾看到底层产品的支撑力，京东数科有办法。京东数科借助累积多年的证券化专业经验，运用区块链和大数据技术，提供完整的服务体系和技术，帮助投资人（如银行、券商、保险、信托、基金、财务公司）看清底层资产状况，为其提供全程资产跟踪服务，从而一方面帮助资产方将信贷资产证券化，从资本市场更好地获得融资，另一方面帮助投资人更好地识别资产风险、提高投资效率。

具体操作是：第一，京东数科将把在消费金融市场中沉淀的强大风险数据分析技术和风险定价能力向外输出，对资产方的信贷资产数据进行分析。数据分析的结果是资金方进行信贷业务风险定价的参考，也是未来资产证券化产品的定价基础，同时还能够提升资金方（主要是银行和信托等）对底层资产穿透管理、运行情况审查的效率。第二，通过区块链技术，确保进入资产池的ABS底层资产信息真实，现金流真实入池分配，保障ABS项目结构化设计的优势能够切实实现。第三，通过强大的舆情监控工具和信用分析工具，全面追踪发行主体信用状况和资产池状况，大大降低投资人投后管理的成本，提升投资者投资意愿。

其次，在资管产品销售环节把适合的产品卖给适合的人，这既是监管要求，又是营销风控的前提和提高销售效果的内在诉求。在线上销售成为趋势的今天，再利用传统线下调查获取销售客户倾向数据显然驴唇不对马嘴。怎么办？必须利用大数据、云计算和人工智能新科技手段给客户画像。传统金融机构很难做到，因为数据积累欠缺、计算能力达不到等，所以必须借助大型互联网公司的数据、计算和AI技术优势。而京东数科至少目前在这个领域处在前列。

京东数科发布的产品JT^2智管通过运用大数据、AI深度学习算法模型、NLP等另类数据处理技术，与市场专业人士的深度Know-how[①]相结合，为参与信贷资产和标准金融商品交易的机构和企业在风险定价、信息结构化获取、

---

① Know-how是指工匠时代师傅对徒弟口传心授的"行业秘诀"，可以理解为一种能力、一种资源，也可以是被称作行业专家的人。

买卖需求智能匹配、内外流程打通方面提供支持，提升机构达成交易的效率，降低成本。

针对传统金融机构在资产证券化等资产管理中急需解决，而又心有余而力不足的问题，京东数科这类公司能提供系统完整的解决方案。

再次，风险管理是金融业永恒的主题。一个金融企业的风险管理与控制做得如何，直接关系其生死存亡。这一点也不夸张。风控对于资产管理更加重要。

资产管理中风控的痛点在于传统的分析方法在面对海量数据时，分析效率无法满足需求，靠传统的分析方式、靠人力是无法覆盖全市场的。这使得投资人在面对投资标的时，无法实现真正的全面风险识别。

传统金融机构的痛点，大型互联网科技公司几乎都能解决，都有系统化应对方案。京东数科在信用风险、操作风险、市场风险三个主要方面，已经全面构建了资产风险管理体系。比如，在信用风险方面，运用京东数科推出固定收益基本面量化分析系统（FIQS），运用大数据、AI等技术，与行业专家的深度Know-how相结合，采用量化基本面分析的方法，可以帮助机构投资者更好地评价发行主体信用，助力投资效率提升。FIQS从财务、行业、公司治理、舆情四个方面全面构建了信用分析体系，是一个一揽子资管风险控制和识别方案。

通过对京东数科的全面了解，特别是对其资产管理技术的深入研究后，我们发现京东数科通过有机整合独有的大数据分析能力、分析技术和机器学习能力等的有机整合，构建了自我迭代升级的智能研究体系、资产评价工具和基于算法的FOF/MOM投资配置体系，帮助机构提升在智能研究、组合管理、资产评价等资产管理的关键环节中的工作效率。

这被称为金融科技的下半场,即把技术深入金融产品设计、资产管理、风控等各个环节,让科技与金融共建共生。在科技领域,京东数科已经做好充分准备,并已经探索出了一些案例,正在等待与更多传统金融机构合作共进,共同推进新金融业务发展,达到共荣共赢之目的。

零售 AUM 突破 10 万亿元的秘籍与底气在哪里

2021 年 7 月 15 日召开的财富生态合作伙伴大会上,招行宣布,该行零售 AUM 时点规模已突破 10 万亿元大关,上半年 AUM 增量超万亿元,超过 2020 年全年增量的七成。10 万亿元!作为在大型银行从业 40 多年的资深金融人士,我确实吓了一大跳。中国整个金融理财特别是客户资产管理都正处于前所未有之变局,一个管理与监管交替转型的过程中。一度以互联网平台为主的投资理财快速增长局面,正在转型到规范合规、理性稳定,以防范投顾等理财风险,强力保护客户利益不受侵害的主旋律上。在这个当口,招商银行完美诠释了"零售之王"的美誉,创出了管理客户总资产突破 10 万亿元的优异答卷,令各界震撼就不奇怪了。

过去商业银行电子化时代,招行处在行业前列,今天在移动互联网、大数据、云计算、人工智能、区块链等新技术使用方面,招行仍然走在行业的前端。这确实没有夸张,不信?你登录一次招行 APP 体验一下,绝对能够验证我所言不虚。

招商银行希望在 5 年之内完成第二个 10 万亿元目标。底气在哪里?秘籍又是什么?

首先,开放的理念、去中心化的财富管理平台、张开双臂拥抱各方财富管理的价值观让招行一直有优秀机构入驻。它们共同为客户创造财富、让客户资本增值。这是其超越传统的胸怀、适应互联网平台这个超级入口生态的秘籍。

其次,利用包括社交媒体、自媒体、直播、专家大V带动等方式,融合大数据、云计算、AI等新科技工具,引流扩大平台粉丝等客户基础,使得优质理财管理产品与客户财富直接对接,最大限度地扩大客户群体与覆盖面。在流量方面,招行零售客户总量已突破1.6亿,两大APP月活突破亿级,户均资产超过6万元,客户品质不言而喻。而高质量的流量、粉丝与客户正是外部合作机构入驻招行平台的关键动因。

据了解,招行线上流量大体分为公域和私域两部分。其中,财富开放平台为合作机构提供了可由自己掌控的"私域"阵地,合作机构可以快速搭建个性化经营阵地,并利用平台提供的包括图文、视频、活动、直播、小程序等在内的运营工具,促进粉丝及客户的获取、转化与提升。招行也将结合招商银行APP站内的不同场景,让部分优秀机构的"招财号"在固定栏位露出。

再次,创新科技手段是招行财富资产管理快速且高质量发展的最大支撑力。从过去科技实力来说,招行在同业中基础最雄厚是名副其实的,这给其财富资管转型奠定了坚实基础。从新科技手段来讲,招行在同业中是最早拥抱新科技包括新媒体传播工具的。

最后,伏下身子深耕产品,这是投顾理财资管的根本。客户能够享受到的这种更为广泛、专业和深入的服务,不只来自代销银行,也直接来自基金、保险、理财机构等产品供应方。说一千道一万,必须给客户提供收益稳定、安全有保障的产品。根据把合适的产品卖给合适的客户群体的要求,产品风险高低应与客户承受力大小匹配。这就需要开发出差异化很强的理财投资产品。这对各家金融机构要求非常高,对产品经理的创新能力要求也非常高。

招行近年来在大力推动财富管理走进平民百姓的生活，比如零钱理财"朝朝宝"、重新定义定投的"来定投"、招行基金的头牌"五星之选"等，让财富管理真正"飞入寻常百姓家"。

零售 AUM 时点规模已突破 10 万亿元大关，这不仅仅是一个时点数据，这个数据背后更是亿量级客户的认可与信赖，说明招行财富资产管理业务给客户带来了实实在在的回报——无论从高效服务，还是投顾水平，无论是产品设计的贴近百姓，还是售后服务的体贴入微，客户体验都非常之好。过去只是引入产品，现在还要引入服务、陪伴内容，要和合作伙伴一起介入产品的投前—投中—投后整个链条当中。

开放的财富生态体系，最终惠及的是客户。2021 年以来，招行在财富管理领域动作频频：升级财富开放平台，率先打造"大财富管理新生态"；"圈定"优质基金经理，提前布局"招阳计划"；更率先在银行业破题基金代销新局，在 7 月初官宣将新增以一折费率销售的权益类基金千余只。招行—合作伙伴—客户，这个共同利益融为一体的财富生态圈已经在良性循环与成长。

疫情之下，汽车行业谁遭遇"危"，谁又抓住了"机"？

2020 年新冠疫情以来，传统汽车行业遭受了大危机。欧系车、日系车、韩系车、美系传统车、中国汽车等的基本销售量都在下降。汽车行业的这个危机与石油危机是一对孪生姐妹。

可以理解的是全球疫情让销售、消费和需求的场景发生了彻底改变，全球产业链、供应链、运输链、贸易链等全部断裂，而汽车这几年的发展已经形成了全球性产业链、供应链和运输链。新冠疫情正好切断了其中的所有链条。

这次疫情对全球化背景下的世界经济供应链破坏性最大，包括全球贸易链、运输链，以及一个国家的产业链。汽车产业、智能手机产业等是全球供应链断裂后的最大受害者。

这次疫情对产业链的破坏也是惊人的。产业链越长，深加工越深，或者说产业分工越细，链条越长，其所受的创伤就越大。美国出现的倒奶、生猪"安乐死"等现象就是因产业链被破坏而造成的。

产业链长、供应链长、分工细，有利于提高效率。不过，其中的一个弊端就是在遇到新冠疫情时链条断裂后的危机太大，或者说一个环节的链条断裂，整个产业都得停摆熄火。

一个严重的不祥之兆必须引起注意。那就是新冠疫情或将会长期化、经常化。因此，在全球化背景下，企业将面临生产的产业化、供应链拉长等越来越多的考验。

在全球化遭遇人为和自然灾害的阻力下，美国或又占了先手。特朗普上任后以美国为中心，准备不遗余力地将企业产业资本拉回本国。疫情正在美国暴发，而美国却在勒令海外企业搬回家。这场罕见的疫情对全球化带来重创，正好迎合了特朗普的思想。

尽管全球汽车业整体遭遇危机，但是同行不同命，特斯拉却几乎不受影响，反而异军突起。利润、销售、股价、马斯克个人财富等指标都创新高。从特斯拉2020年第一季度的财报中，我们可以看到其有以下几大看点。

第一大看点，利润。特斯拉连续三个季度取得盈利。2020年第一季度营收从2019年同期的45.4亿美元增至59.9亿美元，市场预期为59.0亿美元。不计特殊项目，特斯拉每股盈利1.24美元，然而上年同期亏损2.90美元，市场预期每股亏损36美分。营收和盈利都超同期和预期。

第二大看点，产量。特斯拉预计其在加利福尼亚州弗里蒙特和中国上海的汽车工厂的产量将在 2020 年第二季度逐步增加。而中国汽车工业协会数据显示：2020 年第二季度，Model3 轿车的生产数量为 33358 辆，产量明显大幅增长。

特斯拉表示，2020 年第一季度共生产了 102672 辆汽车，交付了 88496 辆汽车，创下历史最好的一季度业绩。

第三大看点，成长空间和创新能力。自动驾驶方面，特斯拉在 2020 年 3 月发布了一个新的交通信号灯和停止标志的软件更新，并在 4 月发布了完整的自动驾驶程序包。公司每个月都会收集超过 100 万个路口的数据，随着更多的人的软件得到更新，以及更多的人驾驶特斯拉上路，这个数字将呈指数级增长。此外，马斯克还称，很快将每月收集超过 10 亿个路口的数据。

第四大看点，股市表现。在全球疫情肆虐、美国疫情最重的情况下，大部分公司股票价格都被腰斩，而特斯拉的股票价格不跌反涨，马斯克的财富不缩水反而大增。

同时，我们注意到，在大部分公司股价大跌、个人财富缩水情况下，亚马逊的股价不断创出新高，贝索斯的财富持续增长。

特斯拉、亚马逊们的特点在于它们都处在新经济、新科技领域，而且持续地进行产品等创新。创新能力越强，产品科技含量越高，企业核心竞争力以及抵御各类风险和冲击的能力就越强。

如今的新冠疫情危机以及 2008 年的金融危机，都有力地证明了这一点。

这些公司的股价和老板财富竟逆势大涨，秘诀何在

新冠疫情的暴发打破了很多规律、常识和经验。仅从金融市场来说，全球保值资产和风险资产一起跌，让任何人都无法对冲，眼睁睁看着财富化为

灰烬，企业无法正常运作，商店不能开门，全球产业链、供应链、需求链和贸易链彻底断裂。

疫情暴发后的两个月里，全球没有卖出一件衣服，没有卖出一份饭菜，没有卖出一台空调、电视、冰箱等的企业比比皆是。所以企业根本谈不上赚多少，财富增多少，能够勉强保本已经是万幸了。

欧美比亚洲更加着急，发达市场体比新兴市场体受伤更重，甚至出现了"与其让经济停摆饿死，还不如启动经济，而不顾疫情泛滥"的论调。

躺在完善的社会保障体系上睡大觉，殊不知还没有醒，水就已经淹到了脖子根。工厂、商场等纷纷停摆，职工失去收入来源后，坚持不了几个月，大面积失业集中领取失业金也会发生挤兑和领取难问题。这就是现实。

全球哀嚎一片，世界金融市场跌声不断，就是现在的情况。这种跌势或会延续一段时间。虽然美股中途有上涨走入技术性牛市，但是其他市场一定要比美国股市慢半拍都不止。

2008年金融危机时，美股道指率先跌到7000点以下，但随后率先反弹，走出了10年牛市轨迹，而其他市场却仍在演绎欧债等危机。虽然是美国率先出现问题和风险，但美国转嫁风险的能力非常之强，这一点我们必须有个清醒的认识。

股市、债券、汇率、数字货币、原油等都在下跌，概念公司股价和经营者身价下跌幅度非常大。而且，这轮跌势至今仍然不减。比如油价，各方已经达成减产协议，但还在继续下跌。

2020年4月15日16:00，IEA公布月度原油市场报告。报告公布过程中，两油持续下挫，在16:25时，WTI原油跌至19.2美元/桶，为2002年以来最低水平。布伦特原油期货跌破28美元/桶，日内跌幅5.37%；WTI原油期货跌近 4%，现报 19.31 美元 / 桶。

全球是否还能够搜罗出股价不跌的公司以及老板身价不跌的公司？"逆行者"曾在支援湖北武汉时是一个美丽坚毅的词汇和一句响亮的口号，以及身价下跌的公司那么，在全球市场大跌中有没有"逆行者"呢？真没有想到竟然有。

这家公司的名字叫作亚马逊，老板的名字叫作贝索斯。一说名字大家都熟悉，如雷贯耳。到底是什么情况呢？

世界上那些最富有的人正在变得更加富有，即使在这场疫情中也不例外。由于消费者都在家中躲避疫情，他们越来越依赖杰夫·贝索斯（Jeff Bezos）的亚马逊来购买日常必需品。2020 年 4 月 14 日，亚马逊股价收高 5.28%，收于 2283.32 美元，创历史新高。4 月 15 日，亚马逊收涨逾 1%，再次刷新收盘历史新高。同天，特斯拉涨超 2%。这也让贝索斯的净资产达到了 1400 亿美元左右。

其他企业股价都在大跌，亚马逊股价却创出新高，而且贝索斯的身价逆势上扬，更不可思议的是贝索斯前妻的身价也在大涨。

进入 2020 年以后，仅 4 个月左右的时间，贝索斯的财富就增加了将近 240 亿美元，其前妻麦肯齐·贝索斯（MacKenzie Bezos）在此前的婚变中获得了亚马逊 4% 的股份，在此影响下，她的资产也增加了 82 亿美元，达到了 453 亿美元，在彭博财富排行榜上排名第 18 位，超越了印度首富穆克什·安巴尼（Mukesh Ambani）和墨西哥首富卡洛斯·斯利姆（Carlos Slim）。

我多次说过，在 2008 年的金融危机时，资本市场大跌，华尔街几乎"血流成河"，而唯独科技股基本都安然无恙。科技企业一般在创新中成长，由于其创新能力强，所以应对市场风险的能力大。一般情况下，这类企业对市场变化不太敏感。

这次大疫情也是如此。中国也有最鲜明的例子。当大部分线下企业都停摆时，阿里巴巴、京东、腾讯、美团、百度、拼多多等公司不仅受影响不大，而且大显身手，经营反而火了起来。

受影响大的是巴菲特投资的传统企业，比如航空领域、传统银行、传统快消品行业等。主营线上业务的企业，受到的影响较小，就是这么奇妙。

越是发生疫情被隔离，居家不能出门，越需要线上的亚马逊、Facebook、谷歌、苹果、微软、奈飞等，包括快速走向线上的沃尔玛。

沃尔玛的股价也迎来了上涨，从而让这个世界上最富有的家族的资产继续增加。爱丽丝·沃尔顿（Alice Walton）、吉姆·沃尔顿（Jim Walton）和罗伯·沃尔顿（Rob Walton）三人的资产总和到 2020 年 4 月就达到了 1690 亿美元，与 2020 年初相比提升了近 5%。

特斯拉公司 CEO 埃隆·马斯克（Elon Musk）的资产在进入 2020 年以来的 4 个月左右时间里增加了 104 亿美元，超过除了贝索斯之外的所有人。

这就是新经济、新科技、新金融的魅力。可以说，一场世纪罕见疫情让全球更加认识到将业务转向线上的重要性，拥抱新科技、新经济的重要性。这也就决定了新科技公司的股价还有上涨空间，而贝索斯们的身价仍然会大幅度上涨。

第二节　智能投顾"逼宫"基金经理

原以为人工智能只是停留在舆论沸腾阶段，最多也只是在科技企业的研发阶段，在应用上还是以工业机器人流水线操作为主。但没承想，金融科技迅猛发展，进入了实战领域。日本在保险理赔领域率先采用人工智能，美国在资产证券股票领域率先启用智能投顾。在人工智能技术支撑下，金融科技迅速发展，并大大出乎所有从业者以及专业人士的意料。

2017年初传来了日本众多保险公司裁员的消息。问题不在裁员多少，而在于哪个部门、谁被裁员。日本保险公司裁员的部门主要集中在理赔部门，而理赔部门是保险公司技术分析含量较高的部门。裁员的原因是公司大量使用人工智能机器人来计算理赔业务；也就是说，智能机器人进入了保险公司的理赔行业，代替了人工理赔分析师。

无独有偶，就在人们对人工智能代替金融证券股票分析师岗位半信半疑时，全球最大的资产管理公司贝莱德集团（BlackRock,Inc）2017年3月27日宣布，将对其主动型基金业务进行重组，计划裁去一批主动型基金经理，并用量化投资策略取而代之。按照贝莱德的重组计划，约有40名主动型基金部门员工被裁员，其中包括7名投资组合经理。本次重组计划涉及300亿美元资产，约占贝莱德主动型基金规模的11%，其中60亿美元将被并入集团旗下的 BlackRock Advantage 基金，该基金主要采用量化投资策略，利用计算机与数学模型分析后进行投资。BlackRock 的创始人及首席执行官拉里·芬克（Larry Fink）说得好："信息的民主化使得主动型投资变得越来越难做。我们必须改变生态系统，更多地依赖大数据、人工智能、量化以及传统投资策略中的因素和模型。"

我们知道，一直以来金融市场的投资顾问或者说各类分析师是行业内最高级、最炙手可热的人才，同时也是最贵的人才。一方面，这类人才薪酬成本高；另一方面，人员流动性大，竞争激烈。这给各类资产管理公司、基金公司、证券公司带来了较大压力，这也是一些公司投入巨资研发智能投顾的原因之一。智能机器人投资顾问虽然一次性研发投入成本大，但可谓一劳永逸，总体算来成本远远低于人力金融分析师，并且其在忠诚度、稳定性方面没有任何麻烦。

全球最大的资产管理公司带头采用人工智能投顾，在全球已经起到了一个示范作用。越来越多的资产管理公司跟进贝莱德，使用人工智能来代替基金经理，这对金融行业和资本市场来说都是一个颠覆性事件。量化投资的崛起，进一步威胁了华尔街传统基金经理的地位。

岂止华尔街，全球股票金融分析师的地位都将受到较大威胁。金融科技对于金融企业来说或是趋势与利好，但是对于金融股票分析师来说绝对是一场噩梦。2016 年底，白宫发布了一份名为《人工智能、自动化和经济》的报告，称未来 10 年里人类将有约一半的工作岗位被机器人取代，从家政员到投行交易员一个都跑不掉。世界经济论坛发布的《2020 年未来就业报告》显示，由于新冠疫情影响及社会自动化不断加速，就业市场会发生深刻变革，到 2025 年，人类可能有 8500 万个工作岗位会被取代。

带给我们更深层次的思考是，金融科技给整个资本市场、货币政策以及传统金融证券股市监管也带来了巨大挑战。最大的一个风险点就在于金融科技或使得金融市场风险被更加集中地凸显。

一旦贝莱德这样的行业巨头所使用的机器人得以迅速普及，投行、资管公司都斥巨资研发机器人投顾的话，智能投顾一旦接到抛售指令，或将促发一系列机器人投顾抛售，继而导致市场崩盘。当机器人都在抛售，而没有人买的时候，崩盘将变得格外惨烈。

在金融科技迅猛发展之际，监管机构应该迅速醒悟过来。根据智能机器人投顾特点，特别是风险点，赶快着手有针对性地进行监管政策上适应智能机器人投顾的新的安排。

英国银行大幅减员、裁减机构

英国的几大银行一直在关闭分支机构。2020年，汇丰银行在英国关闭了27家分行，使其在英门店的总数减少到594家。2022年3月16日，《香港经济日报》报道，汇丰旗下汇丰英国宣布进一步改革其分行网络，将关闭69家分行，目前汇丰在英国只有510家分行了。劳埃德银行集团也表示在2022年计划关闭全国60家分支机构。因为在过去两年中，客户将大多数的日常银行业务转移到了网上办理，手机银行应用程序使用频率大幅上升。

减少实体分支机构背后的原因是"客户行为发生了深刻的变化"，有更多的交易在线上进行。这意味着互联网金融与金融科技的改变率先从金融领域开始了。令人意想不到的是，此前预测的金融科技将引发金融特别是银行机构的失业潮来得这么早、这么快。当然，这主要是由互联网特别是移动互联网、人工智能等现代科技开始迅速进入金融领域，夺取银行等金融机构的网点与岗位所致。从欧洲来看，金融科技风暴正在从北向南席卷而来，这个趋势似乎不可避免。

另外，人工智能机器人正在迅速普及，首先受到冲击的是金融机构。如果说网络特别是移动互联网金融冲击的是网点机构以及一线个人银行服务业务的话，那么人工智能技术冲击的将是银行金融分析师、信贷资产评估师、理财投资分析师、金融股票外汇期货等部门的分析师，也即移动互联网金融、金融科技将冲击金融业的所有机构与岗位，谁都不能幸免。

移动互联网、人工智能已经以不可逆转之势发展。资本最青睐科技进步领域，特别是能够代替人的科技进步领域。对于资本来说，已经吃尽了"人"这种高级动物的苦头。只要有能够代替人的东西，资本就会不惜血本。工业机器人让资本兴奋了一次，人工智能或许会让资本更加兴奋。人工智能机器人只要能够代替金融高级分析师，资本就会让其快速发展并加以利用。相对于人工智能机器人来说，人类金融分析师是高端服务职业，薪酬极高而且流动性强，企业需要为其付出巨额成本，且很难管理。因此，企业迫不及待地要让人工智能机器人来取而代之。

英国、欧洲，乃至世界各地的银行机构被减，员工被裁，仅仅是开始。也可以说，目前的银行业大幅度削减机构与裁员相对于即将到来的深层级、高频次、大幅度的裁撤潮来说，只是序幕而已。

保守的英国人所在的银行里都开始撤机构、裁员了，那么其他地区的裁撤潮或将更加汹涌。每一个金融人、银行人已经到了该思考自己岗位与饭碗的时候了。眼前还在一线从事个人银行业务的员工，特别应该尽快提高自己，赶快以"手掌心"里的移动互联网为工具，去拥抱新经济、新金融，向新经济、新金融要岗位、要机会。

量化私募天价年终奖背后有深层次的问题

在投资市场进入量化阶段，以及金融行业就要进入 AI 投顾时代的背景下，"机器"带来的收入差距是不可避免的。进入投资市场后检验"算法"能力的就是回报率。谁的回报率高，谁就能获得超额收入。这是羡慕不来的。

在 AI 进入深度学习阶段以后，个人大脑单兵突破能力具有更大的优势。以前一个模型由十几、二十个研究员一起研究，模型收益提高，大家就一起平均分钱。但现在深度学习，也就是所谓的神经网络，不能依靠合作，主要依靠核心的一两名员工。由于核心员工产生收益的权重非常高，收益的大头肯定是分给他们。

在规模足够大的情况下，比如某头部量化私募的自营盘规模为 300 亿到 500 亿元，若核心投研员工的模型提升了整体策略收益，哪怕只提升 1%，收益就会增加 3 亿到 5 亿元，分 10% 给团队中的核心员工非常正常。就如我前面所讲，资金的规模效应，加上深度学习背景下的 AI 投顾模型是现在的少数人模型在发挥作用，金字塔尖上的几个人获得 5000 万元甚至上亿元年终奖都是有可能的。

量化私募年终奖几千万元的背后引发了很多深层次的问题。新科技包括大数据、云计算、人工智能、数字货币、区块链技术、物联网技术、自动驾驶等的迅猛发展，将会带来全球性收入不平等加剧，并且这种收入差距拉大的速度远远超过人们的想象。

马斯克是最好的例子。2021 年 12 月 13 日，特斯拉 CEO 埃隆·马斯克被美国《时代》杂志评为"2021 年度人物"，以感谢他对环境和太空探索的贡献。马斯克是全球首富，其登顶全球首富宝座的造富神话比之前位置上的贝索斯、比尔·盖茨都更令人惊讶，因为从近乎破产到全球首富，马斯克只用了3年。2017年中，就在贝索斯已经是首富的时候，马斯克还在破产的边缘苦苦挣扎。

2021年10月25日，特斯拉市值突破1万亿美元。特斯拉也因此成为继苹果、亚马逊、微软、谷歌和脸书后，第六只美股市值超1万亿美元的股票。马斯克的个人财富也随之"水涨船高"，一跃成为世界首富，身家一度突破3000亿美元，曾经高出第二名贝索斯财富的1000多亿美元。这是个创富奇迹，其秘诀与助推力就是新科技。

回到量化私募人员年终奖几千万元上。按照目前的个人所得税法，最高档税率为45%。量化私募几千万元年终奖对国家税收贡献也很大。

随着智能投顾的进一步成熟和普及，未来全球投资市场是量化、程序化、模型和AI的天下，是高端新科技，包括人工智能、算法模型、大数据挖掘与分析等高科技人才的市场。面对几千万元年终奖，其他人也只有艳羡的份了。

中国智能投顾的信心来自哪里

中国智能投顾发展可以用"起个大早，赶个晚集"来描述。中国智能投顾2004年已经起步，但2015年以后就发展缓慢。美国智能投顾2010年起步，至今发展得如火如荼。

中国智能投顾发展缓慢的原因何在？有金融市场大环境影响的因素，也有投资者利用现代科技意识不强的影响，更有智能投顾一直在浅水区蹚水而不敢到深水区游泳的情况。

中国金融的市场化空间巨大。一个国家的市场最忌讳搞成一个市场不市场、计划不计划的四不像局面。这种状况将彻底扭曲市场，扭曲市场信息传递的真实性、时效性。这个时候，投资者将无所适从：不管是按照市场机制分析投资决策，还是按照计划与干预信号决策，都会失误。

智能投顾对完善的市场机制依赖程度非常高。从智能投顾的流程来看，一般分为六个步骤：信息收集、投资者分析、大类资产配置、投资组合分析与选择、交易执行、资产再平衡。如果针对的是美国市场，通常还会多一个"税收规划"板块。这些都是智能化操作，都应该以大数据为前提。一旦第一步"信息收集"中的"信息"是假的，或者是人为编造的，那么一切都无从谈起。智能投顾必须建立在完全市场机制基础上，它是市场化的产物，与计划干预之类的东西格格不入。智能投顾是在公开透明、公平公正的平台上与其他投资顾问赛跑。这个平台不应该受到任何干扰。

然而，中国国内目前对投资平台信用背书比较混乱，刚性兑付基本没有打破，承诺高收益的品种太多，智能投顾貌似没有用武之地。

中国的无风险收益率太高，理财产品、货币基金动辄有4%～7%的收益，而美国的货币基金普遍利率仅为1%。这样的话，智能投顾在中国有点水土不服，被挤压了生存空间。不过，我对于智能投顾在中国未来的发展依然充满信心。

从技术上看，智能投顾的第一要素是大数据，在中国有最为坚实的基础。中国目前的大数据积累是最为丰富的，大数据资源开发是中国智能投顾最大的优势。智能投顾大数据金矿是不能也不会被浪费的。因为一旦理顺市场，企业会自动自发介入智能投顾。

从智能投顾优势上看，美国智能投顾发展的目的在于降低各个方面的成本，包括降低投行聘请人工分析师的高昂成本、降低客户费用成本、降低投资门槛。传统投顾聘请分析师成本畸高、触达客户难、用户画像成本高、维护用户费精力、建议难有效，这些都是推动投顾线上化发展的因素，都给智能投顾发展提供了机会。

当然，我们也看到，中国智能投顾还是有了可喜的进步。2014年4月，国内首家智能投顾平台"蓝海智投"横空出世，引导用户通过开立美股账户实现海外ETF投资。2015年10月，被视为"黑马"的弥财正式上线运营，投资标的也是海外的ETF基金。2016年4月，宜信财富上线智能投顾——投米RA，其背后的理论逻辑仍是现代资产配置（MPT），投资标的为流动性较强的海外ETF等指数基金；同年5月，璇玑智投成立，主要投资标的为QDII（合格境内机构投资者）基金。2020年4月，支付宝上线基金投顾服务平台"帮你投"；同年8月，腾安基金上线基金投顾服务"一起投"。

从投资国内产品看，第三方基金代销平台如盈米基金和好买基金，以基金为主要配置，推出了机器人理财产品；传统金融机构中，招商银行、广发证券、平安证券的智能资产配置系统有较大的知名度。

此前的互联网创业平台未来更可能转向to B端，而银行、基金、券商也将改变粗放式发展的风格。为了留住客户、满足客户多元化需求，智能投顾的开发也是大势所趋。

2019年，蓝海智投推出了to B的智投云业务，为券商、银行和第三方财富管理机构提供智能投顾产品、策略的解决方案。此外，除了较早登陆市场的招商银行的摩羯智投，还有来自中国银行的中银慧投和工商银行的"AI投"。可以说，经过几年发展，中国智能投顾有了飞速发展，实现了从0到1的突破。

中国智能投顾具有巨大发展潜力

中国智能投顾整体发展落后于欧美和日本,特别是落后于美国。与此同时,智能投顾环境非常糟糕,炒作概念、噱头、讲故事的多,真正伏下身子、脚踏实地研究的少之又少。

偶然的机会,我看到了两份智能投顾排行榜,一份是2018年的,另一份是2019年1月的。排行榜上的智能投顾企业大多不是真正的智能投顾机构,而是概念化炒作。这样的话就会得出一些错误的结论,即所谓中国智能投顾准确率不高、收益率低、合规性差的结论。本身就不是智能投顾企业,非弄到智能投顾排行榜里,结论必然是错误的。

中国智能投顾率先突破必须依靠腾讯金融、百度金融和京东、小米等大型互联网金融的发展。大型国有金融企业已经觉醒,开始涉足智能投顾,虽然现在还不成气候,但前景可期待。

智能投顾是金融行业的下一个发力点已经成为行业共识。银行、券商、互联网创业公司近几年都在研发智能投顾产品。2017年更是银行智能投顾产品上线频率最高的一年。工商银行、江苏银行、光大银行、广发银行、兴业银行、平安银行都推出了自己的智能投顾产品,中国银行的中银慧投也在2019年面世。而作为先行者,招商银行在2016年推出的摩羯智投资产管理规模已经在百亿元左右,成了行业标杆。

银行智能投顾产品的集中涌现说明智能投顾加速进入了实际应用,只有参与者增加,智能投顾技术才能不断走向成熟,商业应用才能进一步落地。银行系拥有雄厚的资金实力和很大的客户规模,同时在风控上也有充足的经验。各大银行加大在智能投顾方面的投入,对智能投顾的发展来说是极大的利好。毕竟智能投顾考验的是平台的金融服务能力和人工智能技术实力，在人才、技术上的投入不够，很难做出让人惊艳的智能产品。

中国的智能投顾必须首先扎扎实实做基础。把大数据基础做扎实是第一位的。这就需要银行、券商、基金、保险、信托、资管公司与华为、百度、阿里、腾讯、京东、小米等互联网巨头合作，打通和整合大数据平台，实现数据共享，各自付费；同时，在云计算、算法、算力上与华为、阿里、百度、腾讯合作，与谷歌、亚马逊、苹果合作。

中国的智能投顾远远没到规范与监管的时候。任何一项新兴技术的发展初始期，都是鱼龙混杂、泥沙俱下的阶段。在这个阶段，噱头大于实际，概念大于实际应用。智能投顾也不例外，很多智能投顾产品并没有做到千人千面；同时，一定程度上还依赖人力。随着人工智能技术的成熟，技术标准的建立，智能投顾会逐渐走向规范化，真正实现"智能化"。一定要给智能投顾的技术人员一个自由自在、无拘无束的思想放纵期，把创新的灵感全部释放出来。然后，针对问题有的放矢地谈规范化监管。

我一再强调，中国智能投顾的发展还属于初期，无论是技术成熟度还是管理资产的规模，抑或是用户数量，都远远不及美国。美国智能投顾企业Betterment的资产管理规模在2017年就已达40亿美元，而中国的很多企业资产管理规模仍不到百亿元。中国巨大的人口规模以及不断增长的资产管理规模，都是智能投顾未来发展的基础。

智能投顾只有在算法模型上不断成熟，从自动化走向智能化，能够准确识别不同用户的不同需求，才能真正实现资产的优化配置。同时，只有对接更多的优质资产，用户端有更多"小白"用户进入智能投顾的覆盖范围，智能投顾才能发挥出自己的优势，资产管理才能进入新的发展阶段。

金融业发展到今天，技术发挥的作用越来越大，互联网金融对传统金融业态形成的冲击大家有目共睹，智能投顾也一样，人工智能技术在金融业务上的应用，也会进一步改变人们做金融业务的思维方式。

任何一项新兴的技术都要经过一个从概念到实际应用的阶段，都会有一个成熟的过程，人们对待新技术应该理性客观，不盲目跟风，也不夸大其词高估技术的影响力。

"监管沙盒"制度是否适合智能投顾

香港交易所首席中国经济学家办公室和创新实验室曾于 2018 年 10 月 19 日发布研究报告《金融科技的运用和监管框架》。报告称，智能投顾和投研等人工智能技术是各国"监管沙盒"测试的重点内容。借鉴其他国家做法，可能是中国香港市场下一步的尝试方向。

什么是监管沙盒？监管沙盒，又称监管沙箱，英文是 Regulatory Sandbox。这一概念是英国政府在 2015 年 3 月首次提出的。按照英国金融行为监管局（FCA）的定义，监管沙盒是一个安全空间，在这一空间中，监管规定有所放宽，在保护消费者或投资者权益、严防风险外溢的前提下，尽可能创造一个鼓励创新的规则环境。金融科技企业可以在其中测试创新的金融产品、服务、商业模式和营销方式，不需要担心在碰到问题时立刻受到监管规则约束。

这一设计本质上是一种金融创新产品的测试与激励机制，同时也能保护广大消费者权益，是一个短周期、小规模的测试环境，可以缓冲监管对创新的制约作用。

其流程总体上可分为申请、评估和测试三步；运作核心包括两方面：在既有的监管框架下降低测试门槛，同时确保创新测试带来的风险不从企业传导至消费者。

监管沙盒在全球的推广如何？除英国外，新加坡、澳大利亚、美国等国家纷纷在2016—2017年推出了关于沙盒监管的相关文件，对准入条件与操作方法进行了说明。中国在2017年5月23日，在贵阳启动了区块链金融沙盒计划，这是中国首个由政府主导的沙盒计划。

中国的目的是，针对ICO（Initial Coin Offering，首次币发行）实施"监管沙盒"既可以弥补现有金融监管机制的不足，又可以相对控制风险、保障投资者的利益，是平衡区块链行业创新与ICO风险的有效监管手段。ICO监管如果采取一刀切的措施或者监管过严，势必会影响区块链这个新兴行业的发展与进程。不过，"监管沙盒"的落实情况并不好。比特币、ICO在中国已经明令禁止，发展基本处于停滞状态。

沙盒监管制度应用最好的是新加坡监管局，在人工智能投顾、区块链技术等方面持非常开放的态度，实践中效果比较好。

沙盒监管制度是否适合应用到智能投顾领域，这个值得商榷。中国香港根据人工智能技术在智能投研、智能投顾领域的运用，试图在监管上采用沙盒监管制度。中国香港此番举动主要是基于围绕区块链和人工智能这两大技术与证券行业的结合点展开，探寻这些新技术如何与证券业的投资及交易、结算、监管层面等业务具体结合，为金融科技找到在资本市场的具体运用模式，以实际的、可操作的案例来说明金融科技对资本市场和证券交易的影响和意义。

不过，智能投顾与区块链技术、ICO和加密货币的一个区别是前者已经实践很长时间，基本是一个成熟的技术。智能投顾现在面临的就是进一步提高准确率的问题。这个时候将其纳入沙盒监管，不仅会限制其发展，而且或会引发智能投顾技术的严重倒退。

所以，必须清楚沙盒监管制度的准确适用范围与对象。近年来，以区块链、大数据为代表的一系列金融科技快速发展，各种新兴的金融产品、服务和商业模式陆续产生，快速改变了传统金融行业的生态格局。而金融科技的业务模型和应用模式都十分多样而复杂，监管机制则难以同步发展，用滞后的监管机制来管控日新月异的金融科技时，如何平衡风险防控和促进创新之间的关系，成为一大难题。在这样的需求下，监管沙盒应运而生。从中可以看出，沙盒监管制度就是给区块链技术、ICO 和加密货币量身定制的，而应用到较成熟的智能投顾上则需要谨慎研究与思考。

第三节　人工智能金融未来大有可为

从英国科学家霍金警告"机器人百年内将控制人类",到美国 2015 年诺贝尔经济学奖获得者安格斯·迪顿警告称,"机器人和自动化的增长,可能会消灭全球各地数以百万计的就业机会",再到 AlphaGo 相继击败李世石、柯洁、聂卫平等全球顶级棋手,机器人特别是人工智能机器人正在带来前所未有的大变革。这种大变革或比预想的要来得早、来得快。

无利不起早。人工智能将会在回报率最高的领域率先发力。人工智能机器人说到底是一种资本。资本的属性就是哪里回报率最高就奔向哪里。那么,人工智能会在哪里找到第一个突破口呢?

集企业家、科学家于一身,特别作为最早研究人工智能的顶级专家李开复预言:金融将是最快实现 AI 商业价值的领域之一。

李开复在人工智能技术以及商业应用上最有发言权。1988 年,李开复开发的"奥赛罗"人机对弈系统,击败人类的黑白棋世界冠军而名噪一时。李开复还曾帮助 IBM 组织深蓝团队。当年,李开复发掘了击败国际象棋世界冠军卡斯帕罗夫的电脑"深蓝"设计者许峰雄,并将其引荐给 IBM。李开复和许峰雄都是卡内基·梅隆大学校友。后来李开复回到中国开设创新工厂,将科技研究与实践和商业应用紧密结合起来。对于目前火热的人工智能研究与应用,李开复的观察角度与常人或有本质区别。

　　李开复认为，随着人工智能技术的发展及产业的应用，人工智能会产生巨大的经济价值。其中，金融领域将会是 AI 最快产生商业价值的领域。这不无道理，主要是基于以下原因做出的判断：以量化交易为例，现在很多人买卖股票，并不是基于经验和感性的分析，而是通过分析数据做出投资判断，而这一部分的工作在未来基本会被机器所取代。因为没有人能够像机器人一样分析数字，机器人筛选项目的犯错率不见得比一个投资团队更高。因此，在金融领域，人工智能是可以获得直接的商业回报的。

　　这不由得让我想起，2016 年初，困难重重的德银、高盛、摩根大通以及日本一些机构，都开始斥巨资投入智能投顾的研发。到 2016 年第四季度，有消息说，美国公司智能投顾分析的准确率高达 70%，而日本高达 80%。此后，我撰文指出，连金融业最高端的金融分析师都可以被人工智能代替，那么整个金融行业没有什么是不可以被人工智能替代的。金融行业包括银行业受到的冲击越来越大，或比预期想的要快很多。现在看来这个判断是非常正确的。

　　人工智能率先发力于金融行业，当然是冲着金融业远远高于社会平均回报率的高回报而来的。如果智能投顾研发成功的话，那么将会给研发者带来立竿见影的现金高回报。虽然研发阶段一次投入较大，但基本是一劳永逸的。美国金融机构测算过，智能投顾的成本要比聘用金融分析师低许多。这种诱惑力太大了。这对中国启发最大。中国是互联网金融的发源地，但是面对互联网金融 2.0 版的科技金融，中国却迟钝了或者说落伍了。有一些机构还在炒作智能投顾的概念，但其本身连智能投顾的概念都没有搞明白。金融机构习惯于炒作概念的毛病已经传染到智能投顾上了。

　　中国应该醒过来，在互联网金融的基础上，迅速发展智能投顾等金融科技领域。在这方面要有一批像李开复这样的导师级科学家领衔；同时，还要依靠阿里巴巴、百度、腾讯等这些大型互联网企业发力。

大型金融机构包括银行等应与大型互联网企业合作涉足金融科技。因为扑面而来的金融科技，特别是人工智能对金融业的冲击已经不可避免，所有金融企业以及金融从业者都应该感到前所未有的大危机，都应该有应对的强烈紧迫感。

CFA将人工智能、区块链列入考试内容

金融智能化正在改变或者说颠覆整个金融行业。这种对传统金融的颠覆与改造也许比预想的来得早、来得快。如果说互联网金融已经开始动摇传统金融的根基，那么金融科技将彻底颠覆传统金融的所有领域。我还是那句话，围棋是最复杂的人类智力游戏，而人工智能却能轻易战胜世界冠军，这说明金融领域包括分析师等高端岗位都完全可能被人工智能所代替。

金融数据服务商Kensho创始人预计，到2026年，有33%~50%的金融业工作人员会失去工作，他们的工作将被电脑所取代。其中就包括金融业的高端服务人员——金融分析师。而CFA（注册特许金融分析师，Chartered Financial Analyst）协会是通过考试来"生产"世界上最权威、最专业金融分析师的摇篮。CFA证书是全球投资业里最为严格与高含金量的资格认证，是投资从业者的"黄金标准"。因此，CFA考试也被称为金融第一考，为全球投资业在道德操守、专业标准及知识体系等方面设立了规范与标准，被广泛认知与认可。投资从业者都希望通过获得CFA认证来更深入地了解市场，获得更好的工作岗位和更高的薪酬。

然而，颇具戏剧性的是，随着新科技、新金融，特别是互联网、移动

互联网、大数据、云计算、人工智能、区块链技术、数字货币、互联网金融的发展，传统金融受到了空前挑战，协会总部在美国的 CFA 也受到了空前挑战，这是因为智能投顾、智能算法在金融分析中的应用，量化技术在证券市场的推广。谁也没有想到金融科技竟然率先颠覆了金融业最高端的金融股票市场分析师领域，包括 CFA 在内的人工分析师饭碗，不是金饭碗变为铁饭碗、木饭碗的问题，而是要被智能投顾彻底砸烂的问题。

不夸张地说，人工智能投顾给 CFA 的冲击仅仅是第一步，更大的冲击还在后面，那就是区块链。CFA 本质上是传统金融的产物，传统金融又是中心化的产物。而区块链技术的第一大特质就是去中心化。区块链技术要革了所有中心化产物的命根，包括 CFA。

CFA 协会在 2019 年的 I、II 级考试中加入了数字货币和区块链科目，包括金融科技、人工智能、机器学习、大数据和自动化交易的内容。这些新增的考试内容涉及金融科技主题，诸如虚拟货币如何与经济学产生交叉之类的内容也可能在将来进入考试范围。

看似 CFA 是与时俱进，用 CFA 协会负责通识教育与课程的董事总经理斯蒂芬·霍兰（Stephen Horan）的话称：这不是一时跟风。我们看到，这个领域的发展要比其他领域快得多，而且我们也看到它的发展越来越持续。

在我看来，CFA 考试加入数字货币和区块链相关知识有与时俱进的成分，但主要是自保自救。如果人工智能投顾替代金融分析师的岗位，那么或许在不远的将来，CFA 证书将变得一文不值，CFA 协会也将最终被淘汰。全球金融分析师包括 CFA 证书持有者都已经有空前的危机，他们的危机同样是 CFA 协会的危机。

加入大数据分析、人工智能、机器学习与演算法证券交易，以及数字货币、区块链技术考试内容，最起码可以让学员们较早了解这些新科技金融的基本原理，学会运用最好，就是有一个先人一步的应对心理准备也是收获。

CFA协会加入金融科技、人工智能、机器学习、大数据和自动化交易、虚拟货币和区块链技术等考试内容，所以，目前几乎所有在学校、各类培训、资格考试中的内容在新经济、新技术、新金融面前都显得落伍了，对此，所有人都应该引起重视。

说实话，CFA协会即使将金融科技、人工智能、机器学习、大数据和自动化交易、虚拟货币和区块链技术等新知识纳入考试大纲也不一定能够挽救金融分析师及其组织的命运。因为人工智能不仅被引入了金融行业，而且正在对各个行业，有些看似还非常高大上的行业构成严重冲击。我们不妨举几个例子。

2016年最热闹的莫过于谷歌的AlphaGo机器人大战李世石。而不怎么为人所知的新闻事件还有，2016年IBM的"沃森"（Waston）通过阅读医学文献，成功救治了一名日本患者，也就是说医生这个职业被人工智能取代的可能也非常之大。

似乎法律工作者也不能幸免。摩根大通设计了一款金融合同解析软件COIN。这款软件上线半年多时间，原先律师和贷款人员每年需花费36万小时才能完成的工作，如今COIN只需几秒便能轻松完成。

再比如，金融数据服务商Kensho的程序可以迅速告知人们，在发生冲突的时候，石油、货币等各类资产在过往是如何表现的。Kensho开发的程序做这份工作只需要1分钟，而以往分析师们则需要40个小时，并且这些分析师还拿着35万到50万美元的薪水。

一个报道的描述非常形象，当你在吃饭的时候，机器人在读研报；当你在喝星巴克的时候，机器人在读研报。机器人不会疲惫，不用休息，可以通宵达旦！对于股票估值模型，人工智能在速度和准确性上优势明显。

无论如何，金融科技时代正在快速到来，无论你愿不愿意、承不承认，它都正在向金融业的最高级群体——金融分析师发出挑战，其他群体更是基本无一幸免。

CFA协会将人工智能金融、大数据、云计算、区块链等量化分析列入考试大纲，成为考试内容，说明CFA协会正在密切观察金融智能化的发展前景与动向。金融科技的发展已经让所有金融机构、从业人员、监管部门等都不能忽视了。

对机器人征税还为时过早

在机器人特别是人工智能浪潮下，一些忧虑质疑的声音也开始出现。其中最大、最直接的担忧是机器人将取代人类的工作岗位，由此带来全球性的失业潮。客观地说，这种担忧不无道理，而且已经开始出现，特别是工业机器人已经被广泛投入使用。最典型的例子是苹果手机最大的代工企业富士康开始批量使用机器人，随之而来的就是一批工人失去工作岗位。

美国政府研究机构以及经济学家另一个深层次的担忧是，机器人被广泛使用后，不仅使得大批工人失去工作，而且还会带来分配关系的恶化。财富将进一步流向资本家的腰包，普通百姓在初次分配中由于劳动力所得消失，收入急剧下降，由此引发的整个社会收入分配差距被恶性拉大的问题，将很快成为全球性的大问题。

一些地区已经意识到这个问题的严重性，并试图采取措施应对。早在2017年，欧洲议会就一部关于机器人的法律提案进行投票。该提案由卢森堡议员玛蒂德尔沃提出，涉及工业、医疗、娱乐等多个领域的机器人。提案包括向机器人征税等举措，旨在弥补机器人造成的失业等损失。而投票结果是，396票反对，123票赞成，85票弃权。

该提案建议向机器人所有者征税，用于资助因机器人而失业的人群重新训练，以达成其再就业的目标。但反对观点认为，征收机器人税会对企业创新、就业竞争造成相当负面的影响。而问题的关键在于如何处理好保护传统就业与鼓励创新的关系。

我曾经在这则消息的留言中写道：一定要防止历史上的英国《红旗法案》悲剧在欧洲重演。说到底，这是守旧思想与创新精神的碰撞，就看当局如何处理好保护落后和鼓励创新的关系。好在今日的欧洲议会要比几百年前的英国议会思想开明得多，最终该提案因遭受绝大多数议员的反对而夭折。

不过，机器人的广泛使用给就业带来的冲击是显而易见的。我们该怎么办？微软创始人比尔·盖茨在接受媒体采访时称，可以通过对机器人所有者征税来筹集资金，帮助被自动化所取代的工人进行再培训。比尔·盖茨是同意向机器人所有者征税的。但必须看到，盖茨是在两项取舍中无奈同意的。他说，若人们总体对创新的畏惧多于热情，那是很坏的一件事。这意味着人们不会促使机器人往积极的方向发展。因此，征税明显要比禁止开发某些机器人项目更好。

不过，在机器人尚处于起步发展阶段时，谈及向机器人所有者征税明显为时过早。如果目前各个国家仓促出台向机器人所有者征税措施的话，肯定会抑制创新，抑制机器人产业的研发与发展，甚至会导致整个产业陷入停滞，影响到整个国家的创新积极性。

机器人的广泛使用带来的是劳动力结构的调整，而不是消灭劳动力岗位。人们所希望看到的其实是，利用自动化来制造我们今天所拥有的商品，提供服务，并解放劳动力，使更多的劳动力能够从事其他更需要人类特质的工作中去，比如照顾老人、教育孩子等。在这些行业中，人类的同情心和理解力非常重要。机器人是解放劳动力，是把劳动力转移到更加适合人类工作的岗位上去。从经济学上讲，这将大大提高劳动力的效率。

同时，未来机器人被广泛使用后带给各个方面的冲击还需要继续观察。用中国一句话讲，"车到山前必有路"；用西方一句话说，"上帝关上一扇门的时候必然开启一扇窗"。今天我们对机器人的恐惧只是预想出来的，如果根据想象而出台遏制机器人发展的措施，阻碍了创新，那将得不偿失。

人工智能金融反欺诈应用有前景

人工智能在金融上深度渗透后形成的 AI 金融，从具体看包括 AI 金融分析、AI 金融客服技术、AI 金融管理、AI 金融产品开发设计、AI 信用挖掘获取、AI 金融风险控制、AI 支付特别是移动支付等。也就是说，从传统的资产、负债到中间业务、支付结算业务，AI 都能全方位进行布局。从互联网金融的大数据、云计算、移动支付、网络平台看，AI 智能更是如鱼得水，可以量身定做。AI 金融时代很快会到来，AI 金融是大势所趋，不可逆转。

如果从本质上撇开金融业务本身，从防欺诈、内外勾结的金融犯罪预防以及破案角度看，AI 作用会更加大。

一个非常值得关注的现象是，随着互联网、移动互联网、大数据、云计算、人工智能、区块链、数字货币、互联网金融、金融科技等新经济、新科技、新金融的发展，在促进整个金融业转型到新兴科技金融、数字化金融和智能金融的同时，大数据、云计算、人工智能等技术也被犯罪分子用来进行高科技犯罪，而且还非常猖獗。2019年一季度拼多多优惠活动就曾被钻空子，损失惨重。类似商业网站遭遇攻击的情况也非常多。

特别是随着互联网金融的发展，这类网络高科技手段在金融犯罪中派上了用场，达到了猖獗之地步。对此，专业从事网络打假、保障网络安全的360公司最有发言权。

2019年5月9日，360金融研究院携手360集团联合发布了《2018智能反欺诈洞察报告》（以下简称《报告》），聚焦金融电信诈骗和网络贷款欺诈这两类高发欺诈类型进行了深度研究和数据洞察。《报告》数据显示，2018年在360手机卫士推出的手机先赔服务接到的诈骗举报投诉案件中，金融诈骗损失金额占比高达35%，报案量在全部诈骗类型中占比14.9%。《报告》总结称：在网络普及呈现低龄化、中青年群体金融需求日渐提升等趋势影响下，80后、90后一代正成为手机诈骗的重点目标；男性受害者占76.3%，占比明显高于女性，人均损失金额也比女性更高。

损失金额上，由于黑中介在成功获得目标用户的个人信息后，往往会在多个平台进行高额度的骗贷，用户损失相较于传统诈骗更大。《报告》数据显示，遭遇黑中介骗贷后，损失5000元到1万元的占比28%，损失1万元到5万元的占比38%，损失5万元以上的占比11%。

网络技术的不断迭代，黑中介、黑色产业链的智能化趋势明显。黑产团伙同样会利用大数据、AI技术等技术手段扩大欺诈覆盖面和精准度。围绕欺诈目的达成，黑中介伙同黑产构建了一条集用户数据获取、身份信息伪造和包装、欺诈策略制定、技术手段实施等于一体的完整产业链。

在大数据金融反欺诈应用上，头部科技平台的大数据已经相对成熟和丰满，可以涵盖信贷、社交、消费、通信数据等诸多领域。360金融研究院统计调研发现，能够在构建用户人群画像、甄别借款用户还款能力方面贡献度最大的两类数据是消费和社交，安全类大数据更有助于判断借款用户的还款意愿。

360集团在全球100多座数据中心部署了超过10万台服务器，数据存储量达到EB级，安全服务覆盖全球6亿台计算机，累计连接超过10亿台的移动设备，拥有总样本数超过180亿的全球最大的程序文件样本库。

而360金融（2020年8月7日正式更名为360数科，因此以下称360数科）背靠集团的数据智能优势，已积累了千万级别的黑名单库和数亿的白名单库。自主研发的Argus智能风控引擎从数十万个变量中用机器学习方法筛选出超过3000个风控模型数据变量，近96%的授信申请和99%的订单申请实现全自动审核，秒级反馈结果。

在人工智能金融反欺诈应用上，基于人工智能技术建立的反欺诈模型和反欺诈策略成为平台预测、抵挡欺诈风险的有力武器。

一方面，人工智能可以利用机器对数据的大规模以及高频率的处理能力，将申请人相关的各类信息节点构建成庞大的网络图，并在此基础上建立基于机器学习的反欺诈模型，对其进行反复训练和实时识别。

另一方面，人工智能基于庞大的知识图谱，还能监测整个互联网的风险动态，当发现信用表现出现风险的时候，能够及时做出风险预警，启动"先知"的防御机制。

AI对于底层数据的识别、分类、应用在实践中也非常有帮助，例如在底层数据标注等业务场景中，通过AI判定识别与人工过滤清洗的结合，可有效帮助内部数据的增长。

360数科在实际应用中结合场景应用AI分别构建相应的业务模型，同时重视 AI 在底层信息上的识别应用。例如：采用生物活体检测和大数据交叉匹配借款用户信息，判别出提供虚假信息的客户并拒绝其借款申请；在中介风险识别的场景下，利用社交关系图谱模型、自然语言处理等 AI 建模技术在社交关系上有效识别团伙作案风险；在伪冒风险及账户盗用风险等业务场景下，高度重视 AI 在客户行为埋点数据、客户社交关系等非传统建模数据上对该类风险的识别，构建伪冒评分、账户安全评分、客户行为异常模型、设备异常行为模型等，有效识别该类风险。

在底层信息处理上，360 数科构建设备识别模型，有效提升对于设备认定的有效性及准确度，特别提升了线上贷款对于设备数据使用的准确性。

据了解，360 数科有超过 200 多个风控子模型在线上运行，且具备实时自动更新模型的能力，部分风险模型的迭代频次以周为单位。

针对诈骗现实，360 数科还采取了一系列行之有效的措施。例如，发布反诈星球计划。该计划以大数据、AI 和区块链技术为核心，建立起防诈骗、防信息泄露的全流程防线，以保护用户利益。联合 360 手机安全卫士发起诈骗电话阻击战。360 借条针对"注销网贷账户""网购退款""假冒 APP"三类电信诈骗骗局，上线硬核防骗弹窗提示，强化用户对最新骗术的认知等等。仅 2021 年上半年，360 数科就向公安部网络违法犯罪举报网站和合作安全机构上报阻断仿冒 360 借条 APP 的链接 3147 条，平均每月上报阻断仿冒链接 525 条，最快 4 小时内封停。

人工智能金融的发展离不开强有力的资本渗透

人工智能金融正处在发展的初级阶段，需要强有力的资本支持。作为最具创新力的人工智能金融，其背后的依靠力量是什么呢？

从企业类别来说，民营企业最有动力开发人工智能金融业务。最有创新性的是民企、民间资本。因为民企、民间资本是在完全竞争市场里打拼，危机感最强，一般都把创新当作核心竞争力，以创新来求生存、求发展。特别是风险大、类似智能金融的行业，民营企业更有创新动力。

2019年第一季度，更多的金融科技巨额融资保持私有状态。值得一提的是，第一季度的投融资亮点出现在支付领域。支付巨头之间的并购交易创下纪录，例如，美国支付处理商Fiserv在2019年1月以410亿美元收购了负债累累的竞争对手First Data，前者为银行和非银行发行机构提供基于银行卡的解决方案。富达国家信息服务公司（FIS）在2019年3月以430亿美元收购了电子支付服务商Worldpay。

从地区分布看，在2019年第一季度，欧洲、美国是人工智能金融融资的主力军。欧洲的融资规模增加至17亿美元，成功超过亚洲（8.75亿美元）；美国以170笔共33亿美元的规模继续领跑；印度的金融科技风投融资额达到了2.86亿美元，略高于中国，成为亚洲第一；中国的融资规模则降至1.92亿美元，较2018年同期下降89%。

中国金融科技融资下降让市场想不到，原因主要是金融监管趋严。但是，根据中关村互联网金融研究院发布的《中国金融科技和数字普惠金融发展报告（2022）》来看，虽然2019年之后受疫情影响，中国金融科技热度有所减退，但2021年金融科技融资数额及融资笔数均在回暖，整体已超过2020年，带动中国人工智能核心产业规模超1800亿元，至2025年预计超过4500亿元。可以看出，中国金融科技的发展潜力强劲、后劲巨大。

如果金融监管对金融创新认识不够，那么这个国家新金融发展就会立即停滞。事实已经得到了充分验证。最具活力、最有潜力、最有基础的中国金融科技或可能退居亚洲后列。

美国坐上智能金融头把交椅没有一点悬念。这与我此前预测毫发不差。欧洲后来居上，紧随美国人工智能金融发展步伐也基本是定数。亚洲，印度坐上人工智能金融头把交椅是大概率。这些国家或地区一旦占领人工智能金融制高点，将在未来新金融领域立于不败之地。

中国应该在人工智能金融中有危机感。中国发展人工智能金融最有优势，中国线上特别是移动端的基础超过美国，中国移动支付全球第一，中国金融大数据、金融计算能力、金融智能算法，都不输给世界任何国家。然而，近年来，世界其他国家在 AI 金融领域也加大了发展力度。2022 年 11 月 24 日，神州信息举办的"2022 数字金融新引擎"云端研讨会现场发布的《数字经济时代下的数字金融——银行数字化转型目标、路径与举措（2022）》年度报告显示，2021 年美洲地区（主要是美国）金融科技投资金额占了全球的约 50%，其中支付及数字银行等是投资的热点。可见，中国应加强对 AI 金融领域的资本渗透，争取早日占据有利地位。

07

金融科技不能"监管至死"

> 自主创新在于提出别人没有想过的东西,问题是,如果一个社会对你能想些什么、讨论什么都有限制的话,要在传统框架之外思考问题以达到创新,是非常难做到的。
>
> ——艾伦·格林斯潘(美国第十三任联邦储备委员会主席)

监管者要合理规范、正确引导,公众要去伪存真、规避风险,彼此都需要对目前互联网金融、金融科技的发展现状有一个清醒的认识。

总体上看,互联网金融发展对于支持国家创新驱动发展战略,推动大众创业、万众创新和供给侧结构性改革,提升金融服务普惠性和扩大覆盖面具有积极意义。站在全球视角观察,中国互联网金融创新走在了世界前列,这是与中国互联网业发展处于世界潮头的地位相适应的。但就更为发达的金融科技而言,欧美发达国家已经走在了我们前面。

第一节　把握好金融科技监管的度

移动支付、云计算、大数据、人工智能等新技术的发展，不仅大大降低了传统金融交易的成本，还使传统金融机构在人们生产生活中的影响力日渐降低。与此同时，市场上不断涌现出各种各样新的金融科技公司，给人类生活和社会生产带来了便利，但同时，金融科技领域也存在一些乱象。其一是违法犯罪的问题。比如某些公司打着金融科技的旗帜，行高利贷之实；还有一些所谓的金融科技公司采取不正当的手段，在金融市场上套取利益；甚至一些公司还打着"金融科技"的幌子实施诈骗；等等。其二是用户数据隐私问题。随着大数据、云计算、人工智能等新技术日渐成熟与运用，解决数据共享与数据安全之间的矛盾成为金融科技发展中不可回避的问题。金融科技要想获得长远、持续的发展，就必须首先搬开数据信息不安全这块绊脚石。其三是垄断问题。金融科技公司天然具备"赢者通吃"属性，随着部分金融科技公司发展壮大，其可能形成市场垄断。这带来的可能后果是，金融科技巨头为抢占市场，实施排他性政策，阻止其他竞争对手进入，从而让其他市场主体失去了公平公正发展的机会，扰乱了市场经济秩序。而且这样的金融科技公司一旦发生风险，哪怕是一丁点，都会在负面溢出效应加持下被无限放大，从而引发系统性风险，甚至引发全球性经济危机。

在此情况下，不管是政府、企业，还是个人，都对金融科技投入了更多关注，加强对金融科技监管的呼声也越来越高。但不可否认的是，在当前环境下，监管金融科技面临着一些不可回避的难题和挑战。例如，法律是金融科技监管中的重要制度，也是金融科技监管的重要依据，可很多时候法律法规更新的速度是赶不上金融科技的迭代更新速度的。这就可能会让一些不法分子钻空子。一些公司以"金融科技"的名义，从事非法贷款、融资等，最终使得投资者遭受巨大的财产损失。又如，一些金融科技公司没有较强的风险安全意识以及对消费者权益的保护意识，致使消费者信息泄露，严重损害了消费者权益。再如，大数据、云计算等新兴技术虽发展得快，但黑客攻击、软件漏洞、技术故障等安全问题却是不可忽视的存在，其带来的数据丢失、数据泄露等问题始终困扰着金融的科技的发展。

在未来，为让金融科技持续健康发展，就需要在监管方面发力。与此同时，还需在以下方面做出努力：一是相关部门应根据金融科技发展现状，制定相关法律法规，促使金融科技监管有法可依。二是监管部门加强监管力度，包括加大反垄断审查力度，维护金融科技市场的公平公正性；弥补监管短板，让金融科技企业持牌经营；引导金融科技公司重视公司安全风险，加强企业文化建设和自我监督，敦促金融科技市场主体自觉践行相关法律法规，维护金融市场稳定健康发展等。三是监管也需顺应时代发展，加强对新兴科学技术的应用，推动全国性监管大数据平台的构建，实现金融科技监管的信息化、智能化，从而提高监管效能，促进监管科技与金融科技良性发展。目前出现的"监管沙盒"就是一个很好的例子。

站在全局、客观角度，既要看到金融科技发展给人类带来的巨大效益，又要看到金融科技发展伴随而来的系列问题，把握好金融科技监管的度。当然，我们必须明白，数据虽不能共享但数据价值可共享。强化数据保护、隐私保护，维护消费者权益，同时加强对数据价值的利用，才是金融科技监管发展的必由之路，也才能推动金融科技高质量发展。

监管不能跑在创新前面

互联网特别是移动互联网的发展，在全球各个行业引发了几乎颠覆性的改变，其中改变范围最大的是金融业，特别是传统银行。

互联网、大数据、云计算、人工智能、物联网等全球技术变革的趋势是去中心化。而金融从诞生起，无论是货币，还是信贷，无论是存款，还是贷款，无论是支付结算，还是投资理财，无论是中央银行，还是商业银行，最明显的特点就是中心化，或称它们都是中介化的产物。特别是商业银行，我们一般称其为间接融资机构。而间接的、中心化的、中介化的模式的特点是效率极低、环节极多、成本极高。

俗话说，物极必反。这种中心化、中介化的东西，想要依靠自身来进行提高效率、降低成本、简化环节的改革，无异于天方夜谭。而外部技术进步引发的变革，传统金融无论如何都难以抵挡。

区块链技术是去中心化的重磅武器。通过一个技术上的点对点模式，社会所有经济体交易都可以直接一对一进行，所有的中间环节都被剥离了。从金融上来说，由于每个个体点对点交易记录在每一个个人区块里都有储存，所有交易记录都是公开透明的，并可以互相佐证，这是最有力的监督，也是保证信用的有力基础。

区块链技术或可以颠覆一切，重构经济金融信用体系。从金融上来看，区块链技术颠覆的不仅是传统金融，而且连支付宝、微信支付等这些中心化的新金融都可能成为"传统"，成为颠覆的对象。目前，大数据征信体系也将被冲击。这就是去中心化核心技术的区块链的威力。

从世界范围来看，区块链技术发展十分迅猛。在欧美日，该技术已经进入某些领域进行实际应用了。但总体来说，区块链技术还处在深度研发阶段。我认为，若对金融科技过早监管，将会影响金融科技的创新步伐。

新加坡金融管理局局长孟文能（Ravi Menon）曾经发表演讲说，对金融科技的监管不应该跑在创新的前头，过早进行监管会抑制创新，可能会阻碍科技被采纳。他指出，只有当新科技展现出来的风险达到一定水平后，金管局才应实施监管，而监管的力度要和风险程度成比例。监管当局需要深度理解新兴科技以及它们所带来的风险和机会，不应惧怕与金融机构甚至金融科技公司的合作。

更重要的是监管部门必须对区块链技术、金融智能等有一个深度了解后才能对症下药，有的放矢地进行监管，否则可能会阻碍金融科技发展。

孟文能举例说，金管局原本不理解云科技（cloud technologies）的风险和好处，直到当局和云服务业者直接合作。这类的合作帮助金管局制定云计算的指导原则，并促进业界采纳指导原则。另外，金管局也和云服务业者直接参与区块链的概念验证（proof of concept）试验，测试这项科技如何应用于银行间的付款服务。

孟文能指出，监管当局在允许试验来推动金融科技发展的同时，也要控制其对消费者和金融系统带来的风险，"监管沙盒"便可让云服务业者在指定范围内测试新点子。

监管当局可更好地利用金融科技来监管和监督金融机构。监管科技（RegTech）就是一种，其中包括认知运算（cognitive computing）与行为计算（behavioural algorithms），前者可用在大型金融机构的压力测试中，后者可用来察觉可疑的交易和金融机构的不当行为。

国家和社会需要给金融创新留出足够的时间、空间，给予足够的试错机会与风险全面完整显现的暴露期，也给监管者留出观察新金融、了解与认清金融科技问题与风险的时间与余地。

加强对中小银行的风险监管

针对中小银行风险监管问题，我想谈两点个人的观点。

首先，要充分认识银行等金融企业的特殊性，以前我们把银行定性为企业，但跟着必须强调银行是特殊企业。它特殊在直接拿储户等大众债权人的钱发放贷款赚取利润。一旦贷款管理不善，发生收不回来的风险，储户债权人的财富就有风险，因此必须对银行加强监管。而银行等金融企业非常脆弱，一个谣言都可能引发挤兑风险，甚至可能会导致银行关门倒闭。

这就要求，一方面，必须保持银行等企业的经营稳定性。过去常常讲，市场经济完善的欧美商业银行在发放贷款上比监管部门更加保守，就是这个道理。另一方面，必须足够重视声誉风险。巴塞尔协议Ⅲ[①]将声誉风险列为一种新的风险，并给其下定义：声誉风险是利益相关方，包括顾客、债权人和交易对手等，提出负面评价而对银行的经营能力、发展客户能力产生负面影响

---

① 20世纪70年代中期，国际银行业出现严重问题，导致国际金融市场动荡，并引起广泛关注。为此，国际上成立了巴塞尔银行业监督管理委员会（简称巴塞尔委员会），负责组织制定并发布国际银行业风险管理指导文件。1988年，巴塞尔委员会出台《统一资本计量与资本标准的国际协议》（简称巴塞尔协议Ⅰ）；2004年6月，针对巴塞尔协议Ⅰ的不足，巴塞尔委员会经过多年修改、补充和完善，正式出台《统一资本计量与资本标准的国际协议：修订框架》（简称巴塞尔协议Ⅱ）；2010年12月，巴塞尔委员会正式发布《全球更稳健的银行及银行体系监管框架》及《流动性风险计量标准及监管的国际框架》，明确于2013年1月1日起实施，2018年底达标。这是自1988年出台巴塞尔资本协议以来的第三版，简称"巴塞尔协议Ⅲ"，它是巴塞尔协议Ⅰ、巴塞尔协议Ⅱ不断演进的结果。

的风险。中国银保监会发布的《商业银行声誉风险管理指引》，将声誉风险定义为"商业银行因为其自身经营管理或者其他外部事件导致的相关利益主体对其产生负面评价的风险"。

根据定义可以看出，对声誉风险的把握关键在于两点：一是声誉风险是由内外部事件所引起的负面评价；二是声誉风险会造成现实的或潜在的风险损失。根据研究，发达经济体金融体系基本上都经历过金融危机的洗礼，特别是这些发达经济体所在国家的公众媒体高度发达，因信息公开和言论自由导致的声誉风险更加可怕。它可能导致银行股价下跌，甚至让银行倒闭。巴塞尔协议Ⅲ也把声誉风险列入第二大支柱[①]。因此，一旦发生类似针对某银行的谣言，银行必须及时回应，公开透明地发布信息，消除谣言带来的影响。同时，这也说明地方金融监督管理局、中小银行应加强声誉风险管理，且已经到了刻不容缓的时候了。

其次，地方中小银行包括城市银行、农村合作银行、村镇银行以及中小非银行金融机构等的风险已经凸显出来，特别是在经济下行、压力加大的时候，银行风险很容易集中爆发，必须引起决策高层关注。决策高层必须对包括中小银行自身风险、监管不力等问题给予足够重视。

一个值得注意的问题是，中央金融监管与地方金融监管的关系早已明确。中央金融监督管理部门制定地方金融组织监管规则，对地方金融监督管理部门予以业务指导。省级人民政府履行对地方金融组织的监督管理和风险处置职责，承担地方法人金融机构的风险处置属地责任，对辖区内防范和处置非法集资工作负总责，维护属地金融稳定。而城市商业银行、农村商业银

---

① 巴塞尔协议三大支柱，是指最低资本要求、外部监管和市场约束。

行等都在地方金融机构的监管职责范围内。所以，建立中央与地方金融监管协调双机制，加强统筹协调，强化中央和地方的监督管理协作和信息共享十分必要，且势在必行。

中央金融监管部门和地方金融监管部门应协调配合应对中小银行风险凸显的情况，及时化解风险，确保金融安全。

客观看待"新型大而不能倒"风险

我在有幸看到中国银保监会主席郭树清在2020年新加坡金融科技节上的演讲后，深感对于互联网金融、科技金融等新金融（以下简称新金融）的发展前景、方向明确了。

演讲中，郭树清对中国新经济、新科技、新金融发展给予充分肯定：随着电子支付特别是移动支付的普及，中国已实现基本金融服务城乡全覆盖；数字信贷从根本上改善了对小微企业、个体工商户和农户的贷款服务；数字保险显著拓宽了保险覆盖范围；金融数字化为脱贫攻坚做出了巨大贡献；金融科技有力地支持了中国的防疫抗疫。

当然，他也非常准确地指出了新金融野蛮发展过程中存在的问题。这些问题是客观存在的，是发展创新中不可避免的。最可喜的是，新金融的主要风险已经非常成功地被化解，比如互联网金融点对点借贷平台已得到整顿。据统计，到2020年底先后有1万多家点对点借贷平台上线，发展高峰时同时有5000多家平台在运营，年交易规模约3万亿元，其坏账损失率很高。可通过监管部门持续清理整顿，到2020年11月中旬，实际运营的点对点借贷网贷机构已经全部清零。

在演讲中，郭树清提出的"关注'新型大而不能倒'风险"问题备受关注。什么是"大而不能倒"？什么是"新型大而不能倒"？

"大而不能倒"是 2008 年金融危机后迅速蹿红的概念。它不是一个规模化标准，而是一个产业链标准，它不是根据一家企业、一家金融业公司规模的大小来衡量的，而是根据企业倒闭后是否会掀起巨大连锁反应、是否会从整体上对社会造成更严重的伤害来判断的。在当今社会和金融体系中，一些庞大的金融机构的倒闭将会对外部产生巨大的负面影响。这些规模大到足以影响全球经济和全球产业布局的金融机构濒临破产时，政府不能等闲视之，甚至要不惜投入公帑相救，以避免那些企业倒闭后所掀起的巨大连锁反应给社会整体造成更严重的伤害，这种情况即称为"大而不能倒"。实际上，"大而不能倒"就是公司发展到如果倒闭就会引发系统性风险，甚至引发金融危机的严重后果的地步。政府被绑架，不得不救，因为不救的后果或是引发金融危机。一个现成的例子是 2008 年美国雷曼兄弟公司倒闭而引爆全球金融危机。

2007 年前，雷曼兄弟公司业务拓展，逐渐涉猎证券、债券、市场研究、证券交易业务、投资管理、私募基金及私人银行服务等，亦是美国国库债券的主要交易商。雷曼兄弟公司的业务能力受到广泛认可，拥有包括众多世界知名公司在内的客户群，如阿尔卡特、美国在线时代华纳、戴尔、富士、IBM、英特尔、美国强生、乐金电子、默沙东医药、摩托罗拉、NEC、百事、菲力普莫里斯、壳牌石油、住友银行及沃尔玛等。雷曼在信贷违约掉期（CDS）上涉及的金额高达 8000 亿美元。不顾风险、追求高额利润是"雷曼兄弟公司落败的主要原因，其中投资次级抵押住房贷款产品损失最为严重。它是 2006 年次贷证券产品的最大认购方，占有 11% 的市场份额。雷曼兄弟公司于 2008 年 9 月 15 日正式依《美国破产法》第十一章所规定之程序申请破产保护。雷曼兄弟公司因 6130 亿美元的债务规模，创下美国史上最大金额的破产案。雷曼兄弟公司过多涉足复杂的衍生工具市场，问题出现后却有一个传导过程，很难马上浮现出来，所以该公司仍沉醉于昔日辉煌，错失多次救亡机会，最终因为美国政府拒绝包底而崩盘，进而引发了2008年的金融危机。

类似雷曼兄弟公司这样的"大而不能倒"的企业有很多。因此，在后金融危机时代，各个政府痛定思痛。G20峰会也要求加强金融机构监管，防止"大而不能倒"问题重演。一个举措就是把全球系统重要性银行纳入重点监管范围。对此，2011年7月，全球银行业监管机构圈定了第一批具有"全球系统重要性的银行"，对其实施1%～2.5%的附加资本要求。在特定条件下，最具系统重要性的银行可能面临最高3.5%的附加资本，以避免金融危机重演。中国的工农中建四大银行都在全球系统性重要银行名单里。

"新型大而不能倒"由于是一个全新概念，对其正在探索之中，因此其内涵与外延还没有定论。不过，其脉络与逻辑依稀可见。一是市场主导性。个别科技公司在小额支付市场占据主导地位，涉及广大公众利益，具备重要金融基础设施的特征。二是跨界混合性。一些大型科技公司涉足各类金融和科技领域，跨界混业经营。

郭树清要求，必须关注这些机构风险的复杂性和外溢性，及时"精准拆弹"，消除新的系统性风险隐患。中国的"精准拆弹"正在进行，互联网平台下架存款类业务就标志着"拆弹"已经正式启动。

未雨绸缪，对新经济、新科技、新金融风险监管早着手、早预防，在"新型大而不能倒"未形成绑架政府之前就对其进行肢解和拆除是非常正确的，也是非常具有前瞻性的。对此，我表示坚决支持。

同时，为中国经济金融包括新金融健康发展，我有几点想法和大家分享。

一是对互联网金融、金融科技发展环境和氛围有一些担心。互联网金融、金融科技对于提高资金资本配置效率，缓解融资难、融资贵的贡献不容否定，而社会上出现全面否定新金融的情况，是因为一些人对新金融的本质不太了解。因此，监管部门要把握好监管力度，不妨观察一段时间再对新金融下手也不迟。

二是中国的整个新经济、新科技、新金融业态，正在让欧美国家暗暗较劲。他们惧怕中国变好，因此他们无所不用其极地来打压中国。前期主要是打压中国的人工智能、5G等产业，而现在则已经露出了打压中国新金融等商业流通领域新业态的狰狞面目。如果我们自己无意中以监管为名遏制了新经济、新科技、新金融业态的发展，那就正好中了它们的奸计。监管部门对此必须注意。

三是要防止美国使出阴谋诡计借力打压中国的新经济、新科技、新金融；要防止中国新业态企业之间出现恶性竞争、相互残杀；要防止一股出于各种目的或不理解新业态而误伤新业态的事情发生。这样才能给中国新经济、新科技、新金融生存发展开辟出道路。

第二节　他山之石，美国的金融监管

任何事物在发展初期都会出现鱼龙混杂的乱象，而金融业是高风险行业，危害性更大一些。一些机构挪用或占用客户资金，甚至制造庞氏骗局，造成人民群众经济损失。所以监管部门既要坚决打击不正当竞争引发的扰乱正常经济金融秩序的现象，又要合理保护互联网金融的创新能力与发展空间，这无疑给监管部门带来巨大的压力。

在这里不妨分析和借鉴下美国是如何对待金融创新的。20世纪30年代，美国发生了经济金融大危机，从1929年到1933年，倒闭的银行超过9108家，引起非常严重的后果。因此，美国国会通过了《格拉斯—斯蒂格尔法案》（亦称《1933年银行法》），对银行的业务从三个方面进行了管制。一是为了防止恶性竞争，禁止银行对活期存款支付利息，对其存款利率也有上限的规定。防止银行放款的过分扩张，规定银行不能做长期放款，而只能从事短期借入、短期贷出的业务，为工商业提供流动性。二是严格限制银行业务的范围。三是不准银行跨州经营。

上述法案通过以后，30年的时间，银行家一直按照3—6—3规则过日子：他们对储户按3%付息，对借款户按6%收息，下午3点出现在高尔夫球场上。他们不用和同行竞争，地位和特权稳稳当当，银行也不愁没有生意。

但是到了20世纪60年代初期，一方面，工商企业对资金的需求已超过银行的资金来源，另一方面，储户由于存款没有利息或利息太低而把存款转移到其他投资上，迫使银行不得不设法开辟新的业务来吸收存款，也迫使管制当局不得不稍微放松管制。

银行创新出的可转让大额定期存单实际上就是为了逃避利率Q条例上限的限制。面额高于国库券的利率，其实是变相提高存款利率。

与余额宝最为相似的是货币市场互助基金的创新工具。在利率上限没有取消、通货膨胀已高达两位数的情况下，活期存款没有利息，储蓄存款上限只有5%，长期储蓄也只有8%，储户感到在银行存款很不合算，银行存款越来越没有吸引力，于是金融市场上的互助基金开始与银行争夺存款。货币市场互助基金是投资公司组织的，由投资人将资金投入互助基金，购买基金的股份。互助基金将资金集中起来，起初在金融市场上经营短期证券。到了20世纪70年代末期和80年代初期，货币市场互助基金吸收投资人的小额资金，用来投资于银行的可转让大额定期存单、商业票据、银行承兑汇票和国库券等短期票证。这与余额宝货币基金投资于银行同业协议存款品种惊人相似。

20世纪60年代到80年代初期是美国金融市场创新大爆发阶段。除了可转让大额定期存单、货币市场互助基金两大品种外，又出现了可转让支付命令账户、个人退休金账户、股金汇票账户、电话转账制度、自动转账制度、货币市场存单、小储蓄者存单、存款协定账户、货币市场存款户、超级可转让支付命令账户等品种。之所以叫这些金融工具产品为"金融创新"，是因为其绕过了《1933年银行法》，特别是逃避了利率Q条例上限的限制，或者是在打法律和监管政策的擦边球。

美国监管当局是如何对待上述金融创新的呢？从20世纪60年代初期到

80年代初期，观察期长达20年之久。

到20世纪80年代采取两项措施。一项是1980年3月，美国国会通过并经卡特总统签署公布《1980年存款机构放松管制和货币控制法案》（简称《1980年银行法》），其中包括Q条例对存款利率的限制将在以后6年中放宽以至取消，对可转让支付命令账户、货币市场互助基金等金融业务创新品种，允许在全美国各类金融机构办理。

另一项是，为了应对放宽后的金融风险及投资者和储户的问题，美国对存款保险的金额由4万美元提高到10万美元。对资金运用方面如消费者贷款等都全面放开，不加限制。1986年4月，美国最终取消了存折储蓄账户的利率上限。对于贷款利率，除住宅贷款、汽车贷款等极少数外，也一律不加限制。至此，Q条例完全终结，利率市场化得以全面实现。

这对中国对待金融创新特别是互联网金融与金融科技创新监管的启示是：要给予10年以上的观察期，要保护和鼓励创新，最终承认金融创新的合法地位，应对金融创新可能放大的风险；不是采用限制创新脚步、围剿创新者的方式，而是监管部门自己另外设计一套疏堵并举、不丝毫伤及创新的制度安排。比如：1983年美国对存款保险的金额由4万美元提高到10万美元就是应对存款管制放开以后可能增大风险的较好措施。

美国金融创新的概念就是针对金融监管政策、措施、手段、体制的漏洞，甚至可以说钻监管空子创新出的金融产品。金融创新的风险可以倒逼监管部门弥补监管政策漏洞，提升监管政策水平。就是在这种"商业银行创新—中央银行监管—商业银行再创新—中央银行再监管"的良性循环往复中，商业银行的金融产品逐步丰富化、完善化。

面对互联网金融创新与出现的风险，国家间应该加强合作，相互借鉴对待金融创新与对金融风险进行监管的行之有效的做法，不仅让互联网金融的假冒者面对应有的后果，而且让发展非常健康的互联网金融理财、非银第三方支付企业等得到保护，促进其健康发展。

美国拟给金融科技公司发放银行牌照

2017年3月中旬，美国货币监理署（OCC）对外发布了向金融科技企业发放许可牌照的草案，这份许可手册草案全称为《金融科技企业申请评估章程》（Evaluating Charter Applications From Financial Technology Companies）。

在金融科技迅猛发展的初期，美国监管部门反应迅速，立即以发放金融科技公司银行牌照为名义，将其收进"笼子"进行管理。无论是从申请章程文件本身，还是从美国货币监理署的策略来看，都凸显出美国金融监管体制的成熟。

美国监管机构匆匆动议对金融科技公司进行监管与发放银行牌照，基础是美国金融科技发展迅速。无论是在以区块链为主的数字货币方面，还是以人工智能为主的智能投顾方面，以及一系列智能金融服务设备方面，美国都走在了全球前列，美国金融科技已经从研发阶段进入投入运用阶段了。

回到前述美国OCC发布的草案。一些机构认为，OCC此番声明开创了一个危险的先例，它无视了国会两党的反对，会为消费者和纳税人带来新的风险。OCC的新章程取代了现行国家对消费者的保护措施，却没有推出相当的替代机制，同时还使纳税人遭受金融科技必然失败的风险，两者相结合十分危险。这种认识显然是把金融科技当作洪水猛兽，当作金融的新风险源，这是非常浅薄的观念，没有看到金融科技的本质。

另一些机构和人士认为：OCC的构想经不起推敲。金融科技公司对金融系统的很多方面都带来了颠覆式创新,在联邦层面大一统的监管规章可能会限制并伤害创新精神。这一观点对金融科技的认识较为透彻与深刻,担心章程草案的出台给金融科技套上枷锁,影响其创新。

决定向金融科技公司发放特殊目的国家银行牌照是出于对公共利益的考虑,这符合 OCC 的特许执照发放标准。OCC 在说明章程草案制订时提出了三大理由:一是在现代经济中,科技公司给几百万美国人提供了主要的金融服务,特殊目的国家牌照能给这些公司制定一个统一标准和监督管理的框架;二是给双轨银行制度①提供了支持,金融科技公司得依据联邦法向消费者提供理财产品与服务;三是可以使金融体系更加强大,金融科技公司成为特殊目的国家银行可以促进金融体系更加繁荣、现代化和有竞争力。OCC 认为,这一构想只是给金融科技企业的运营增加了一项选择,每一层的监管机构都能在现有架构外进行新的思考,这有助于整体创新,也有助于发现尚无先例的好方法。

在金融科技总体处于萌芽阶段时,监管部门应该给金融科技这个最具创新活力的新业态以足够的发展、试验的时间与空间。作为一个新事物,即使出现一些风险也不要惧怕,只有风险与问题充分暴露出来,监管才能有的放矢、政策才能对症下药。

美国国会议员谈金融科技监管

如何看待金融科技,特别是监管部门如何看待金融科技,这十分重要。许多国家的创新特别是金融创新都是死在监管上,这个教训是十分深刻的。

---

① 双轨银行制度指以美国为代表的实行联邦体制的国家对银行的注册和经营活动采取联邦和州分别进行监管的银行制度。

美国作为世界头号经济金融大国，从根本上说，其支撑力在于创新，在于科技推动。每次经济金融危机后，美国经济都屹立不倒，特别是2008年全球金融危机发生后，美国率先复苏，主要还是在一定程度上依靠了科技创新的支撑。

2008年金融危机时，微软、英特尔、IBM等科技公司基本毫发无损。危机过后，苹果、脸书、谷歌、亚马逊、特斯拉等科技巨头异军突起，支撑美国经济快速复苏。其原因就在于美国有一个开放、宽容、容许试错的创新环境。

尽管这样，美国国会议员们仍不满意。他们不断地挑毛病、找问题，倒逼或者直逼监管部门不断优化监管制度，防止因为监管不当影响创新创造，耽误了美国经济、金融科技发展之大计。

美国国会议员帕特里克·麦克亨利曾指出，美国的金融监管正面临拐点，监管部门可以选择"要么引导世界，要么远远地被抛在后面"。

麦克亨利认为，金融科技的想法将改变人类与金融之间的关系。他以亚马逊的发展为例，称金融科技就像20年前的亚马逊。"20年前，很多人嘲笑亚马逊，说亚马逊不过是一个电商和网页。现在，那时的'电商和网页'要反过来笑他们了，任何零售业都必须向亚马逊学习。"金融科技绝对是一个革命性、颠覆性的东西，它对传统金融的改变与颠覆是完全彻底的。

就拿区块链技术来说，其去中心化的本质将彻底改变了作为金融本质的信用体系，甚至颠覆央行、商业银行、各类交易所等传统金融的中介化产物。这是不可想象的。

同时，关键还在于金融科技的普惠性。传统金融是服务20%的客户来赚取80%的利润；也就是说，80%的客户或者经济体根本享受不到传统金融的雨露滋润。那么，80%客户的金融需求怎么办？而互联网金融、金融科技的诞生就是给这80%的客户量身定做的。对此，麦克亨利理解得很是深刻。

麦克亨利介绍说，所有的美国家庭都需要割草，而自己的父亲通过帮人割草赚钱。"幸运的是我父亲用当时的贷款融资创新——信用卡买了割草机，从而建立起了他的小微企业。虽然他的生意没有改变世界，但却改变了我的家庭生活。他的生意可以使我上学，让我达成某个梦想。"麦克亨利称，父亲的小微企业不是颠覆性的改变，但是对自己的家庭和社区产生了重大影响。因此，他对创新很重视。

"金融技术不可能一夜之间改变美国，在华盛顿现有的法律框架中，找不到金融或金融科技的相关法律，更何况是监管人。而且就算找到了监管人，这个监管人也不一定愿意坐下来跟你谈。"事实上，在这些问题中，最重要的是华盛顿要跟谁谈。

"比如说您在较穷的社区或是乡下就没有创新的福利，我们要解决的就是这些方面的问题。我想金融科技就是解决这个问题的方法，但是这样一来，监管就要改变。"麦克亨利说。

他强调，希望金融科技可以引起更加广泛的讨论，以敦促监管部门在金融方面更快地革新。此外，他希望所有的机构进行创新合作，这将让所有监管部门为金融创新打开大门，让新想法进来，让技术蓬勃发展。

"这是我们必须选择的，所以监管部门要把金融科技作为创新而不是作为危险。监管部门要认识到消费者保护和创新并不矛盾。希望金融企业要积极跟华盛顿互动，让监管部门能够听到你们的心声。"

美国国会议员的呼吁声分量是很重的。也许正是这样一种呼声，使得美国货币监理局开始着手给金融科技公司发放银行牌照了。

美国金融监管部门的迅速反应值得其他国家和地区借鉴与学习。

美国放松小银行监管的启示

2018年，美联储公布了一份监管草案，明确指出：规模较小的银行所面临的监管将"显著"减少。美联储主席杰罗姆·鲍威尔在一份声明中表示："摆在我们面前的提案将对风险较小的公司提出较为宽松的要求。"

第一步为资产在1000亿美元到2500亿美元的银行所受到的监管将明显减少——包括取消压力测试。

鲍威尔说："国会和美国人民正在期望我们创建一个有效和高效的监管体制，使我们的金融体系保持强大并保护我们的经济，同时不会增加负担。"

彼时美国总统特朗普主张全面放松经济金融监管，释放经济活力，打造全球监管政策洼地，以增强美国对全球资本投资吸引力，提升美国经济金融政策环境、营商环境的全球独一无二的竞争力。这是特朗普政府极度聪明之举。

可以说，放松对金融业乃至整个经济的监管，还能提升竞争力，简直是一举两得。

从国内看，可以提升银行等金融机构支持经济发展的内生动力。扩大金融资金支持实体经济、实体企业特别是中小微企业的规模，释放更多流动性，保证企业特别是中小企业发展所需的充沛的资金来源。同时，监管限制取消后，给中小银行自身经营管理带来绝对利好。自身发放贷款的审查环节消失，压力测试取消，中小银行效率提高，管理成本则大幅度下降，最终必然反映在效益提升上。

美联储放松中小银行监管是实体企业与金融机构皆大欢喜的事情。

监管效率一直是各个国家关心与绞尽脑汁想处理好的问题。美联储明确表示，放松小银行监管有利于提高监管效率。

从整个金融风险来看，其中包括监管本身带来的风险。大家不禁会问：监管是为了防止风险，何以弄出风险呢？这就是监管是否适应经济发展，随经济发展变化而相应变化，金融监管效率是否足够高的问题。美联储的目的在于通过松绑监管、简化监管程序与项目，交给市场这只无形之手，交由企业自律，来提高监管效率。

2008年金融危机后，大力度收紧金融监管符合当时的背景，适应了危机后经济复苏的强烈诉求。而美联储松绑小银行监管同样适应了当时实体经济的现状，顺应了中小微企业的呼声与诉求。

美国在一定范围内放松金融监管对中国启发很大。中国的经济状况比美国要差一些。

在我国经济发展面临需求收缩、供给冲击、预期转弱三重压力背景下，部分企业经营困难较多，长期积累的风险隐患有所暴露。其中中小微企业更严重一些。要克服与解决这些困难，必须有一个高效宽松的金融环境，而这离不开金融高效率地发挥作用。

中小微企业融资难、融资贵问题，一直都存在。实事求是地说，至今没有完全解决好，其关键在于没有找到解决问题的正确路径。

依赖传统银行解决中小微企业融资难、融资贵问题，实践证明效果不尽如人意。传统银行特别是大型银行有自己的重点业务定位，硬生生让其支持中小微企业有点拉郎配。

美国松绑中小银行监管启发我们：要放开金融监管与市场准入，让市场化程度高、与中小微企业贴得近与紧的小型金融机构肩负起解决其融资难、融资贵问题的责任。

放松监管政策，相关部门应该大力支持发展一批小型金融机构。金融业应该将阿里巴巴系的浙江网商银行、腾讯的微众银行等互联网银行模式尽快复制、推广。

发展以大数据、云计算、人工智能、区块链技术等为风控基础的小型科技金融机构是解决中国中小微企业融资难、融资贵的最佳选择，关键在于监管上要松绑，市场准入上要放开。

第三节 以互联网思维监管金融科技

金融科技正在飞速发展，与此同时，对其监管也被提上日程。美国货币监理局已经出台条例，给金融科技公司颁发银行牌照，将其收归到监管制度框架以内，使其合法化，给予其合法地位。虽然这种做法仍存在争议性，但是至少说明金融科技最为发达的美国已经将金融科技监管提上议事日程，这给全球各国带了一个好头。

必须认识到，大数据、云计算、区块链技术、人工智能、密码技术、移动互联网技术在金融领域的应用，构成了对传统金融巨大的冲击。

金融科技是以大数据、云计算、人工智能、区块链技术、互联网特别是移动互联网、物联网、传感技术等为核心的新经济、工业4.0催生出的新金融。

互联网金融、金融科技与传统金融有着本质区别。2015年5月，我在杭州拜访阿里巴巴集团技术总监——有"中国云计算、大数据第一人称"号的王坚先生。在一个上午的谈话中，王坚先生反复强调，互联网金融、金融科技与传统金融不是一个东西，也没有竞争关系。互联网金融、金融科技就像飞机与高铁，而传统金融就像马车。传统金融客户在线下，而互联网金融、金融科技客户在线上，二者的客户群体根本不在一个定位上，也就不存在竞争。

既然金融科技与传统金融不是一回事，那么用传统金融的监管体系对完全以现代科技武装起来的新金融进行监管，具有不适用性，甚至还会限制与扼杀金融科技创新。

必须用互联网思维与适应新经济特点的监管思路，制定金融科技监管框架，监管金融科技。互联网思维，就是开放、透明、开阔、无边界、点对点的思维。以此对照中国监管部门对金融科技的监管思路，确实还存在一定的偏差与距离。

从统领互联网金融与金融科技监管工作的央行官员处放出的信号是：要处理好金融科技安全和效率的关系，运用"监管沙盒"机制防范创新风险；对业务进行穿透式监管，以防止风险交叉感染。

金融科技利用大数据、云计算、人工智能等技术，使得金融交易更加快速高效。最重要的是金融科技与互联网金融的本质是有利于防范金融风险，快速识别金融风险，而不是放大金融风险。真正的互联网金融与金融科技是以大数据、云计算为基础的，这二者的目的就是快速准确获取金融交易者的信用状况，以防范金融交易风险。互联网金融、金融科技有利于防范金融风险的思想必须树立起来，让助推金融风险的片面观念得以纠正。

在建立金融科技监管方面，英国监管部门曾提出运用"监管沙盒"来防范创新风险。但这是一种保守监管传统金融创新的做法，并不适用于金融科技。

2017年4月，中国人民银行科技司司长李伟出席CFA协会主办的"FinTech与金融服务的未来"峰会时，提出了采取大数据、云计算、人工智能等技术监管金融科技的做法，金融监管部门通过运用大数据、云计算、人工智能等技术，能够很好地感知金融风险态势，提升监管数据的收集、整合、共享的实时性，有效地发现违规操作、高风险交易等潜在问题，提升风险识别的准确性和风险防范的有效性。

金融机构采取对接和系统嵌套等方式，将规章制度、监管政策和合规要求翻译成数字协议，以自动化的方式来减少人工的干预，以标准化的方式来减少理解的歧义，以便更加高效、便捷、准确地操作和执行，有效地降低合规成本，提升合规的效率。

为金融资本设置红绿灯

中国证监会提出，要加强对资本的规范引导，对特定敏感领域融资并购活动从严监管，与相关方面共同建立健全防止资本无序扩张的制度机制，为资本设置"红绿灯"，依法加强对资本的有效监管，有效控制其消极作用。

我预期有几个"红绿灯"将很快与市场见面。以注册制改革为牵引，统筹推进提高上市公司质量、健全退市机制、建设多层次市场、强化中介机构责任、优化投资端、完善证券执法司法体制机制等重点改革，持续完善资本市场基础制度。统筹好发展和安全，稳步推进资本市场高水平对外开放，加快完善企业境外上市监管制度。

特别是企业注册制改革已经准备多年，也试点了很久，资本市场在2022年底全域实行首次IPO注册制。这是中国资本市场的最重大改革，牵一发而动全身，一旦彻底完成改革，中国资本市场制度建设将会跃升一个新台阶。需要强调的是，应推进真正的以市场机制为中枢神经系统的注册制改革，让其真正与最发达的金融市场制度接轨。

为资本设红绿灯符合防止资本盲目扩张的总原则和总要求，这个原则在资本市场有着特殊意义。设置红绿灯的重点在于尽快设立红灯，过去一个时期，外资、私有资本盲目扩张，令国有资本市场急速缩小，偏离了社会主义的本质，不利于实现共同富裕。可以说过去对资本只设立了绿灯而没有红灯，而今天的中国，国有资本、国有经济已经再次焕发新貌，为资本设立红灯，让其悬崖勒马是正确的。现在已经不是改革开放初期中国对外资高度依赖的阶段了，中国已经由高度依赖转变为精选外资，"精选"背后就有红绿灯的含义。为资本设立红绿灯就必须强化监管部门的作用和职能。要较大幅度地给资本进入市场定规矩、立制度、建法纪，提高资本进入股市等的准入门槛，这是给资本设立红绿灯的关键。我们要限制资本进入限制产业，引导资本进入薄弱领域、竞争领域，鼓励资本进入公益和公共项目的微利领域。资本已经攫取超额利润多年，到了回馈社会、回赠百姓、回报中国的时候了。特别是证券市场应该尽量多地设立红灯和红灯区，绝不能让资本再在证券市场上兴风作浪，侵蚀证券市场红利，欺压蒙骗个人投资者。共同富裕的宏伟目标呼吁为资本进入中国各个领域设立红绿灯，政府有形之手应该发挥主要作用，自由市场的无形之手应该让位于强大而一心为民的有形之手了。

对互联网平台企业进行强监管

一场世纪罕见的新冠疫情导致全球产业链、供应链断裂，对于全球经济影响非常大。中国虽然率先控制住疫情，把握住了经济发展的主动，但仍然受到一定影响。在几乎所有产业发展处于停滞的状态下，很多互联网企业，尤其是以线上业务为主的生鲜企业等却一枝独秀、快速发展，某互联网巨头企业还实现了市场上的垄断。一时之间，互联网巨头企业垄断产业链各环节，资本无序扩张带来的危害引起了社会各界人士的关注。

对此，中国相关部门出台了一系列针对金融科技领域反垄断、强监管的文件。例如：2020年11月，为预防和制止平台经济领域垄断行为，引导平台经济领域经营者依法合规经营，促进线上经济持续健康发展，市场监管总局起草了《关于平台经济领域的反垄断指南（征求意见稿）》；2021年1月，为加强对非银行支付机构的监督管理，规范非银行支付机构行为，防范支付风险，保障当事人合法权益，促进支付服务市场健康发展，中国人民银行会同有关部门研究起草了《非银行支付机构条例（征求意见稿）》；2021年2月，为制止平台经济领域垄断行为，保护市场公平竞争，促进平台经济规范有序创新健康发展，维护消费者利益和社会公共利益，根据《中华人民共和国反垄断法》等法律规定，国务院反垄断委员会印发了《平台经济领域的反垄断指南》；等等。

与此同时，中共中央也在会议中多次给出明确信号，要加强对互联网平台企业的监管。2020年12月11日,中共中央政治局会议首次明确指出,要强化反垄断和防止资本无序扩张。2020年12月16—18日召开的中央经济工作会议再次指出,要防止资本和互联网巨头企业走向垄断与无序扩张,通过强监管而扭转趋势、拨正其发展方向,让互联网巨头企业更加健康发展,兼顾各方资本、消费者、行业竞争对手的利益,坚决防止互联网巨头企业发生"赢者通吃"的现象。①

我以前没有看到过经济工作会议里有关于强化反垄断和防止资本无序扩张的表述,特别是"防止资本无序扩张"的表述更加罕见,背后透露的是中国高层在反垄断与防止资本无序扩张上的坚定决心。在防范金融风险的同时,更希望企业和资本能够顺应国家双循环的战略调整,推动科技创新和内循环,而非避开监管"割韭菜"。这一信息披露后,从社会舆论包括官媒与自媒体看,无不拍手叫好。可以看出,经济工作会议做出的部署是深得人心,符合广泛民意的。作为一个长期研究新经济、新科技、新金融的学者,我的感觉是,互联网平台企业的金融监管工作已经到了"强化"的时候。

2020年的中央经济工作会议还释放出对互联网平台企业进行监管的信号和趋势,即2021年对于互联网平台企业的监管趋势是要依法规范发展,健全数字规则。围绕"强化"二字,以反垄断和防止资本无序扩张为目标,相关部门出台一系列非常强硬、刚性的监管制度,防止互联网平台企业跑偏。政府职能部门有监管的丰富经验,有制定监管政策规则的超高水平,也有这方面的高昂积极性。

对于互联网平台企业强监管的政策部署,2020年中央经济工作会议说得

---

① 中央经济工作会议:强化反垄断和防止资本无序扩张[EB/OL]. (2020-12-18)[2022-05-15]. https://baijiahao.baidu.com/s?id=1686415623524282749&wfr=spider&for=pc

非常具体、明确，重点突出："要完善平台企业垄断认定，数据收集、使用、管理，消费者权益保护等方面的法律规范。"围绕这三大项，职能部门会夜以继日、快马加鞭出台规则。这个规则应该异常严格、严厉。所有互联网平台企业都要有充分的思想准备，真心实意拥抱监管；否则，将会面临巨大监管政策风险，甚至法律风险。新资本进入互联网平台领域一定要格外小心，第一个考虑的就是合规合法问题，千万不能像过去那样冒监管风险。

互联网平台企业监管的大趋势就是把互联网平台巨头们迅速纳入强监管政策的笼子。目前的互联网平台企业就像一头头桀骜不驯的猛兽，横冲直撞，不可一世。因此，监管的最大任务就是要驯服这些猛兽，让其乖乖地进入监管的铁笼子。对此，中国高层表示，要加强规制，提升监管能力。前半句是对监管和互联网平台企业的共同要求；后半句则要求监管部门有紧迫感，要在监管上"下重手"，否则不足以将互联网平台企业规制到笼子里。

对互联网平台企业监管的另一个趋势是"坚决反对垄断和不正当竞争行为"。互联网巨头的垄断是一个世界性问题。美国、欧洲都在对谷歌、亚马逊、Facebook等发起反垄断工作。中国对于这一领域的反垄断工作无论如何都不能再拖了。

中国的反垄断工作不仅仅针对商业零售平台的互联网企业，包括社交媒体平台企业都应该被纳入其中。对互联网平台的反垄断应该是全领域、全面性的。民营资本应该在其他实体经济里寻找投资机会，在互联网领域野蛮生长的时代已经过去，在强监管、反垄断下已经没有机会。

2020年的中央经济工作会议还指出：金融创新必须在审慎监管的前提下进行。虽然只有17个字，却回答了金融领域关于金融创新该不该跑在金融监管前面的重大争论，给这个争论下了"判决书"。长期以来，互联网平台为入口的互联网金融、金融科技给金融创新带来一股清流的同时，也呈现出泥沙俱下、鱼龙混杂、野蛮生长的状况，给传统金融带来挑战，对金融监管带来巨大的压力，特别是以一些网贷平台为主的互联网金融平台给人们带来了巨大的金融风险。民众对之可谓深恶痛绝，意见反响强烈。不可否认，大部分新金融业态发展是好的，但确实出现了一些假金融创新的情况。

所有资本，特别是互联网巨头企业的私营资本，进入新科技领域创新包括金融创新必须在现有制度体制监管政策规则下进行。任何资本进行新金融创新的第一大风险就是现有监管政策的巨大风险。

特别是近两年来，国家不断强调要让金融业在合规合法下发展。比如，2021年7月，银保监会发言人在北京出席发布会时表示，银保监会对金融工作将始终坚持三大原则：一是依法将金融活动全面纳入监管，金融业务必须持牌经营；二是坚持公平监管和从严监管，对同类业务、同类主体一视同仁，对各类违法违规的金融活动一如既往坚持"零容忍"；三是坚持发展和规范并重，既要支持互联网平台企业在审慎监管前提下守正创新、规范发展，又要坚决打破垄断，坚决维护公众利益和公平竞争的市场秩序。① 而"十四五"规划中也明确提出："依法依规加强互联网平台经济监管，明确平台企业定位和监管规则，完善垄断认定法律规范，打击垄断和不正当竞争行为。"② "完善现代金融监管体系，补齐监管制度短板，在审慎监管前提下有序推进金融创新，健

---

① 中证网. 银保监会张忠宁：依法将金融活动全面纳入监管，金融业务必须持牌经营[EB/OL]. (2021-07-14)[2022-11-30].https://www.cs.com.cn/xwzx/hg/202107/t20210714_6184050.html.
② 新华社. 中华人民共和国国民经济和社会发展第十四个五年规划和2035年远景目标纲要[EB/OL].(2021-03-13)[2022-11-30].http://www.gov.cn/xinwen/2021-03/13/content_5592681.htm.

全风险全覆盖监管框架，提高金融监管透明度和法治化水平。"[①]"稳妥发展金融科技，加快金融机构数字化转型。强化监管科技运用和金融创新风险评估，探索建立创新产品纠偏和暂停机制。"[②]这表明，对金融科技监管已经在顶层设计上达成了共识。

随着对金融科技监管的日渐完善，中国金融业将得到新的发展。更多在监管框架下成长起来的互联网平台企业，将为中国金融科技的发展注入新的力量。传统银行金融将会高枕无忧地稳健前行，银行行长也能睡个安稳觉，中国金融的系统性风险必将渐行渐远。中国金融乱象丛生的局面将会被彻底解决。

对互联网平台企业强监管是为了中国经济持续稳健发展，对垄断下重手是为了给传统经济让路，让实体经济焕发勃勃生机。从此，中国实体经济、传统经济将会带领中国经济行稳致远。

AI 金融创新给监管带来的挑战

互联网、移动互联网、人工智能、大数据、云计算、区块链技术等给数字化金融带来发展的同时，也给金融监管带来了一轮又一轮、一个阶段又一个阶段的挑战。这个挑战最早从网络支付金融开始，到互联网金融，到金融科技，再到 AI 金融，一直到未来发展的区块链金融，足以看出规模一波比一波大，至少目前还看不到终点。联合国一份题为《发展中国家如何创新金融监

---

① 新华社.中华人民共和国国民经济和社会发展第十四个五年规划和 2035 年远景目标纲要[EB/OL].(2021-03-13)[2022-11-30].http://www.gov.cn/xinwen/2021-03/13/content_5592681.htm.
② 新华社.中华人民共和国国民经济和社会发展第十四个五年规划和 2035 年远景目标纲要[EB/OL].(2021-03-13)[2022-11-30].http://www.gov.cn/xinwen/2021-03/13/content_5592681.htm.

管》的报告指出，监管机构在监管以科技为动力的金融创新方面面临五大难点：一是监管者通常不是技术专家，这可能使得他们理解和评估创新的商业模式和实践变得困难。二是许多新的创新者并不是传统意义上的金融服务提供者，不一定会受到监管。三是传统上，央行和监管机构都不愿承担风险，往往将稳定置于创新之上。然而，创新可以创造机会，同时增强稳定性和包容性。例如，在创新推动下，新的商业模式、新的技术应用、新的金融业务流程以及新创新产品的产生等，会减少金融摩擦（包括信息不对称、市场经济的负外部性等），带来金融业稳定性的提高。四是监管机构通常资源紧张，技术引领的创新给其带来了额外的挑战。五是来自现有金融服务提供商维持现状的压力也可能存在。

这五大难点的主要原因在于监管者思想观念守旧落伍，不认识数字化金融。由于其知识储备都是传统金融体系内的知识，所以往往以传统思维来思考数字化金融、智能化金融。一直担心金融过度创新会带来金融业的不稳定，但不知道创新可以创造机会，可以增强金融业的稳定性和包容性。

当然，这轮数字化金融的创新式发展，赋予了金融创新新的内涵。传统金融创新都是在金融制度、金融产品上的突破，创新的纯技术含量并不高。而今天数字化金融的创新是纯技术推进的金融创新，这些技术包括互联网、移动互联网、大数据、云计算、人工智能和区块链。这也是美国一些金融机构纷纷称自己是技术公司的原因。

可以这样说，数字化技术发展出的数字化金融与传统金融基本不是一回事，或者说就不是一个东西。这就是联合国所说的"通常现有的监管者不是技术专家，这可能使得其理解和评估创新的商业模式和实践变得困难"。

监管的另一个难点是传统金融自己不创新，反而要求监管部门打压创新。传统金融面对数字化金融的冲击拼命维护自己的既得利益，不惜给新金融使绊子。这就是联合国所说的"来自现有金融服务提供商维持现状的压力也可能存在"。

面对以 AI 技术为代表的数字化金融顶着压力蓬勃发展，监管机构该怎么办？联合国的意见是采取"监管沙盒"的运作模式。

一般而言，申请沙盒测试的机构，基本上都在现有监管体系内，无非包括两种，要么根本无法合规运作，要么合规的成本很高。通过沙盒测试，一方面可以在监管机构的控制下实现小范围内的真实环境测试。另一方面，沙盒测试可以及时发现因限制创新而有损消费者长远利益的监管规定，并在第一时间进行调整。

监管沙盒的运作模式是否适合数字化金融，值得商榷。必须指出的是，该种运作模式一般适合现有的传统金融机构。

面对数字化金融对监管提出的挑战，究竟应采取什么样的措施呢？我们必须在两个大方向上清晰明确。

一是非常有必要成立科技金融监管部门，让其完全独立于现有监管机构。其监管人员最好全部来自现有数字化金融机构，是完全懂 AI 等数字化金融的人员，并且没有传统金融思维定式的束缚。

二是对数字化金融，必须使用数字化金融监管手段来监管，充分利用大数据、云计算、人工智能等新技术。

当然，即便目前金融科技发展并没有人们想象中的完美，需要加强监管的地方很多，但毋庸置疑的是，市场给了我们最真实的答案，再次展现了金融科技公司的无穷魅力。疫情之下，大众生活，以及企业、商场、娱乐等第三产业的经营活动受到影响。

按照正常逻辑推断，在这场新冠疫情中，没有任何个人与企业可以幸免。然而事实是，金融科技公司在这场疫情中大显身手。回过头来看，如果不是金融科技公司的存在，疫情导致的社会瘫痪程度会更加严重。中国新金融新科技公司和美国科技巨头们在这场疫情中的作为、它们的市值变化及创始人财富增长最能证明这一点——亚马逊贝索斯、Facebook扎克伯格、特斯拉马斯克、阿里巴巴马云、腾讯马化腾、百度李彦宏、京东刘强东等，他们的财富不跌反涨，其公司市值丝毫没有受疫情影响，甚至还创出了新高。

未来，要更好地抓住新金融、新科技、新经济这个风口，金融科技公司必须具备核心竞争力——科技创新能力。这是立足市场万变不离其宗的真理。我也希望大家能持续关注新金融、新科技、新经济领域。如果不出意料，这将是未来全球经济活动出现巨大增长的关键领域。